U0781721

网络司法研究丛书 ⑥

网络犯罪典型案例

·2021卷·

主　编　李玉萍

人民法院出版社

图书在版编目（CIP）数据

网络犯罪典型案例.2021卷／李玉萍主编. -- 北京：
人民法院出版社，2022.3
（网络司法研究丛书）
ISBN 978-7-5109-3483-4

Ⅰ.①网… Ⅱ.①李… Ⅲ.①互联网络－计算机犯罪
－刑事犯罪－案例－中国　Ⅳ.①D924.365

中国版本图书馆 CIP 数据核字（2022）第 047780 号

网络犯罪典型案例·2021 卷

李玉萍　主编

策划编辑	兰丽专	
责任编辑	丁塞峨	
执行编辑	郭　粹　杨　洁	
出版发行	人民法院出版社	
地　　址	北京市东城区东交民巷 27 号（100745）	
电　　话	（010）67550562（责任编辑）　67550558（发行部查询）	
	65223677（读者服务部）	
客 服 QQ	2092078039	
网　　址	http：//www.courtbook.com.cn	
E － mail	courtpress@sohu.com	
印　　刷	天津嘉恒印务有限公司	
经　　销	新华书店	
开　　本	787 毫米×1092 毫米　1/16	
字　　数	290 千字	
印　　张	18.25	
版　　次	2022 年 3 月第 1 版　2022 年 3 月第 1 次印刷	
书　　号	ISBN 978-7-5109-3483-4	
定　　价	89.00 元	

出版说明

在当今社会，信息网络已经成为人们工作生活的有机组成部分，并对经济社会的发展产生深刻影响。同时，网络不法行为也快速蔓延，各种网络侵权和网络违法犯罪行为常见多发，不仅侵犯了人民群众的人身权利和财产权利，扰乱了社会秩序，有些甚至危及国家安全和公共安全。信息网络所具有的技术性、开放性、虚拟性和快捷性等特征决定了涉网案件多具有隐蔽性、跨区域性、侵害对象的不特定性以及侵害后果的严重性等特点，对传统的司法理念和司法方法提出了新的挑战，也使得司法机关在办理此类案件时遇到很多新情况新问题，其中既有证据运用和事实认定方面的问题，也有实体和程序法律适用方面的问题。

为积极回应信息化时代的发展和人民群众不断增长的网络司法需求，经最高人民法院批准，中国应用法学研究所（以下简称法研所）2013年成立了网络司法研究中心（2015年改为互联网司法研究中心），主要任务是围绕网络司法的基础理论问题以及实务中的重点难点热点问题开展研究，为人民法院依法公正高效审理涉网案件提供支持。自成立以来，法研所相继开展了一系列研究活动，并形成了阶段性成果。为及时与广大理论研究人员和实务工作者分享研究成果，共同推进人民司法事业的发展，法研所决定编辑出版"网络司法研究丛书",《网络犯罪典型案例》作为丛书之一,旨在通过总结和提炼司法机关办理网络犯罪案件的经验和方法,记录和反映网络犯罪案件的现状、特点与发展趋势,促进理论和实务部门更好地应对快速蔓延且日益复杂的网络犯罪,满足人民群众日益增长的网络安全需求。

自 2016 年首部案例集出版至今,该书已经连续出版到第六卷。本卷约 30 万字,主要栏目有:一是"网络犯罪刑事司法第一案",收录了假冒服务商标入刑第一案、侵犯公民个人信息单位犯罪入刑第一案等 4 个案例;二是"网络犯罪专题研究",围绕电子数据审查运用专题、侵犯知识产权犯罪专题、帮助信息网络犯罪活动罪专题收集整理了 13 个案例;三是"典型案例",收录了网络诽谤案件的公诉标准及刑罚适用——朗某某、何某某诽谤案等 14 个案例;四是"案例研讨",收录了在理论和实践中存在一定争议的案例,供相关部门和人员研究;五是"类案检索与裁判规则研究",运用大数据分析和典型案例研究相结合的方法,对帮助信息网络犯罪活动罪与掩饰、隐瞒犯罪所得、犯罪所得收益罪、共同犯罪的区别,帮助信息网络犯罪活动罪中主观明知的认定及与相关犯罪的关系进行较为深入的研讨,以飨读者。

目 录

CONTENTS

---

① 编者注："网络犯罪类案裁判规则之一""网络犯罪类案裁判规则之二"的内容，参见《网络犯罪典型案例·2020 卷》，人民法院出版社 2021 年版。

一、网络犯罪刑事司法第一案

1. 假冒服务商标行为的认定

——姚某等假冒注册商标案

关键词 刑事 假冒注册商标 服务商标 刑法适用

【裁判要旨】

1. 侵犯他人服务商标犯罪，因商标对应的服务本身没有物理载体，在认定"同一种服务"和服务商标的"使用"方面，应通过分析商标物理载体的呈现情况、提供服务的实质内容等方面进行综合判断。

2. 侵犯服务商标非法经营数额可以按照侵权行为持续期间的营业收入计算。

【相关法条】

《中华人民共和国刑法》

第二百一十三条【假冒注册商标罪】 未经注册商标所有人许可，在同一种商品、服务上使用与其注册商标相同的商标，情节严重的，处三年以下有期徒刑，并处或者单处罚金；情节特别严重的，处三年以上十年以下有期徒刑，并处罚金。

【案件索引】

一审：上海市第三中级人民法院（2021）沪 03 刑初 124 号（2021 年 11 月 25 日）

【基本案情】

经审理查明："LEGO""LEGO education""乐高教育"等商标系乐高博士有限公司（以下简称乐高公司）注册商标，核定服务项目为第 41 类，包括教育、培训、娱乐竞赛等。被告单位上海赤紫教育科技有限公司（以下简称赤紫公司），经营范围为从事教育科技领域内的技术开发、技术咨询、技术服务等。

2017 年 7 月起，被告人姚某作为赤紫公司实际经营者，在上海松江区新桥镇莘松路 1266 号亚繁亚乐城内租赁店铺经营"LC 乐高机器人中心"，从事教育科技领域内的服务。2021 年 3 月至同年 6 月，姚某将从他人处购得的假冒"LEGO""LEGO education""乐高教育"商标的《授权书》《乐高教育教练资格证书》等文件在店铺内展示，并将"LEGO"等商标用于店铺招牌、店内装潢、海报宣传、员工服装、商场指示牌等处，假冒乐高公司正规授权门店，提供教育培训服务。经审计，2021 年 3 月至案发，赤紫公司共收取培训课时费用人民币 51 余万元，其中大部分收益由公司支配使用。2021 年 6 月 29 日，被告人姚某被公安人员抓获，到案后如实供述犯罪事实，并向侦查机关提供检举揭发线索。

【裁判结果】

上海市第三中级人民法院于 2021 年 11 月 25 日作出（2021）沪 03 刑初 124 号刑事判决：被告单位赤紫公司犯假冒注册商标罪，判处罚金人民币 20 万元；被告人姚某犯假冒注册商标罪，判处有期徒刑一年，缓刑一年，并处罚金人民币 6 万元。宣判后，被告单位赤紫公司、被告人姚某未提出上诉，判决已发生法律效力。

【裁判理由】

法院生效判决认为：被告单位赤紫公司未经注册商标所有人许可，在同一种服务上使用与其注册商标相同的商标，被告人姚某作为单位直接负责的主管人员，其行为均已构成假冒注册商标罪（单位）。公诉机关指控罪名成立。刑法修正案（十一）于 2021 年 3 月 1 日正式实施，以此日起至案发期间，赤紫公司共收取培训课时费 51 余万元，应属于"情节特别严重"。被告单位赤紫公司、被告人姚某到案后均如实供述自己的罪行，并考虑公司实际运营困难等情况，可以从轻处罚。被告人姚某具有立功表现，自愿认罪认罚，并缴纳了部分罚金，可以从轻或减轻处罚。公诉机关对被告单位、被告人的量刑建议适当，应予支持。综合考虑被告单位、被告人犯罪情节、立功表现和认罪悔罪态度，最终判处赤紫公司罚金 20 万，判处姚某有期徒刑一年并适用缓刑，罚金 6 万元。

【案例注解】

本案系假冒服务商标入刑后的第一案，受到社会的高度关注。

服务商标是指服务经营者为将自己提供的服务与他人提供的服务相区别而使用的标志。随着我国服务业的迅猛发展，市场涌现出一系列极具价值的品牌，服务商标作为品牌价值最浓缩的体现，其重要性已经不亚于商品商标。服务商标侵权行为一方面给注册商标权人带来巨大经济损失，另一方面严重扰乱了市场经济秩序，其社会危害性显而易见。刑法修正案（十一）明确将服务商标纳入刑法保护，既顺应时代发展趋势，又充分发挥保障法作用，意义重大。

与商品不同，服务商标无法体现在无形和抽象的服务上，只能附着在与服务有关的物质载体上，因此在认定"同一种服务"和服务商标的"使用"方面存在着现实难题。对于"同一种服务"的认定：首先，应按照国家知识产权局商标局编制的《类似商品和服务区分表》规定的 11 种服务类别，判断服务名称是否相同。其次，在名称不同时，可以参考《最高人民法院关于审理商标民事纠纷案件适用法律若干问题的解释》第 11 条之规定，结合服务的目的、内容与方式、场所、提供者、对象等相关因素，区分相同与类似服务。本案中，被告单位赤紫公司向青少年提供科学知识、编程等教育培训服务，与权利人乐高公司注册商标核准的第 41 类服务项目（包括教育、培训、娱乐竞赛等）高度重合，应属于"同一种服务"。

对于服务商标"使用"的认定，应重点关注服务商标在物质载体的呈现情况。原国家工商行政管理局商标局 1999 年发布的《关于保护服务商标若干问题的意见》第 7 条规定了服务商标的使用情形："在下列情形中使用服务商标，视为服务商标的使用：（一）服务场所；（二）服务招牌；（三）服务工具；（四）带有服务商标的名片、明信片、赠品等服务用品；（五）带有服务商标的账册、发票合同等商业交易文书；（六）广告及其他宣传用品；（七）为提供服务所使用的其他物品；他人正常使用服务行业惯用的标志，以及以正常方式使用商号（字号）、姓名、地名、服务场所名称，表示服务特点，对服务事项进行说明等，不构成侵犯服务商标专用权行为，但具有明显不正当竞争意图的除外。"本案中，通过将被告单位在侵权店铺招牌、室内装潢、授权材料等处使用的商标与权利人商标进行对比，再结合权利人证明、证人证言、被告人供述等证据，明确了服务商标"使用"情况。

对于非法经营数额的认定，应审查侵权服务提供者的经营收入情况。按照 2004 年最高人民法院、最高人民检察院关于侵犯知识产权刑事司法解释的相关规定，非法经营数额是指行为人在实施侵犯知识产权行为过程中，制造、存储、运输、销售侵权产品的价值，但服务业提供的并非实物商品，难以判断产品价值。对此，可以参考《国家工商行政管理局商标局关于保护服务商标若干问题的意见》第 9 条第 1 款的规定，服务商标侵权的非法经营额主要是指侵权人在侵权期间因侵权行为所产生的经营额。侵犯服务商标的非法经营数额，可以通过审查经营账本、发票、销售电子数据等证据，按照侵权行为期间的营业收入计算。本案中，赤紫公司主要通过销售教育培训课程开展经营活动，可以其收取的课时费认定非法经营数额。

本案采用对商标的物理载体的呈现情况、提供服务的实质内容等方面进行综合判断的方法来认定"同一种服务"及商标"使用"行为，并以服务经营额认定非法经营数额。作为全国首例侵犯服务商标犯罪案件，本案相关认定思路可为今后类案审理提供借鉴。

（一审法院合议庭成员：程亭亭　高卫萍　艾霞芳

编写人：上海市人民检察院　陆　川）

2. 互联网公司利用技术手段擅自收集用户账户密码行为的定性

——杭州魔蝎数据科技有限公司等侵犯公民个人信息案

关键词 刑事 侵犯公民个人信息 非法获取

【裁判要旨】

数据公司等网络运营者在提供服务的过程中，利用技术手段擅自收集用户提供的账户密码，属于以其他方法非法获取公民个人信息，情节严重的，构成侵犯公民个人信息罪。

【相关法条】

《中华人民共和国刑法》

第二百五十三条之一 **【侵犯公民个人信息罪】** 违反国家有关规定，向他人出售或者提供公民个人信息，情节严重的，处三年以下有期徒刑或者拘役，并处或者单处罚金；情节特别严重的，处三年以上七年以下有期徒刑，并处罚金。

违反国家有关规定，将在履行职责或者提供服务过程中获得的公民个人信息，出售或者提供给他人的，依照前款的规定从重处罚。

窃取或者以其他方法非法获取公民个人信息的，依照第一款的规定处罚。

单位犯前三款罪的，对单位判处罚金，并对直接负责的主管人员和其他直接责任人员，依照各该款的规定处罚。

【案件索引】

一审：浙江省杭州市西湖区人民法院（2020）浙 0106 刑初 437 号（2021 年 1 月 14 日）

【基本案情】

经审理查明：2016 年初，被告单位杭州魔蝎数据科技有限公司（以下简称魔蝎公司）由被告人周某翔等人出资成立，周某翔系魔蝎公司法定代表人、总经理，负责公司整体运营，被告人袁某系魔蝎公司技术总监，系技术负责人，负责相关程序设计。魔蝎公司主要与各网络贷款公司、小型银行进行合作，为网络贷款公司、银行提供贷款用户的个人信息及多维度信用数据，方式是魔蝎公司将开发的前端插件嵌入上述网贷平台 App 中，网贷平台用户在使用该 App 借款时，需要在魔蝎公司提供的前端插件上，输入其通讯运营商、社保、公积金、淘宝、京东、学信网、中国人民银行征信中心等网站的账号、密码，经过贷款用户授权后，魔蝎公司的爬虫程序代替贷款用户登录上述网站，进入其个人账户，利用各类爬虫技术，爬取（复制）上述企业、事业单位网站上贷款用户本人账户内的通话记录、社保、公积金等各类数据，并按与用户的约定提供给网贷平台用于判断用户的资信情况，并从网贷平台获取每笔 0.1 元至 0.3 元不等的费用。其间，魔蝎公司在与个人贷款用户签订的《数据采集服务协议》中明确告知贷款用户"不会保存用户账号密码，仅在用户每次单独授权的情况下采集信息"，但未经用户许可仍采用技术手段长期保存用户各类账号、密码在其租用的阿里云服务器上。周某翔明知公司存在保存用户账号、密码的行为，未尽管理职责；袁某负责编写具有保存用户账号、密码功能的网关程序。截至 2019 年 9 月，魔蝎公司以明文形式非法保存的个人贷款用户各类账号和密码条数多达 2100 余万条。其中大部分账号、密码，如淘宝、京东等，无法二次使用，仅有邮箱等部分账号、密码存在未经用户授权被魔蝎公司二次使用的情况。审理过程中，被告单位魔蝎公司退出违法所得 3000 万元。

【裁判结果】

浙江省杭州市西湖区人民法院于 2021 年 1 月 14 日作出（2020）浙 0106 刑初 437 号刑事判决：一、被告单位魔蝎公司犯侵犯公民个人信息罪，判处罚金人民币 3000 万元（罚金限判决生效后十日内缴清）。二、被告人周某翔犯侵犯公民个人信息罪，判处有期徒刑三年，缓刑四年，并处罚金人民币 50 万元（缓刑考验期限，从判决确定之日起计算；罚金限判决生效后十日内缴清）。三、被告人袁某犯侵犯公民个人信息罪，判处有期徒刑三年，缓刑三年，并处罚金人民币 30 万元（缓刑考验期限，从判决确定之日起计算；罚金限判决生效后十日内缴清）。四、扣押于公安机关的作案工具电脑等予以没收，被告单位魔蝎公司退缴至本院的违法所得款人民币 3000 万元予以没收，并上缴国库。

本案宣判后，检察机关没有提出抗诉，各被告人没有提出上诉，判决已经发生法律效力。

【裁判理由】

法院生效判决认为，被告单位魔蝎公司以其他方法非法获取公民个人信息，情节特别严重，其行为已构成侵犯公民个人信息罪。被告人周某翔、袁某分别系对被告单位魔蝎公司侵犯公民个人信息行为直接负责的主管人员和其他直接责任人员，其行为均已构成侵犯公民个人信息罪。公诉机关指控的罪名成立。周某翔、袁某如实供述主要犯罪事实，自愿认罪认罚，予以从宽处罚。公诉机关的量刑建议适当，应予采纳。

【案例注解】

被告单位魔蝎公司是国内领先的大数据智能风控服务供应商，主要为网络贷款公司、小型银行提供客户的个人信用数据。2019年9月前后，包括魔蝎公司在内的多家数据公司被查，揭开了大数据公司的面纱——利用网络爬虫获取公民个人信息，引发了对大数据公司获取公民个人信息的合法性讨论，特别是保护公民个人隐私与合法利用大数据的边界如何把握。本案最终以侵犯公民个人信息罪对被告单位和二名被告人作出了判决，也引起了一些争议，有观点认为被告单位的行为不构成侵犯公民个人信息罪，仅是民事侵权行为；也有观点认为，本案判罚偏轻，未达到有效惩治犯罪的目的。

一、定性争议：民事侵权还是犯罪

基本事实认定。依据法院审理查明的事实，存在三项关键性事实：一是用户授权魔蝎公司通过爬虫程序，模拟用户本人登录通讯运营商、社保、公积金、淘宝、京东、学信网、中国人民银行征信中心等网站的个人账户。二是魔蝎公司获取的是贷款用户本人账户内的通话记录、社保、公积金等数据，并按约定提供给网贷平台用于判断用户的资信情况，魔蝎公司并未保存所获取的用户各类数据。三是魔蝎公司保存的是用户上述个人账户的账号、密码，这与《数据采集服务协议》告知的内容不同。协议明确告知用户魔蝎公司不会保存用户账号、密码，而仅在用户每次单独授权的情况下采集信息。但魔蝎公司仍然采用技术手段长期保存用户的账号、密码，并对部分账号二次使用。

魔蝎公司收集用户个人信息并提供给网贷平台并不违反法律规定。网络安全法第22条第3款规定："网络产品、服务具有收集用户信息功能的，其提供者应当向用户明示并取得同意；涉及用户个人信息的，还应当遵守本法和有关法律、行政法规关于个人信息保护的规定。"因此，我国法律对获取公民个人信息采取的是知情同意原则，即事先告知用户并征得同意。本案中，魔蝎公司事先告知用户收集个人信息的内容、用途，由用户自行在前端插件上输入相关账户的账号密码，这可视为用户同意由魔蝎公司收集相关个人信息。因此，魔蝎公司收集用户个人信息并提供给网贷平台用于分析用户征信，并不违反法律规定。

需要进一步说明的是，网络爬虫实质是模拟用户本人操作手机登录各类账户，但从技术上看，绕过了公积金、社保、通信运营商、支付宝、淘宝、京东等单位或公司的反爬机制，是未经上述单位或公司授权而获取用户数据。因此，采用网络爬虫手段获取公民个人信息，并未经信息保管方的授权和同意。故该行为客观上属于侵入计算机信息系统，但因得到用户本人的授权，而阻却了实质的社会危害性。

魔蝎公司未经同意保存用户账号、密码，属于在提供服务过程中收集公民个人信息，应认定为以其他方法非法获取公民个人信息。我国刑法是从两方面保护公民个人信息，一是禁止非法出售或者提供公民个人信息，二是禁止非法获取公民个人信息。《最高人民法院、最高人民检察院关于办理侵犯公民个人信息刑事案件适用法律若干问题的解释》（以下简称《侵犯公民个人信息司法解释》）第 4 条对"以其他方法非法获取公民个人信息"作了解释，即违反国家有关规定，通过购买、收受、交换等方式获取公民个人信息，或者在履行职责、提供服务过程中收集公民个人信息。

本案中，魔蝎公司在让用户输入各类账号及密码时，明确告知不保存账号和密码，仅在用户每次单独授权的情况下采集信息，但私自保存了账号和密码。如何看待魔蝎公司的行为性质？表面上看，用户自愿在前端插件输入各类账户的账号、密码，魔蝎公司是基于用户同意而获得，但未经用户同意将这些账号和密码存储在服务器上，故该行为似乎属于将合法取得的公民个人信息违规存储，不属于非法获取公民个人信息，至多算非法保存公民个人信息。但本文认为，究其实质，魔蝎公司是在提供服务过程中，采用技术手段私自收集用户的账户和密码，应认定为以其他方法非法获取公民个人信息。主要理由如下：

其一，魔蝎公司与网贷平台和贷款用户之间是服务关系。用户向网贷平台申请贷款，需要提供自己的个人信息，用于分析征信状况。为方便用户和获取多维度的个人信息，魔蝎公司在开发的贷款 App 中嵌入魔蝎公司的插件，在用户知情并同意的前提下，由魔蝎公司通过网络爬虫程序代替用户获取，并提供给网贷平台。在三方关系中，魔蝎公司显然是为网贷平台提供服务，收取服务费；同时，魔蝎公司也是帮助贷款用户获取其个人信息，只是不收取费用。魔蝎公司不向用户收取费用并不能改变为用户提供了获取个人信息服务的本质。

其二，魔蝎公司保存用户的账户和密码就是收集用户的账号和密码。魔蝎公司在前端插件中写入了自动保存用户账户和密码的程序，但却告知用户不会保存。显然，魔蝎公司在编写前端插件时就产生了收集用户账号和密码的故意，否则，其完全可以在每次采集信息后自动销毁账号和密码。这与前期合法获取，获取后保存信息或者因未及时处置、销毁而导致信息被保存的行为具有本质区别。后者保存信息的行为并不能认定行为人具有收集信息的故意。

其三，魔蝎公司在提供服务过程中收集用户账号和密码的行为违反了相关法律规定。网络安全法第41条规定："网络运营者收集、使用个人信息，应当遵循合法、正当、必要的原则，公开收集、使用规则，明示收集、使用信息的目的、方式和范围，并经被收集者同意。"《侵犯公民个人信息司法解释》第2条规定："违反法律、行政法规、部门规章有关公民个人信息保护的规定的，应当认定为刑法第二百五十三条之一规定的'违反国家有关规定'。"本案中，魔蝎公司在《数据采集服务协议》中明确告知用户不会保存用户账号和密码，仅在每次单独授权的情况下采集信息，即魔蝎公司并未告知用户其收集了账号和密码，用户并不知情更未同意。需要说明的是，用户单次授权魔蝎公司使用账号和密码登录，并不是说已经授权魔蝎公司保存这些账号和密码。因此，魔蝎公司未经用户同意收集用户各类账户的账号和密码违反了国家有关规定。

其四，涉案用户账户账号和密码属于刑法保护的公民个人信息。《侵犯公民个人信息司法解释》第1条规定："刑法第二百五十三条之一规定的公民个人信息，是指以电子或者其他方式记录的能够单独或者与其他信息结合识别特定自然人身份或者反映特定自然人活动情况的各种信息，包括姓名、身份证件号码、通信通讯联系方式、住址、账号密码、财产状况、行踪轨迹等。"据此，侵犯公民个人信息罪所保护的公民个人信息的本质特征是能够识别特定自然人或者反映特定自然人活动情况。本案中，魔蝎公司非法获取的是用户在通信运营商、社保、公积金、淘宝、京东、学信网、征信中心等网站的账号和密码，这些账号和密码往往绑定用户的身份证号、手机号码等特定信息，即使未绑定，非法获取账号和密码后往往也会引发侵犯财产甚至人身的违法犯罪行为。基于以上考虑，《侵犯公民个人信息司法解释》明确将账号和密码列为公民个人信息的保护范围。

综上，魔蝎公司在为网贷平台和贷款用户提供服务过程中，未经用户同意，利用技术手段私自收集用户各类账户的账号和密码，属于以其他方法非法获取公民个人信息。依据《侵犯公民个人信息司法解释》规定定罪量刑标准，已经达到情节特别严重，应依法追究刑事责任。

二、量刑评判：轻判还是罚当其罪

适用缓刑符合法律规定。认定魔蝎公司所犯侵犯公民个人信息罪属"情节特别严重"，与缓刑适用中的"犯罪情节较轻"并不矛盾。缓刑适用中的犯罪情节较轻，是指综合考虑被告人犯罪的性质、情节和对社会的危害程度而得出的综合评价；而侵犯公民个人信息罪中的情节特别严重，仅是就个罪而言，侧重犯罪行为的客观危害，二者在意义和衡量标准上并不能等同。缓刑适用的实质条件是被告人没有再犯罪的危险，犯罪情节较轻和有悔罪表现是判断被告人没有再犯罪危险的条件。本案中，依据二被告人到案后能如实供述犯罪事实，自愿认罪悔罪等情况，从司法的角度看能够判断其没有再犯罪危险。

魔蝎公司侵犯公民个人信息的主观恶性不深。随着国内大数据产业的蓬勃发展，兴起了众多大数据公司，但大数据利用与公民个人信息保护的边界如何区分、大数据安全与发展的"红线"如何划定，均在摸索之中。这种情况下，一些大数据公司作出一些越线的违法行为的主观恶性相对较低。换句话说，对于大数据这一新事物，社会应给其一定的宽容，允许一定试错空间，从业者即使触碰了"红线"，在处罚时可以从轻。

综上，魔蝎公司非法获取公民个人信息的行为已经触碰刑法，构成了犯罪，但鉴于我国大数据正处于发展阶段，相关法律法规尚不十分完善，对于从业者依法给予从轻处罚，更能发挥刑罚惩罚和教育的双重功能。

魔蝎公司侵犯公民个人信息案具有较大社会影响力，司法机关认定魔蝎公司在提供服务的过程中，利用技术手段收集用户的账户和密码，属于非法获取公民个人信息，实质是为大数据从业者划出了一条"红线"，同时也为大数据产业的健康发展提供了司法保障。

（一审法院合议庭成员：陈　琪　王　辉　秦　华

　　编写人：浙江省杭州市中级人民法院　刘宏水）

3. 专利碰瓷行为的定性

——李某文、李某武敲诈勒索案

关键词 专利维权行为　专利转让　专利实施许可　专利侵权　敲诈勒索

【裁判要旨】

当案件证据不能排除"行为人取得财物行为具有合法根据"的合理怀疑时，不能认定行为人取得财物的行为是犯罪行为。不能基于行为人很多专利未用于生产经营，而是通过诉讼获得了补偿款或者许可费这一事实，推断出行为人有"非法占有"的意思，进而得出该行为是有罪的结论。

专利权方与他人恶意串通，倒签实施许可合同，以恶意诉讼并举报的方式胁迫被害单位并以此取得钱款的行为应当认定为敲诈勒索罪。

在非涉"市场环境"的敲诈勒索案件中，判断被勒索人是否达到恐惧的心理程度，应当根据一般人的生活经验法则，结合行为发生的地点、行为方式、勒索财物数额大小等因素加以判断；在涉"市场环境"的敲诈勒索案件中，判断被勒索人是否达到恐惧的心理程度，除考虑一般人的生活经验法则之外，还需要考虑国家政策导向、被害人资金环境松紧程度、行政监管的强弱程度等因素加以综合判断。

【相关法条】

《中华人民共和国刑法》

第二百七十四条【敲诈勒索罪】 敲诈勒索公私财物，数额较大或者多次敲诈勒索的，处三年以下有期徒刑、拘役或者管制，并处或者单处罚金；数额巨大或者有其他严重情节的，处三年以上十年以下有期徒刑，并处罚金；数额特别巨大或者有其他特别严重情节的，处十年以上有期徒刑，并处罚金。

【案件索引】

一审：上海市浦东新区人民法院（2018）沪 0115 刑初 3339 号（2019年 9 月 30 日）

二审：上海市第一中级人民法院（2019）沪 01 刑终 2157 号（2021 年 10 月 27 日）

【基本案情】

经审理查明了以下事实：

（一）上海科斗电子科技有限公司（以下简称科斗公司）、上海步岛实业有限公司（以下简称步岛公司）与掌阅科技股份有限公司（以下简称掌阅公司）之间专利诉讼的相关事实

2017 年 3 月至 7 月间，被告人李某文在经营管理科斗公司过程中，因获悉掌阅公司正处于首次公开募股阶段，遂以科斗公司名义，先后多次以掌阅公司侵害其专利权（专利号为 ZL201010523284.4，专利名称为"通过图像采集获取网络连接的数据传输方式及其系统"）为由，向北京知识产权法院、上海知识产权法院提起民事诉讼。掌阅公司在不认为构成侵权的情况下，对科斗公司名下的部分专利提出专利无效申请，但为避免影响首次公开募股进程，掌阅公司和被告人李某文为代表的科斗公司于 2017 年 7

月 15 日签订专利实施许可合同。该合同约定科斗公司将公司名下的持有或者控制的所有专利权、专利申请权普通许可给掌阅公司，许可期限为上述专利权的有效期内以及专利授权前的临时保护期。科斗公司在 2017 年 7 月 17 日前对（2017）沪 73 民初 382 号案件撤回起诉。掌阅公司在收到相关案件撤诉裁定和掌阅公司股票 A 股发行上市之后向科斗公司支付相应钱款。2017 年 7 月 19 日，掌阅公司向科斗公司支付人民币 50 万元。

2017 年 7、8 月间，被告人李某文为了进一步迫使掌阅公司支付钱款，以倒签合同时间的方式，虚构了内容为科斗公司将其拥有的第 ZL201010523269.X 号专利（专利名称为"通过图像采集启动设备间数据传输的方式及其系统"）独家许可给已由其实际控制的步岛公司的知识产权许可合同（国家知识产权局正式备案该项专利的独占许可起始日系 2017 年 9 月 20 日）。后以步岛公司名义，向北京知识产权法院起诉掌阅公司侵害该项专利权，并授意高某以步岛公司法定代表人身份至北京向证监会实名举报，披露已向掌阅公司提起专利权纠纷诉讼，证监会为此要求掌阅公司对侵权情况出具肯定性结论，该举报造成掌阅公司延迟挂牌上市。其间，被告人李某文伙同被告人李某武与掌阅公司谈判，两被告人向被害单位相关代表谎称，科斗公司与步岛公司的独占许可合同在先，故第 ZL201010523269.X 号专利不受前期科斗公司与掌阅公司签订的普通许可合同约束，掌阅公司实际没有取得对该项专利的合法使用权，仍需再行支付相关费用。掌阅公司为避免影响上市进程，被迫和被告人李某文、李某武代表的科斗公司、步岛公司签订纠纷解决协议，约定以和解费名义支付步岛公司人民币 80 万元，后掌阅公司实际支付人民币 10 万元。

（二）上海本星电子科技有限公司（以下简称本星公司）与厦门盈趣科技股份有限公司（以下简称盈趣公司）之间专利诉讼的相关事实

2017 年 9 月，被告人李某文在经营管理本星公司过程中，以本星公司名义，先后以盈趣公司侵害其拥有的"设有工作状态反馈功能的受控设备及遥控信号中转系统"等三项实用新型专利权为由，向厦门市中级人民法院提起民事诉讼，后双方在法院的主持下进行和解，盈趣公司在不认为构成侵权的情况下，为避免影响上市进程及时间成本等因素，与被告人李某文代表的本星公司签订和解协议，约定本星公司撤回对盈趣公司及关联方的全部专利权纠纷诉讼，本星公司及其关联方不得向盈趣公司及其关联方主张任何侵权事由；盈趣公司向本星公司支付补偿款。后盈趣公司以补偿款名义支付本星公司人民币 28.2 万元。诉讼期间，被告人李某文向证监会举报，披露已向盈趣公司提起专利权纠纷诉讼，使盈趣公司被证监会发行监管部要求核查。

（三）科斗公司等三家单位与杭州古北电子科技有限公司（以下简称古北公司）之间专利诉讼的相关事实

自 2015 年以来，被告人李某文先后多次以古北公司侵害其多项专利权为由向法院提起民事诉讼。2015 年 6 月，上海知识产权法院受理了科斗公司以古北公司侵害其拥有 ZL201320459241.3 等三项实用新型专利权为由提起的诉讼，经审理，法院作出了（2015）沪知民初字第 362 号等三份判决书，认为科斗公司胜诉，古北公司等单位构成专利侵权。2016 年 1 月 29 日，古北公司提出对该三项专利的无效申请，国家知识产权局分别在 2016 年 11 月发文宣告三项专利无效。因不服上述无效宣告，科斗公司提出行政诉讼，2016 年 12 月，北京知识产权法院受理了科斗公司向国家知识产权局专利复审委员会提出的针对上述三项专利的行政诉讼案件。2017 年 1 月 3 日，上海市高级人民法院作出（2016）沪民终 117 号民事裁定书，认为涉案专利 ZL201320459241.3 正在进行行政诉讼，专利处于不稳定状态，故撤销上海知识产权法院（2015）沪知民初字第 362 号民事判决，驳回科斗公司起诉。

2016 年 11 月，上海知识产权法院受理了古北公司诉科斗公司恶意诉讼案件，后因双方于 2017 年 3 月达成和解，古北公司撤诉。古北公司称其不认为构成侵权，但为避免影响融资上市及消耗诉讼成本精力，最终愿意和解。和解内容是科斗公司、本星公司、上海聚然智能科技有限公司普通许可部分专利给古北公司，费用总计人民币 22.5 万元，后古北公司向上述三家公司支付了该费用。

（四）科斗公司等三家单位与杭州鸿雁智能科技有限公司（以下简称鸿雁公司）之间专利诉讼的相关事实

2015 年底开始，被告人李某文在经营管理公司过程中起诉鸿雁公司侵害其多项专利权。为避免过高的诉讼成本等因素，2016 年 3 月 30 日，鸿雁公司和科斗公司等三家单位签订专利实施许可合同，科斗公司、本星公司、上海聚然智能科技有限公司将持有的 21 项专利普通许可给鸿雁公司，许可费人民币 5 万元，后鸿雁公司支付上述费用至科斗公司账户。

另查明，在法院审理期间，被告人李某文、李某武退赔了全部违法所得人民币 10 万元。

【裁判结果】

上海市浦东新区人民法院于 2019 年 9 月 30 日作出（2018）沪 0115 刑初 3339 号刑事判决：被告人李某文犯敲诈勒索罪，判处有期徒刑四年六个月，罚金人民币 5 万元。被告人李某武犯敲诈勒索罪，判处有期徒刑二年，罚金人民币 2 万元。宣判后，被告人李某文、李某武提起上诉，检察院提出抗诉，上海市第一中级人民法院审理认为，一审对李某文、李某武定罪准确、量刑适当，且审判程序合法。据此，依照刑事诉讼法第 236 条第 1 款第 1 项之规定，裁定驳回抗诉、上诉，维持原判。判决已经发生法律效力。

【裁判理由】

一审法院判决认为：被告人李某文、李某武以非法占有为目的，采用要挟手段，强行索取公私财物，数额特别巨大，其行为均已构成敲诈勒索罪。公诉机关指控被告人李某文、李某武犯罪的罪名成立。但指控的第一节涉案实得人民币 50 万元的事实及指控的第二、三、四节事实，因证据不足，不予认定。本案系共同犯罪。被告人李某文系犯意的发起者及行为的实际操控者，在共同犯罪中起主要作用，系主犯；被告人李某武在共同犯罪中起次要作用，系从犯，对其依法减轻处罚。被告人李某文、李某武的部分犯罪系犯罪未遂，结合未遂金额占犯罪总额中的比例，依法减轻处罚。被告人李某武庭审中对本案的基本事实予以否认、回避，不符合如实供述罪行的要求。两被告人现已退赔被害单位全部损失，量刑时酌情考虑。依照刑法第 274 条、第 25 条第 1 款、第 23 条、第 26 条、第 27 条、第 52 条、第 53 条、第 64 条之规定，判决被告人李某文犯敲诈勒索罪，判处有期徒刑四年六个月，罚金人民币 5 万元。判决被告人李某武犯敲诈勒索罪，判处有期徒刑二年，罚金人民币 2 万元。

【案例注解】

本案被称为"专利敲诈入刑第一案"。在案件审理过程中，就案件的法律适用和事实认定存在以下争点。

（一）如何区分合理的专利维权行为与敲诈勒索行为

在案件审理过程中，对于李某文实施的其关联公司与掌阅公司（第一节事实）、盈趣公司、古北公司、鸿雁公司之间专利诉讼行为如何定性有两种观点：第一种观点认为，李某文不以生产经营为主要目的的发明专利、实用新型，而是将申请的专利大量用于专利诉讼索赔，即在企业上市融资等关键节点以对方侵权为由提出诉讼并以此获取补偿款或者专利实施许可费，这种行为已对相关企业造成威胁，符合敲诈勒索罪的基本特征，构成敲诈勒索罪。第二种观点认为，李某文虽然选取了企业上市融资等关键节点提起诉讼，但其提起专利诉讼的合法依据不能完全否认，大部分专利是其或者其所属公司所有，并经国家知识产权局确认有效的专利，故当李某文提出侵权之诉的时候，只表明他有维护正当权利的目的，而不能等同于非法占有他人财物的目的，其行为不宜认定为犯罪行为。

本文同意第二种观点，理由如下：敲诈勒索犯罪是一种财产犯罪。财产犯罪侵犯的是他人的财产权益。刑法主要是将以下两种行为认定为财产犯罪行为：一种是财产转移或者灭失而没有合法依据的行为，另一种是应按照合法依据转移的财产未转移的行为。财产转移或者灭失的合法依据主要分为以下几种：一是合法的行政行为，所谓的行政行为作用下的财产转移，就是指行政主体在行政管理活动中依据合法职权，就特定的财产事项，对有关公民、法人或者其他组织作出财产权利义务分配的行为。比如行政机关作出行政许可，允许某些法人进行有限资源的开发利用获得收益；二是有效的合同关系，这是财产合法转移的最主要依据，也是民事法律关系的重点，即通过双方当事人意思自治就相关财产进行重新分配；三是侵犯民事权益的行为承担的侵权责任，也就说当行为人因为过错侵害他人民事权益，应当承担侵权责任的财产部分，这也是财产分配的一种合法方式；四是有效的其他民事法律行为，如继承、婚姻关系、拾得、先占。本文认为如果财产转移或者灭失有上述合法根据的，一般不能认定为财产犯罪。

就本案中的这部分事实来看，李某文或其关联方持有行政管理部门确认有效的专利权，其认为上述四家企业的产品、技术方案等有侵犯其或其关联方专利权的可能性，要求法院确认侵权事实和索要赔偿，后与对方签订协议并以此获得了许可费或者和解费。从专利法的相关规定来看，专利权人依法获得财物的主要依据是专利许可费、因专利侵权以及可能的专利侵权获得的赔偿或和解费、专利转让费。在该部分事实中，被告人获得的许可费或和解费是在专利法规定范围之内的。

第一，李某文及其关联方从掌阅公司、古北公司、鸿雁公司取得的是专利实施许可费。实施许可费来源于李某文及其关联方与掌阅公司、古北公司、鸿雁公司签署的专利实施许可合同，合同分别约定李某文及其关联方将其所有的全部或者部分专利普通许可给对方公司。2008 年修正的专利法第 12 条规定，"任何单位或者个人实施他人专利的，应当与专利权人订立实施许可合同，向专利权人支付专利使用费。"掌阅公司、古北公司、鸿雁公司作为被许可方，有义务按照合同约定的内容向李某文及其关联方支付专利权普通实施许可的费用。如果因专利权无效导致合同终止的，也应按照双方的约定进行许可费用的返还和造成损失的处理。由此可以看出，专利法赋予专利权人通过订立的合同方式获得许可费用。许可费用的具体金额可以由许可方和被许可方根据专利技术状况、实施的行为与期限、被许可方可能获得的经济利益等多方因素综合考虑而加以确定。在案证据可以确定的是，李某文及其关联方确系许可专利的权利人，那么其在合同约定范围内，普通许可他人实施自己专利技术并以此获取专利实施许可费用是完全符合法律规定的。

第二，李某文及其关联方从盈趣公司取得的是和解费。2008 年修正的专利法第 60 条规定："未经专利权人许可，实施其专利，即侵犯其专利权，引起纠纷的，由当事人协商解决；不愿协商或者协商不成的，专利权人或者利害关系人可以向人民法院起诉，也可以请求管理专利工作的部门处理。"该法第 65 条规定："侵犯专利权的赔偿数额按照权利人因被侵权所受到的实际损失确定；实际损失难以确定的，可以按照侵权人因侵权所获得的利益确定。权利人的损失或者侵权人获得的利益难以确定的，参照该专利许可使用费的倍数合理确定。赔偿数额还应当包括权利人为制止侵权行为所支付的合理开支。权利人的损失、侵权人获得的利益和专利许可使用费均难以确定的，人民法院可以根据专利权的类型、侵权行为的性质和情节等因素，确定给予一万元以上一百万元以下的赔偿。"从以上法律规范可以看出，专利侵权行为是要承担法律责任的，其中侵权方承担责任最重要的方式就是向权利人赔偿损失。法律赋予专利权人以诉讼、协商等方式解决双方纠纷的权利；若侵权事实存在，专利权人有获得经济赔偿的权利。据此，在这部分事实中，李某文及其关联方通过提起专利诉讼与盈趣公司签订协议，获得和解费的行为是在专利权人依法保护自身权益的行为范畴之中的。有观点认为李某文及其关联方与盈趣公司达成和解获取财物的依据并不是法院确认了侵权事实，故李某文的行为无合法依据。对此，本文认为，即使法院未评判侵权事实是否存在，只要李某文提起诉讼所依据的专利权是真实有效的，就不能排除双方协商一致的原因系"潜在侵权事实"等因素的存在。换句话说，不能因为现有证据不能排除"取得财物行为具有合法（指民事或者行政等相关法律）根据"的合理怀疑，就认定被告人取得财物的行为是犯罪行为。在本案中，不能因为行为人有很多专利未用于生产经营，而是通过诉讼获得了补偿款或者许可费，就主观推断"李某文多多少少有'非法占有'的意思，大概率是没有侵权事实的存在就拿到钱款"，进而得出该行为是有罪的结论。

（二）对于被告人李某文、李某武及其二人的关联公司与掌阅公司发生的第二节事实，李某文及其所属公司享有专利权是否影响敲诈勒索罪的成立

审理中，辩护人提出该部分事实中，科斗公司仍是合法的专利权人，专利权人和对方公司的和解协议具有民事合法性，两名被告人所实施的这部分行为也不能认定为犯罪行为。

本文认为，从事实的发展逻辑来说，李某文的关联企业固然享有专利权，但是行为人并不是以此为筹码胁迫对方，被害单位也并非因为该专利权归属于科斗公司而产生恐惧心理并处分财产。两名被告人提出胁迫的筹码是步岛公司享有专利独占使用权，掌阅公司对步岛公司构成专利侵权，而实际上这个独占许可是完全虚假的。因为被告人李某文及其关联方第一次与掌阅公司签订的专利实施许可合同已经将包含第 ZL201010523269. X 号专利在内的专利权普通许可给了掌阅公司，但其为了进一步非法获利，制造了第 ZL201010523269. X 号专利不包含在前一份许可合同之内的假象，通过倒签合同虚假许可的方式，将步岛公司包装成专利的"被独占许可方"。被告人之所以不以科斗公司的名义再次提出诉讼或者举报，是因为在第一份许可合同中双方已经约定了对第 ZL201010523269. X 号专利使用的权利义务，其不能再以掌阅公司侵权为由提起诉讼。所以被告人只能制造虚假的权利主体再次提出诉讼和举报，以此达到非法取财的目的。

本文认为，对该节事实判断的关键点是两名被告人取得钱款有无依据，以及该依据是否符合民事法律等相关法律的规定。在财产犯罪中，刑事违法性判断是在法秩序统一原则下的违法相对性判断，财产转移行为在民事等相关法律范畴内是违法的前提下，才有可能在刑法范畴内认定有罪。本案中被告人李某文、李某武取得钱款的根据是与掌阅公司签订的第二份纠纷解决协议。这份协议看似是平等民事主体之间的约定，实则没有民事合法性。虽然科斗公司也作为协议的一方签订合同，但是该协议约定的和解费不是科斗公司作为专利权人获得的转让费、许可费或者侵权赔偿款。科斗公司没有与掌阅公司再次协商许可费用高低的问题，也未商谈专

利转让事宜，同时科斗公司与掌阅公司签订的第一份许可合同已经生效，掌阅公司对科斗公司也不构成专利侵权。协议另一方步岛公司也不是真实的专利权方、专利实施被许可方，其不能以侵犯第 ZL201010523269.X 号专利为由向掌阅公司提出财产诉求。第二份纠纷解决协议的订立是由科斗公司与步岛公司之间那份"独占许可合同"引申出来的，可以看作独占许可合同的衍生合同，因为没有虚假的独占许可合同，就没有之后的虚假诉讼和举报，也不可能有第二份纠纷解决协议。而独占许可合同是两名被告人恶意串通，损害掌阅公司利益的合同，是民事上的无效合同，不具有民事法律上的合法性。而在此基础上签订的纠纷解决协议也应无民事法律上的合法基础。既然获取财物行为没有合法依据，那么就可以进一步讨论行为是否具有刑事违法性。

（三）如何认定敲诈勒索罪中的"以胁迫方式"勒索财物

敲诈勒索罪中的构成要件为以暴力或者胁迫手段使对方产生恐惧心理进而取得财产。这里的胁迫一般是指对被害人以"恶害"相通告。实践中，有观点认为只有行为人主动向被害人以明示的言辞方式提出恶害通告才能认定为胁迫，本文认为这个观点并未准确把握敲诈勒索罪中"胁迫"的实质内涵。

第一，敲诈勒索罪中"胁迫"，并不要求行为人必须对被害人提出通告，也可以是向第三方提出进而转告被害人，同样也能达到胁迫的效果。

第二，敲诈勒索罪中"胁迫"，并不要求行为人必须是以明示的、言辞的方式向被害人提出通告，也可以是以暗示的、行为的方式胁迫被害人。这类案件中，行为人往往掌握了被害人的弱点，被害人也十分清楚威胁的内容，行为人此时利用优势地位以行为的方式加以威胁也能达到言辞威胁同样的效果。比如有些针对酒驾人员的"碰瓷"行为，行为人往往通过围追堵截逼停被害人，然后停车报警称对方酒驾。此时被害人一看对方报警就会同意和解，并支付高额的和解费用。这里的报警行为实际就是一种胁迫。

第三，敲诈勒索罪中"胁迫"必须要达到使被害人产生恐惧心理的程度。在不涉及"市场环境"背景下的敲诈勒索案件中，是否达到恐惧的心理程度应当根据一般人的生活经验法则加以判断，比如根据行为发生的地点、行为方式、勒索财物数额大小等因素加以判断；而在涉及"市场环境"背景下的敲诈勒索案件，除一般人的生活经验法则之外还需要考虑国家政策导向、被害人资金环境松紧程度、行政监管的强弱程度等因素加以综合判断。

本案中，对于被告人李某文、李某武及其二人的关联公司与掌阅公司之间发生的第二节事实，被害单位处于上市融资的关键时期，前期已经付出大量人力和物力，但正因为李某文等人的虚假诉讼和举报行为，导致公司上市进程一再耽搁，这会对企业运营带来重大不利影响，故被害单位"不得已"同意与对方协商。虽然被告人商谈时并未使用"只要不给钱就……"等强烈威胁性言语，而是让对方公司"花钱买撤诉"，但当先行的诉讼和举报已经具备一定的胁迫效果，再加上后续压制式的谈判，结合被害单位资金成本、政府监管等因素，可以判断两名被告人实际上已经实施了足以使被害单位产生恐惧心理的胁迫行为。故最终以敲诈勒索罪对两名被告人定罪处罚。

【编后补评】

本案焦点是专利恶意诉讼以及正当专利维权的刑法规制边界。笔者将重点探讨未被认定的数节起诉事实。目前，刑法理论界主流观点认为：过度维权一般不构成敲诈勒索罪，即如果行为人存在权利请求基础，只要他不采用刑法所明确规定的否定手段强取财物，即便有一定胁迫的成分，也不宜认定为敲诈勒索。李某文通过诉讼方式多次向拟上市公司掌阅公司、盈趣公司、古北公司、鸿雁公司等进行巨额索赔，浪费大量司法资源，其行为应受苛责，但能否认定为敲诈勒索犯罪，从法益保护的角度须做好平衡，对行为性质还需具体分析。

一、主观上是否具有敲诈勒索的非法占有目的，应重点判断维权行为的权利基础

是否有相应证据否定李某文主张维权的权利基础是案件审理的重点，不能简单以索赔事项、索赔金额认定非法占有目的，抑或拘泥于行为的形式合法来认定不具备非法占有目的，应当深层次地考量行为人持有的专利权利基础以及行使诉权有无合法依据、合理诉讼理由（诉权基础）。

其一，行为人有无专利权利基础，应立足权利本质逐层研判。笔者认为，鉴于本案中涉及维权的专利主要是不进行实质性审查的实用新型、外观设计，有无合法的权利基础可从形式合法性、可专利性、实质正当性（是否侵权）三个层面依次研判。

本案中相关专利登记簿、民事判决书、诉讼材料等证实，涉案的专利都是经国家知识产权主管部门颁发的合法有效专利，本案起诉时涉案专利是合法有效的。虽然部分专利在诉讼过程中被对方申请无效，但其还有行政、司法救济权利，专利权属尚处于未确定状态，且本案并没有证据表明李某文通过非法手段获取专利。故李某文维权的专利已具备了形式合法性。

然而，本案并没有触及对权利基础判断的第二、第三个问题，即李某文的专利技术是否具备真正的可专利性以及实质正当性。一旦有证据否定涉案专利技术的可专利性、实质正当性，譬如专利被彻底无效、与掌阅公司等四家涉案单位相关产品技术比对判断不存在侵权等客观证据，那么李某文将当然丧失后续专利诉讼的权利基础。虽然，控方举证四家涉案单位的技术人员等明确指出这些单位产品技术并未侵犯李某文专利，涉案专利中介服务人员也提出李某文的专利是否具备真正的可专利性存在很大的疑问。但这些证据很难直接使得李某文的专利丧失可专利性、实质正当性，从而推导出其具备敲诈勒索的主观故意。值得注意的是，二审期间人民法院委托有知识产权鉴定资质的机构检验，李某文所持300余项专利亦非全然为低质量专利。笔者认为，这一补充证据主要想通过判断涉案专利价值来推定其是否丧失可专利性，然而专利价值高低更多应由市场判定，涉案

专利是否具备可专利性只能依赖行政或者司法判定。综上，在案证据对被告人究竟有无专利权基础止步于形式合法上的判断。

因此，当在案证据难以对涉案专利权诉讼的权利基础进行实质、深度判断时，人民法院不能轻易排除李某文具有合法专利权基础。

其二，诉权基础取决于前置法对相关侵权诉讼是否属于权利滥用的法律评价。虽然李某文拥有合法授予的专利权，但并不能直接认定其据此权利基础提起诉讼行为一定合法、正当。二审期间控方补充调取了李某文提起专利侵权诉讼情况，旨在审查李某文提起专利诉讼是否属于恶意提起专利权诉讼，以期通过滥诉、索赔来非法占有财物，而非维权。虽然数十件专利侵权诉讼七成以上系李某文撤诉结案，小部分以调解告终，但是撤诉、调解结果并未对双方的实体权利作出评判，不能取代真正的判决结果。控方又举证有证人提及"李某文申请的专利都是现有技术，且有部分专利已被宣告无效"，但辩方主张李某文名下的专利与涉嫌侵权的产品具有一定的内在关联，提供的《知识产权司法鉴定意见书》中就相关发明专利认定，"掌阅电脑主机和掌阅手机客户端之间通过扫描二维码自动完成图书下载的技术特征"与科斗公司、步岛公司名称为"通过图像采集启动设备间数据传输的方式及其系统"的要求 1 所限定的技术特征相同。仅凭这一鉴定意见也无法认定是否存在专利相同侵权或等同侵权。双方的证据交锋没有解决"李某文专利侵权诉讼是否为事实上和法律上无根据之诉"的核心问题。

那么，从诉讼时机选择和赔偿数额两方面可否判断李某文是否有滥用专利权之虞？一方面，目前专利法等民事法律未禁止权利人选择在侵权人拟上市、融资等敏感时间节点提起诉讼，根据私法自治的原则，"法无明确禁止即可为"，诉讼时机的选择是其自由；另一方面，对于李某文索赔款项是否明显超出合理范围，其先期通过直接协商的方式向掌阅公司、盈趣公司、古北公司、鸿雁公司等索要数十万到数千万不等，后协商不成，通过诉讼的方式索要几十万到几百万不等，后和解赔偿几万到几十万不等，具有较大随意性。但是，鉴于专利等知识产权价值难以认定相对确定的价格，针对不同对象，不同领域，价值可能完全不同。笔者认为，李某文的专利侵权诉讼行为是否属于恶意诉讼，以及其索赔款项是否明显超出合理范围，应以刑法的前置法即知识产权部门法来作出法律评价。在法秩序统一的原则之下，一旦李某文的权利行使行为获得了前置法的否定性评价，在符合敲诈勒索罪构成要件情况下，可以认定刑事违法性的成立。

二、索赔正当性取决于索赔行为手段与索赔事项之间是否具有内在关联

索赔行为手段与索赔事项之间是否具有内在的关联性，成为能否构成敲诈勒索罪"威胁或要挟"行为的关键。如，消费者发现问题食品，向市场监督管理局投诉举报要求赔偿，其索赔事项基于民事索赔主张的违法之处，其行为手段与索赔事项之间具有内在的关联，是为实现自己依法赔偿目的而采取的行政处理救济手段，不能构成"威胁或要挟"。但如果索赔行为手段与索赔事项之间没有内在关联，如，消费者基于消费侵权纠纷而向经营者提出索赔，但其采用的却是向税务机关举报偷税或者威胁揭发相关人员的个人罪行或违法事实等手段，举报、揭发的内容与意图维护的合法权益之间缺乏内在关联性，可构成敲诈勒索罪要求的"威胁或要挟"行为。本案不同于一般敲诈勒索犯罪的认定，涉及知识产权专业领域侵权的认定，究竟是正当的专利权行使行为还是滥用专利权行为，需要专业判断。

专利权人在明知或者应知其所拥有的专利权不真正具备可专利性，而只是在形式上合法的假性专利权的前提下，仍然向法院起诉未经其许可而使用该专利技术者侵犯其专利权，可以认定为滥用权利行为。利用专利侵权进行滥诉，能否认定为敲诈勒索，并不能"一刀切"得出结论，应仔细分析涉案专利是否具备可专利性，以及被起诉单位技术产品是否侵犯该专利。虽然，本案中二审裁判指出李某文实施的多节事实行为有专利侵权滥诉之虞，但正如前文所言，本案实质上止步于李某文的行为是否属于形式合法、正当的专利权行使，对于被告人维权的专利是否具备真正的可专利性以及与涉案单位产品技术是否有关联性等核心问题，控辩双方并未真正展开论证。如在案证据可以切断其索赔之手段与索赔事项的关联性，则李

某文的行为已经具备了敲诈勒索罪中的"威胁或者要挟"要件。

2021 年 6 月 1 日起施行的专利法第 20 条对"不得滥用专利权"作出了原则性规定，我国将对相关滥诉行为施以更加严厉的法律规制。囿于案件证据状况等因素，本案裁判初步认定了形式上合法授权的专利权诉讼维权不必然具备刑事违法性，掀起刑事规制知识产权滥用"帘布"的小小一角。必须强调的是，本案的法律适用争议焦点始终不在于专利维权的罪与非罪。专利恶意诉讼与普通的专利维权存在本质的区别，"专利未实际适用""敏感节点起诉侵权"均非维权行为入罪的关键，亟待构建更符合专利权本质的规则体系。同时，《知识产权强国建设纲要（2021—2035 年）》中明确了"完善规制知识产权滥用行为的法律制度"，刑事保护应与民事、行政保护保持一定的协同性，对于知识产权领域更多的"实质上不具有权利基础合法、正当性的专利权提起的诉讼"是否具备刑事违法性，应当通过更多的司法案例去探索积累法律规则。

（一审法院合议庭成员：马超杰　金　果　胡　波
二审法院合议庭成员：李长坤　顾苹洲　于书生
编写人：上海市浦东新区人民法院　金　果
补评人：上海市人民检察院　陆　川）

4. 区块链存证在刑事案件中的适用

——王某民诈骗案

关键词 刑事 区块链 证据流转 小额多次诈骗

【裁判要旨】

涉网诈骗案件因被害人众多、分布广泛，通过微信、支付宝收取骗取资金，犯罪数额呈现小额多笔的特点，给电子数据的司法裁判带来挑战。司法机关在办案过程中借助区块链技术增强了电子数据的可信性，确保了案件流转中证据的真实性和有效性。

【相关法条】

《中华人民共和国刑法》

第二百六十六条【诈骗罪】 诈骗公私财物，数额较大的，处三年以下有期徒刑、拘役或者管制，并处或者单处罚金；数额巨大或者有其他严重情节的，处三年以上十年以下有期徒刑，并处罚金；数额特别巨大或者有其他特别严重情节的，处十年以上有期徒刑或者无期徒刑，并处罚金或者没收财产。本法另有规定的，依照规定。

第六十四条 犯罪分子违法所得的一切财物，应当予以追缴或者责令退赔；对被害人的合法财产，应当及时返还；违禁品和供犯罪所用的本人财物，应当子以没收。没收的财物和罚金，一律上缴国库，不得挪用和自行处理。

【案件索引】

一审：浙江省绍兴市上虞区人民法院（2019）浙 0604 刑初 486 号（2019 年 7 月 29 日）

【基本案情】

经审理查明，2017 年 1 月至 2019 年 3 月 13 日间，被告人王某民在江苏省、浙江省、江西省等地，虚构"找不到老乡、钱包丢失"等理由，以"借款"方式骗取他人财物 176 起，通过微信、支付宝收取骗取资金，共计骗得人民币 9993 元。

【裁判结果】

浙江省绍兴市上虞区人民法院于 2019 年 7 月 29 日作出（2019）浙 0604 刑初 486 号刑事判决：被告人王某民犯诈骗罪，判处有期徒刑一年二个月，并处罚金人民币 4000 元。

本案宣判后，检察机关没有提出抗诉，被告人没有提出上诉，判决已经发生法律效力。

【裁判理由】

法院生效判决认为，被告人王某民以非法占有为目的，虚构事实，骗取他人财物，数额较大，其行为已构成诈骗罪。公诉机关指控罪名成立。被告人王某民已退赃，且自愿认罪，可酌情从轻处罚。公诉机关提出的量刑建议适当，予以采纳。

【案例注解】

被害人全国性分布和涉网特性使得电子数据的司法运用重要性凸显，电子数据的真实性、不可篡改性尤为关键。然而，证明被害资金流转的证据，系以光盘形式记录并在公检法间移转，虽概率极小，但仍有可能发生光盘毁损导致的数据丢失或者光盘内数据被篡改等现象。

该案办理过程中，借助蚂蚁区块链技术，侦查机关在调取资金交易流水的同时，将原始数据用加密算法方式把哈希值上传至蚂蚁区块链的"法证链"；并将备份数据刻录光盘以流转。在审查起诉、审判环节，办案人员分别对光盘的哈希值与"法证链"上存放的哈希值进行比对，比对一致。由此便能够证明光盘内的内容是原始数据，在流转环节未篡改、未丢失，区块链技术确保了证据的真实性、客观性。

本案是对电子数据存储的积极探索，尝试了区块链技术在刑事司法领域的运用。2018年9月，最高人民法院发布了《关于互联网法院审理案件若干问题的规定》，对区块链存证进行法律确认。各互联网法院对区块链存证方式予以认可，并对运用该技术的民商事案件作出有效判决。刑事案件对证据的要求极为严格，借助区块链对判案电子数据进行审查，具有非常深远的意义。本案首次对区块链存证的刑事案件进行判决，将认同从法院延伸至公安、检察院，意味着区块链技术的司法运用又往前跨了一大步。

运用区块链技术也保证了证据的真实性。凭借区块链技术"全流程记录、全链路可信、全节点见证"的特征，电子数据的副本被区块链分散保存在网络的每一个节点上，任意一个节点发生篡改和灭失都不会影响数据的完整性和安全性。对于刑事案件，证据在"公安—检察院—法院"之间流转，各方都能够公开访问一个共同的链，各系统通过上链信息，都能对接收到的电子数据进行验证。而且，区块链上存储数据的机构越多，则对区块链进行篡改和删除的难度和成本就会越大，该区块链的安全性就会越高。

区块链技术也提高了证据审查的便利性。区块链上主要保存的是电子数据的哈希值而不是电子数据本身，因为哈希算法具有不可逆的特性，其他非办案机构即使获得区块链副本上的哈希值也无法反向计算出证据原文，从而兼顾了保密性和不可篡改性。区块链技术无须专业人员操作，区块链自动计算电子数据的哈希值，计算和上链过程无人工介入，排除了伪造和篡改的可能。用区块链技术审查电子数据时，法官只需安装一个电子数据哈希值计算工具，将电子数据在"法政链"当中进行查看，该电子数据是否上链，数据真实与否，一目了然。

（一审法院独任审判员：胡　燕
编写人：浙江省绍兴市上虞区人民法院　陈静璇）

二、网络犯罪专题研究

电子数据审查运用专题

编者按： 在网络犯罪案件中，电子数据作为认定犯罪事实的主要证据形式，对于案件侦破的作用日益突显。与其他证据相比，电子数据具有特殊的属性，比如技术性强、相对抽象、数量众多等。这些特殊性导致电子数据的取证、审查和证据规则与传统证据存在较大差异，司法实践中出现了证据收集难、审查难、运用难等问题。如何在浩如烟海的电子数据中锁定指控犯罪的关键证据，不断提升网络犯罪案件办理质效，成为司法机关面临的重大挑战。本书"电子数据审查运用专题"精选了4个案例，针对指控事实与涉案海量电子数据之间的关联性问题，电子数据真实性判断问题，以及在"零口供"等证据较为单薄的案件中如何正确审查及运用电子数据进行了详细分析。

5. 海量同质性电子数据的审查认定

——崔某等非法吸收公众存款案

关键词 刑事 非法吸收公众存款 同质性海量电子数据 综合认定

【裁判要旨】

非法集资类案件往往存在海量同质性电子数据，如反映集资投入本金、返还本金、返还利息、实际损失等的电子数据，在认定数额时，可通过对在案各种证据，包括公司会计账簿、会计凭证、银行转账记录、交款凭证等综合比对，必要时可委托专门机构审计，明确非法集资参与人的投资金额、损失金额及各被告人应当负责的金额。

【相关法条】

《中华人民共和国刑法》

第一百七十六条【非法吸收公众存款罪】 非法吸收公众存款或者变相吸收公众存款，扰乱金融秩序的，处三年以下有期徒刑或者拘役，并处或者单处罚金；数额巨大或者有其他严重情节的，处三年以上十年以下有期徒刑，并处罚金；数额特别巨大或者有其他特别严重情节的，处十年以上有期徒刑，并处罚金。

单位犯前款罪的，对单位判处罚金，并对其直接负责的主管人员和其他直接责任人员，依照前款的规定处罚。

有前两款行为，在提起公诉前积极退赃退赔，减少损害结果发生的，可以从轻或者减轻处罚。

《中华人民共和国刑法修正案（十一）》修正前条文

第一百七十六条【非法吸收公众存款罪】 非法吸收公众存款或者变相吸收公众存款，扰乱金融秩序的，处三年以下有期徒刑或者拘役，并处或者单处二万元以上二十万元以下罚金；数额巨大或者有其他严重情节的，处三年以上十年以下有期徒刑，并处五万元以上五十万元以下罚金。

单位犯前款罪的，对单位判处罚金，并对其直接负责的主管人员和其他直接责任人员，依照前款的规定处罚。

《最高人民法院、最高人民检察院、公安部关于办理非法集资刑事案件适用法律若干问题的意见》

六、关于证据的收集问题

办理非法集资刑事案件中，确因客观条件的限制无法逐一收集集资参与人的言词证据的，可结合已收集的集资参与人的言词证据和依法收集并查证属实的书面合同、银行账户交易记录、会计凭证及会计账簿、资金收付凭证、审计报告、互联网电子数据等证据，综合认定非法集资对象人数和吸收资金数额等犯罪事实。

【案件索引】

一审：江苏省南通市崇川区人民法院（2017）苏 0602 刑初 698 号（2018 年 12 月 25 日）

【基本案情】

经审理查明，2011 年底，被告人崔某安排张某甲在江苏省南通市崇川区组建南通汉德投资理财信息服务有限公司（以下简称汉德公司）。后崔某伙同陈某乙等人在南通多地成立多家分公司。2013 年 2 月 22 日，被告人崔某与张某甲、黄某、张某兰经事先共谋，以股权转让的方式收购南通宽通文化艺术有限公司，并于 2013 年 3 月 13 日将公司名称变更为江苏宜诚投资有限公司（以下简称宜诚公司）。后崔某伙同吕某、陈某甲及马某、陈某丙、张某乙等人，在南京、镇江、南通等地设立 30 余家分公司。2014 年 7 月，因被举报非法集资，宜诚公司向苏州政府承诺将公司搬离苏州，并清退苏州地区的集资款 8000 余万元。2013 年 12 月开始，被告人崔某等人又先后成立南通诚德资产管理有限公司等，并通过宜诚公司对上述公司进行管理。

汉德公司、宜诚公司及其分公司、关联公司成立后，在未取得中国银行保险监督管理委员会《金融许可证》的情况下，以年化收益率 4.8% 至 18.8% 为诱饵，采取公开散发传单、媒体宣传、办酒会、茶话会、投资人口口相传等方式传播吸收资金的信息，以开发、投资苏州常天农产品有限公司绿色食品项目、文化基金等为由，面向 1 万余名不特定人员吸收资金，非法募集资金人民币 25.91 亿元。所吸收资金用于支付投资人的到期本息、放贷、上述项目的投资、发放公司员工工资、奖金、提成等。截至案发，未到期本金超过人民币 15.8 亿元。

被告人崔某系宜诚公司、汉德公司实际负责人、发起人，应对宜诚公司和汉德公司募集的全部资金人民币 25.91 亿元负责；被告人吕某于 2014 年 12 月 31 日前系宜诚公司苏州分公司负责人，2015 年 1 月 1 日后系宜诚公司总裁，应对其任职期间相应公司募集的资金人民币 17.07 亿元负责；被告人陈某乙系汉德公司负责人，应对汉德公司募集的全部资金人民币 7.11 余元负责；被告人陈某甲系宜诚公司南通分公司负责人，且自 2015 年 10 月 1 日后兼任宜诚公司海门分公司负责人，应对其任职期间相应公司募集的资金人民币 1.43 亿元负责；被告人杨某于 2015 年 7 月 31 日前系汉德公司海安分公司负责人，此后至 2016 年 5 月 31 日系汉德公司副总经理，应对其任职期间相应公司募集的资金人民币 4 亿元负责。

2016 年 10 月 25 日，被告人陈某甲主动到公安机关接受调查；2016 年 10 月 28 日，被告人崔某于苏州被抓获；2016 年 10 月 30 日，被告人吕某、陈某乙主动至公安机关接受调查；2016 年 12 月 30 日，杨某接公安机关电话后主动到公安机关接受调查；到案后，被告人崔某、吕某、陈某乙如实供述了主要犯罪事实，被告人陈某甲、杨某如实供述了全部犯罪事实。

案发后，公安机关共查封、扣押涉案房产 55 处、涉案车辆 57 辆；从宜诚公司、汉德公司相关人员处扣押到现金共计人民币 3992 余万元。

【裁判结果】

江苏省南通市崇川区人民法院于 2018 年 12 月 25 日作出（2017）苏 0602 刑初 698 号刑事判决：被告人崔某犯非法吸收公众存款罪，判处有期徒刑九年，并处罚金人民币 50 万。被告人吕某犯非法吸收公众存款罪，判处有期徒刑八年，并处罚金人民币 40 万元。被告人陈某乙犯非法吸收公众存款罪，判处有期徒刑六年六个月，并处罚金人民币 30 万。被告人杨某犯非法吸收公众存款罪，判处有期徒刑六年，并处罚金人民币 30 万。被告人陈某甲犯非法吸收公众存款罪，判处有期徒刑五年，并处罚金人民币 30 万。继续追缴被告人违法所得，发还各投资人。

本案宣判后，检察机关没有提出抗诉，各被告人没有提出上诉，判决已经发生法律效力。

【裁判理由】

法院生效判决认为：被告人崔某、吕某、陈某甲、陈某乙、杨某违反国家金融管理法律规定，未经有关部门依法批准，在南通以及其他多地区先后设立汉德和宜诚公司及其分支机构，非法吸收公众存款，数额巨大，其行为均已构成非法吸收公众存款罪。本案系共同犯罪，被告人崔某、吕某、陈某乙、陈某甲、杨某在共同犯罪中起主要作用，均系主犯，应当按照其所参与的全部犯罪处罚。被告人吕某、陈某乙、陈某甲、杨某主动投案，如实供述自己的罪行，系自首，依法可以从轻处罚。被告人崔某到案后能如实供述自己的罪行，依法可以从轻处罚。

被告人吕某 2014 年 12 月 31 日前系宜诚公司苏州分公司负责人，其后为宜诚公司总裁，虽听命于崔某，但在上述公司经营期间，具有实际管理权、控制权，对上述公司非法吸收公众存款的行为应当承担责任。被告人吕某案发前借给公司用于支付投资人到期利息的钱款是民事行为，而非刑法意义上的"退赃"；被告人吕某卸任宜诚公司总裁后，对宜诚公司金融端仍然有控制力，仍在公司获取奖金和提成，应当对其担任宜诚公司总裁以来该公司所吸收的存款承担责任。被告人陈某乙离开汉德公司后仍在金融端获取提成，到常州市管理实体公司，汉德公司由杨某和陈某乙妻子彭某鑫负责，且杨某要向陈某乙报告，所以陈某乙应当对汉德公司所吸收的存款承担责任。被告人陈某甲、杨某直接管理相关公司和分公司，应对其管理公司非法吸收公众存款的数额承担刑事责任。

【案例注解】

本案是一起涉及两家总公司、30 余家分公司、10 余家项目公司、1 万余名投资人、涉案金额高近 26 亿元的非法吸收公众存款案。本案存在投资人多次、重复投资，报案人报案数据和后台数据不一致、各被告人地位作用和任职期间不同等问题，如何准确认定非法集资数额及各被告人应当负责的金额是本案的关键。为准确、及时地认定案件事实，可结合海量同质性电子数据的特性，开展相应的审查证据工作。

所谓同质性电子数据是指虽然数值不同，但均具有相同的特点、规律的电子数据。如在非法吸收公众存款案件中，反映集资投入本金、返还本金、返还利息、实际损失等的电子数据虽然庞杂，但其有潜在的规律：一是集资投入本金减去返还本金，再减去返还利息等于实际损失；二是返还利息和集资投入本金、集资收益率、投资时间之间也存在相应的公式关系。因而在审查上述数据的过程中，可依据《最高人民法院、最高人民检察院、公安部关于办理非法集资刑事案件适用法律若干问题的意见》第 6 条的规定，以投资人为计算主体，综合公司会计账簿、会计凭证、银行转账记录、交款凭证等证据综合比对，必要时可委托专门机构审计。

在计算数额时，可以通过以下步骤保证案件中投资金额、损失金额计算的准确性：

第一步：对全案证据根据类别进行分类汇总，形成后台数据、会计账册、投资人笔录材料等证据类别，分别请审计部门出具审计意见，要求审计意见中包含投资金额、损失金额、计算的损失金额（按照合同到期日、不能兑付日、合同利率计算）。

第二步：对第一步中制作的表格，按照人员身份信息进行汇总，即对于存在多次投资的，整合在一个栏目内，统一计算其投资金额和损失金额。需要说明的是，损失金额应按照多次投资的总额扣除已收回的全部本息计算，因为参与非法集资本身违法，任何人不得从自己的违法行为中获利。

第三步：制作《投资比对明细表》，通过与在案证据的比对、筛选，明确非法集资参与人的投资金额、损失金额。对于案件中存在特殊情形，不能辨识如何取舍时，还应进行二次人工核对；在最终部分金额认定仍存疑的情况下，应秉持存疑有利于被告人的原则。

第四步：制作被告人职责作用、任职时间的《人员责任表》，明确各被告人应当负责的产品、项目和具体时间段。

第五步：依据《投资对比明细表》和《人员责任表》，利用两个表格所具有的项目和时间的关联性，通过表格透视形成各被告人应当负责的投资金额、损失金额表格，进而明确各被告人应当承担的刑事责任范围。

（一审合议庭成员：曹　彬　王　林　姚　娟

编写人：江苏省南通市崇川区人民检察院　任留存　申莲凤　姜依菲）

6. 电信网络诈骗案件中犯罪数额的认定

——欧某某等诈骗案

关键词 刑事 电信网络诈骗 电子数据 犯罪数额

【裁判要旨】

平台荐股型电信网络诈骗，因客观条件限制无法逐一收集被害人材料的，应围绕电子数据及银行流水的关联性进行审查，可以综合在案被害人报案材料、已经查证属实的银行账号交易记录、平台电子数据、微信聊天记录等证据，综合认定被害人人数及诈骗资金数额。团伙型电信网络诈骗中成员以共同实施电信网络诈骗犯罪为目的，且在实施犯罪过程中相互配合的，应对其参与期间该诈骗团伙实施的全部诈骗行为承担责任。

【相关法条】

《中华人民共和国刑法》

第二百六十六条 【诈骗罪】 诈骗公私财物，数额较大的，处三年以下有期徒刑、拘役或者管制，并处或者单处罚金；数额巨大或者有其他严重情节的，处三年以上十年以下有期徒刑，并处罚金；数额特别巨大或者有其他特别严重情节的，处十年以上有期徒刑或者无期徒刑，并处罚金或者没收财产。本法另有规定的，依照规定。

《最高人民法院、最高人民检察院、公安部关于办理电信网络诈骗等刑事案件适用法律若干问题的意见》

四、准确认定共同犯罪与主观故意

（一）三人以上为实施电信网络诈骗犯罪而组成的较为固定的犯罪组织，应依法认定为诈骗犯罪集团。对组织、领导犯罪集团的首要分子，按照集团所犯的全部罪行处罚。对犯罪集团中组织、指挥、策划者和骨干分子依法从严惩处。

对犯罪集团中起次要、辅助作用的从犯，特别是在规定期限内投案自首、积极协助抓获主犯、积极协助追赃的，依法从轻或减轻处罚。

对犯罪集团首要分子以外的主犯，应当按照其所参与的或者组织、指挥的全部犯罪处罚。全部犯罪包括能够查明具体诈骗数额的事实和能够查明发送诈骗信息条数、拨打诈骗电话人次数、诈骗信息网页浏览次数的事实。

（二）多人共同实施电信网络诈骗，犯罪嫌疑人、被告人应对其参与期间该诈骗团伙实施的全部诈骗行为承担责任。在其所参与的犯罪环节中起主要作用的，可以认定为主犯；起次要作用的，可以认定为从犯。

上述规定的"参与期间"，从犯罪嫌疑人、被告人着手实施诈骗行为开始起算。

六、证据的收集和审查判断

（一）办理电信网络诈骗案件，确因被害人人数众多等客观条件的限制，无法逐一收集被害人陈述的，可以结合已收集的被害人陈述，以及经查证属实的银行账户交易记录、第三方支付结算账户交易记录、通话记录、电子数据等证据，综合认定被害人人数及诈骗资金数额等犯罪事实。

《最高人民法院、最高人民检察院、公安部关于办理刑事案件收集提取和审查判断电子数据若干问题的规定》

第二条　侦查机关应当遵守法定程序，遵循有关技术标准，全面、客观、及时地收集、提取电子数据；人民检察院、人民法院应当围绕真实性、合法性、关联性审查判断电子数据。

【案件索引】

一审：江苏省南通市崇川区人民法院（2019）苏 0602 刑初 333 号（2019 年 11 月 7 日）

【基本案情】

经审理查明：2018 年 5 月，被告人欧某某预谋通过直播间老师荐股、引诱投资人在虚假平台投资的方式诈骗被害人钱款。2018 年 7 月起，被告人欧某某以其成立的英德市子鑫投资有限公司为作案地点，购买投资人信息、手机电话卡等作案工具，通过他人获得直播间代理权、制作虚假投资平台金信通行情交易软件，同时招募员工实施诈骗活动，非法所得与平台方按比例分成。

具体诈骗方式如下：被告人欧某某将招募的员工分组，任命组长。员工利用欧某某购得的投资人信息或者微信群筛选投资人，将目标客户拉入员工创设的微信群。然后一般由组长扮演"老师""助理"角色，组员扮演"投资人"角色相互配合，通过引导被害人观看直播、赠送书籍给被害人、在微信群里吹捧老师、发送虚假投资赚钱图片、谎称通过金信通软件投资盈利等方式获取投资人信任，向被害人推荐由被告人欧某某扮演的"客服小郑"，由欧某某为被害人在虚假软件上注册账号。被害人投入资金后，由组长扮演的"老师"引导被害人在虚假软件"投资"操作。该诈骗集团通过反向引导、多倍杠杆、强制平仓、促使客户频繁操作等方式让被害人误以为投资亏损。相关员工则进一步安抚被害人、鼓励被害人追加投资。被害人投入的钱款未进入证券市场，而是通过第三方平台转入了欧某某等人控制的银行卡，欧某某将客户亏损的 25% 作为提成分给作出业绩的小组。

2018 年 7 月至 11 月，被告人欧某某与其先后招募的廖某、吴某、黄某甲等 13 人，以上述虚假荐股的方式，先后以投资恒生指数、沪深 300 两项股指期货的名义诈骗来自江苏省南通市崇川区、上海市、浙江省杭州市等全国各地 68 名被害人钱款共计人民币 8146596.94 元（以下币种相同），以"出金"的名义返还被害人钱款共计 1301574.19 元，被害人实际损失 6845022.75 元。具体犯罪事实略。

【裁判结果】

江苏省南通市崇川区人民法院于 2019 年 11 月 7 日作出（2019）苏 0602 刑初 333 号判决书：被告人欧某某等 14 名被告人均犯诈骗罪。判处被告人欧某某有期徒刑十一年，并处罚金人民币 10 万元；判处黄某甲有期徒刑六年，并处罚金人民币 2 万元；判处邓某有期徒刑六年，并处罚金人民币 2 万元；判处廖某有期徒刑五年九个月，并处罚金人民币 2 万元；判处吴某有期徒刑五年六个月，并处罚金人民币 2 万元；判处苏某有期徒刑五年六个月，并处罚金人民币 1 万元；判处罗某甲有期徒刑五年六个月，并处罚金人民币 1 万元；判处胡某有期徒刑五年三个月，并处罚金人民币 1 万元；判处徐某有期徒刑五年，并处罚金人民币 1 万元；判处杨某有期徒刑五年，并处罚金人民币 1 万元；判处黄某乙有期徒刑三年，并处罚金人民币 1 万元；判处钟某有期徒刑三年，并处罚金人民币 1 万元；判处罗某乙有期徒刑三年，缓刑四年，并处罚金人民币 1 万元；判处刘某有期徒刑三年，缓刑四年，并处罚金人民币 1 万元。继续追缴本案被告人及另案处理的被告人违法所得，发还被害人。

本案宣判后，检察机关没有提出抗诉，各被告人没有提出上诉，判决已经发生法律效力。

【裁判理由】

法院生效判决认为：被告人欧某某、廖某、吴某、黄某甲等 14 人以非法占有为目的，虚构事实、隐瞒真相，利用互联网诈骗他人财物，数额特别巨大，其行为均已构成诈骗罪。本案系犯罪集团，被告人欧某某组织、领导犯罪集团进行犯罪活动，系首要分子，按照集团所犯的全部罪行处罚，被告人廖某、吴某、黄某甲等 13 人在共同犯罪中起次要作用，是从犯，应当从轻或者减轻处罚。被害人存入支付平台的资金系被害人被骗后存入，平台按协议扣除的结算费用亦系被告人实施诈骗而支付的犯罪成本，因此该部分金额应计入被告人犯罪数额。本案部分被害人未报案，但可以结合已报案被害人陈述以及查证属实的银行账户交易明细、第三方支付结算账户交易记录、电子数据等证据，综合认定案件诈骗金额，而不应仅以已报案被害人损失作为本案犯罪数额。本案被告人共同实施电信网络诈骗，被告人应对其参与期间该诈骗团伙实际的全部诈骗行为承担责任。

【案例注解】

一、平台型电信网络诈骗被害人人数及诈骗数额如何认定

相较于传统的诈骗犯罪，电信网络犯罪具有诈骗过程非接触式、诈骗范围跨地域性、被害人不特定多数等特点，基于客观原因，实务中要求公安机关收集全部被害人被骗材料不切实际。《最高人民法院、最高人民检察院、公安部关于办理电信网络诈骗等刑事案件适用法律若干问题的意见》（以下简称《电信网络诈骗意见》）第 6 条第 1 项规定，办理电信网络诈骗案件，确因被害人人数众多等客观条件的限制，无法逐一收集被害人陈述的，可以结合已收集的被害人陈述，以及经查证属实的银行账户交易记录、第三方支付结算账户交易记录、通话记录、电子数据等证据，综合认定被害人人数及诈骗资金数额等犯罪事实。

本案系平台荐股型诈骗，存在被害人方、被告人方、平台方海量电子数据及大量银行流水。由于本案缺失被害人投入资金后台数据，故应紧紧围绕电子数据及银行流水的关联性来认定被害人人数及诈骗数额。一是建立到案被害人与诈骗犯罪组织间的关联。通过审查被告人供述、被害人陈述、被告人、被害人持有手机、电脑内诈骗聊天记录、微信号信息、被告人自制对账单、交易记录等证据建立被害人与诈骗组织间的关联性。二是建立未到案被害人与诈骗组织间的关联。通过审查在案被害人信息、平台导出账户信息、被告人自制客户资料表、业绩对账单、微信聊天记录出现的被害人信息等证据，梳理出与本案有关联的未到案被害人的范围。三是

明确赃款账户，补充侦查明确未到案被害人被诈骗事实。审查银行交易流水、第三方平台交易记录、平台导出账号和客户资料表等证据确定赃款账户，根据平台账户信息、客户资料表所记载的未到案被害人个人信息（姓名、身份证号、银行卡号等），对比与赃款账户资金往来的证据，明确被骗事实及金额。四是综合认定被害人人数及诈骗数额。根据平台导出账户信息、被告人制作台账及客户资料表、已报到案被害人材料、未到案被害人银行流水记录、第三方支付平台交易记录等证据，综合认定案件被害人人数，被害人入金金额、出金金额、诈骗金额等事实。

二、团伙型、集团型电信网络诈骗犯罪中从犯的犯罪数额如何认定

虽然团伙型、集团型电信网络诈骗犯罪的成员分工不同、作用不同，但因实现诈骗目的依赖于成员间的密切配合，各行为人对危害后果的产生均起作用，故从犯也应对整体犯罪行为承担责任。《电信网络诈骗意见》第4条第2项规定，多人共同实施电信网络诈骗，犯罪嫌疑人、被告人应对其参与期间该诈骗团伙实施的全部诈骗行为承担责任。在其所参与的犯罪环节中起主要作用的，可以认定为主犯；起次要作用的，可以认定为从犯。

本案中，各被告人以共同实施电信网络诈骗犯罪为目的，且在实施犯罪活动过程中相互请教、相互帮助，在直播间共同充当水军相互配合吹捧老师，引诱被害人投资，诈骗犯罪非各被告人独立实施，而是相互配合完成的，故从犯应以其参与期间该诈骗团伙实施的全部诈骗行为认定犯罪数额。同时，入职时间较短的被告人对是否主观明知及主观明知的时间节点往往存在辩解，在审查时应结合各被告人工作微信号聊天记录、同案犯间生活微信号聊天记录、考勤表、业绩表等电子数据，结合被告人参与时间长短、具体诈骗方式、被告人供述等证据，综合认定主观故意。

（一审法院合议庭成员：周怀洲　吴志坚　钮红辛

编写人：江苏省南通市崇川区人民检察院　姜依菲）

7. 网络犯罪案件的证据难题及对策

——张某某非法控制计算机信息系统案

关键词　刑事　网络犯罪　非法控制计算机信息系统　证据

【裁判要旨】

非法控制计算机信息系统等相关案件的证据呈现虚拟性、庞杂性、脆弱性等特点，造成证据认知、收集、判断等方面存在困难，故应正确认知证据属性、精准收集证据、科学运用证据。

【相关法条】

《中华人民共和国刑法》

第二百八十五条【**非法侵入计算机信息系统罪**】　违反国家规定，侵入国家事务、国防建设、尖端科学技术领域的计算机信息系统的，处三年以下有期徒刑或者拘役。

【**非法获取计算机信息系统数据罪、非法控制计算机系统罪**】　违反国家规定，侵入前款规定以外的计算机信息系统或者采用其他技术手段，获取该计算机信息系统中存储、处理或者传输的数据，或者对该计算机信息系统实施非法控制，情节严重的，处三年以下有期徒刑或者拘役，并处或者单处罚金；情节特别严重的，处三年以上七年以下有期徒刑，并处罚金。

【**提供侵入、非法控制计算机信息系统程序、工具罪**】　提供专门用于侵入、非法控制计算机信息系统的程序、工具，或者明知他人实施侵入、非法控制计算机信息系统的违法犯罪行为而为其提供程序、工具，情节严重的，依照前款的规定处罚。

单位犯前三款罪的，对单位判处罚金，并对其直接负责的主管人员和其他直接责任人员，依照各该款的规定处罚。

【案件索引】

一审：浙江省温州市瓯海区人民法院（2020）浙 0304 刑初字第 745 号（2020 年 12 月 2 日）

【基本案情】

经审理查明，2018 年 7 月至 2019 年 12 月，被告人张某某制作具有网页浏览器劫持功能的"JS 代码"和假的百度、搜狗、神马、360 等搜索主页，并通过 QQ 等方式联络，以每个产品每月 1300 元至 2000 元不等的价格为沃泰控股集团有限公司、南昌肤瑞生物科技有限公司及余某敏、徐某、陈某飞、岳某波、王某放、郭某成等人提供具有劫持浏览器功能的"JS"代码和假的搜索主页服务。购买方通过在其网页上插入被告人张某某制作的具有劫持功能的"JS"代码，继而造成他人浏览该网页时，浏览器强制回退到"JS"代码设置好的假百度等搜索页面，从而达到广告推广的目的。经查，被告人张某某累计获利超过 260 万元。其间，被害人诸某建在浙江省温州市瓯海区三垟街道"一品国际"家中浏览网页时浏览器因此被劫持。2019 年 12 月 18 日，公安机关抓获被告人张某某并扣押作案工具"联想"固态硬盘一个及"华为荣耀"手机、"小米"手机各一部等物品。

【裁判结果】

浙江省温州市瓯海区人民法院于 2020 年 12 月 2 日作出（2020）浙 0304 刑初字第 745 号刑事判决：被告人张某某犯非法控制计算机信息系统

罪，判处有期徒刑三年九个月，并处罚金人民币 10 万元；责令被告人张某某退缴违法所得人民币 260 万元予以没收，上缴国库；本案缴获被告人张某某的犯罪工具"联想"固态硬盘一个及"华为荣耀"手机、"小米"手机各一部予以没收。

本案宣判后，检察机关没有提出抗诉，被告人没有提出上诉，判决已经发生法律效力。

【裁判理由】

法院生效裁判认为：被告人张某某违反国家规定，对计算机信息系统实施非法控制，情节特别严重，其行为已构成非法控制计算机信息系统罪。公诉机关指控的罪名成立。被告人张某某有坦白情节且自愿认罪认罚，结合本案实际情况，予以从轻处罚、从宽处理。公诉机关的量刑建议适当，予以采纳。被告人张某某的违法所得及其供犯罪所用的本人财物，应当予以没收。

【案例注解】

网络犯罪隐蔽性强、技术含量高，犯罪形式多样、手段不断翻新，司法不断面临新问题、新挑战，需要正确认知证据，精准收集证据，科学运用证据。

一、正确认知证据属性

本案中，被告人张某某提供具有劫持浏览器功能的"JS"代码和假的搜索主页服务，其主要功能就是修改用户浏览器的缓存数据，造成用户浏览相关网页时，浏览器强制回退到"JS"代码设置好的假百度等搜索页面，从而达到广告推广的目的。实践中，对于被修改的缓存数据这一关键证据是否属于计算机信息系统数据存在争议，这就需要对信息时代涉及网络语言的证据有正确认知。计算机信息系统是具备自动处理数据功能的系统，包括计算机、网络设备、通信设备、自动化控制设备等，存储、处理、传输这三种形态涵盖了计算机信息系统中所有的数据形态。其中，计算机信息系统的硬盘或其他存储介质中保存的信息就是存储的数据，如本案用户计算机中存储的浏览器缓存数据；计算机信息系统正在运算中的信息就是处理的数据，如本案中劫持设备浏览器的相关数据；计算机信息系统各设备、设施之间，或者与其他计算机信息系统之间正在交换、输送中的信息就是传输的数据，如本案中用户敲击键盘、移动鼠标向主机发出回退等操作指令，就会在键盘、鼠标与计算机主机之间产生传输的数据。不论被告人张某某的行为涉及哪种形态的数据，均属于法律规定的计算机信息系统数据。

二、精准收集证据

非法控制计算机系统罪中的非法控制，是指通过各种技术手段掌握他人的计算机信息系统，能够接受其发出的指令，完成相应的操作活动。本案中，未经授权或他人同意，通过插入具有劫持功能的"JS"代码造成浏览器回退到"JS"代码设置好的假百度等搜索页面即为非法控制，不论控制程度如何，只要能够实现强制浏览器回退到其设置的页面即可构成此罪。网络犯罪的取证方向是从计算机技术角度展开，因被劫持设备的计算机信息系统数据依托于搜索引擎厂商平台，分别保存在浏览器厂、搜索引擎厂商、劫持代码储存服务器等不同单位，故办案机关曾向百度、腾讯等浏览器、搜索引擎厂商发出调取证据通知书收集证据，但在实践中因诸多困难而未有收获；最终，还是结合实际情况通过依法搜查、扣押被告人张某某及涉案广告主的计算机等相关设备，并被害人提供的手机设备等证据，从劫持代码储存服务器提取相关数据进行电子物证司法鉴定，从被害人手机浏览器提取相关内容并结合其陈述等证据实现相互印证，以精准取证解决证据收集难题。

三、科学运用证据

根据相关司法解释，非法控制计算机信息系统具有"违法所得五千元以上或者造成经济损失一万元以上"等情形的为情节严重而构成非法控制计算机信息系统罪，处三年以下有期徒刑或者拘役，并处或者单处罚金；数额达到上述情节严重规定标准五倍以上的为情节特别严重，处三年以上七年以下有期徒刑，并处罚金。本案中，为证实定罪量刑的相关事实，办案机关向支付宝、银行等单位发出调取证据通知书收集涉案广告主的交易金额记录，但记录信息庞大、资金关系复杂，难以就涉案交易开展对应的梳理排查；同时，网络犯罪因受害面广且不确定性强，无法收集所有被害人的证据，故无法通过上述两类证据的相应比对等方法，来认定涉案广告主通过购买劫持浏览器服务的相关收益或由此造成被害人经济损失的金额。为此，通过上述同样方法收集到被告人张某某与涉案广告主间资金往来记录及其相关供述等综合证据科学运用，能够形成完整的证明体系，足以认定被告人张某某其因本案犯罪而违法所得金额超 260 万元，据此即可依法定罪、精准量刑，确保了法律的正确适用。

（一审法院合议庭成员：潘小华　马忠兰　陈丽丽

编写人：浙江省温州市瓯海区人民法院　潘小华）

8. 电子证据在审理毒品犯罪中的运用

——陈某坤贩卖毒品案

关键词 刑事 电子证据的运用 贩卖毒品 零口供

【裁判要旨】

在办理贩卖毒品案件中，针对"零口供"、证据较为单薄的情况，通过审查社交账号与被告人个人信息之间的关联性，确定社交账号的唯一性特征，从而认定毒品交易双方通过网络联系的电子数据，并在庭审中全面直观展示电子数据内容，使被告人认罪伏法。

【相关法条】

《中华人民共和国刑法》

第三百四十七条【走私、贩卖、运输、制造毒品罪】 走私、贩卖、运输、制造毒品，无论数量多少，都应当追究刑事责任，予以刑事处罚。

走私、贩卖、运输、制造毒品，有下列情形之一的，处十五年有期徒刑、无期徒刑或者死刑，并处没收财产：

（一）走私、贩卖、运输、制造鸦片一千克以上、海洛因或者甲基苯丙胺五十克以上或者其他毒品数量大的；

（二）走私、贩卖、运输、制造毒品集团的首要分子；

（三）武装掩护走私、贩卖、运输、制造毒品的；

（四）以暴力抗拒检查、拘留、逮捕，情节严重的；

（五）参与有组织的国际贩毒活动的。

走私、贩卖、运输、制造鸦片二百克以上不满一千克、海洛因或者甲基苯丙胺十克以上不满五十克或者其他毒品数量较大的，处七年以上有期徒刑，并处罚金。

走私、贩卖、运输、制造鸦片不满二百克、海洛因或者甲基苯丙胺不满十克或者其他少量毒品的，处三年以下有期徒刑、拘役或者管制，并处罚金；情节严重的，处三年以上七年以下有期徒刑，并处罚金。

单位犯第二款、第三款、第四款罪的，对单位判处罚金，并对其直接负责的主管人员和其他直接责任人员，依照各该款的规定处罚。

利用、教唆未成年人走私、贩卖、运输、制造毒品，或者向未成年人出售毒品的，从重处罚。

对多次走私、贩卖、运输、制造毒品，未经处理的，毒品数量累计计算。

《中华人民共和国刑事诉讼法》

第五十条第二款 证据包括：

（一）物证；

（二）书证；

（三）证人证言；

（四）被害人陈述；

（五）犯罪嫌疑人、被告人供述和辩解；

（六）鉴定意见；

（七）勘验、检查、辨认、侦查实验等笔录；

（八）视听资料、电子数据。

【案件索引】

一审：浙江省绍兴市柯桥区人民法院（2020）浙 0603 刑初 527 号（2020 年 9 月 21 日）

【基本案情】

经审理查明：2017 年 6 月 13 日，被告人陈某坤经事先通过微信联系，在云南省内将约 20 克大麻毒品以 1000 元的价格贩卖给袁某真。2018 年 3 月中旬的一天，被告人陈某坤经事先联系，在云南省曲靖市陆良县内，将 314 克左右的大麻毒品以 10500 元的价格贩卖给王某龙、汤某毅。

【裁判结果】

浙江省绍兴市柯桥区人民法院于 2020 年 9 月 21 日作出（2020）浙 0603 刑初 527 号刑事判决：被告人陈某坤犯贩卖毒品罪，判处有期徒刑二年二个月，并处罚金人民币 1000 元。

本案宣判后，检察机关没有提出抗诉，被告人没有提出上诉，判决已经发生法律效力。

【裁判理由】

法院生效裁判认为：公安机关从腾讯公司调取了微信号为"maohuzi-hj"的注册信息显示，该微信号注册于 2015 年 2 月 6 日，注册姓名为陈某坤，注册手机号码与陈某坤供述使用的号码一致。该微信号绑定的两个银行账户均系陈某坤名下的银行账户，且该微信号不存在密码找回的情况。前述证据证明微信号"maohuzihj"的实际使用人为陈某坤。通过技术手段恢复的袁某真手机中的微信聊天记录显示，陈某坤向其发送含有陈某坤姓名、银行账号、大麻毒品的价格等信息，并发送了定位地址，另有微信转账记录证实袁某真随后通过微信转账向陈某坤支付毒资的事实。以上证据与袁某真的证言相印证，可以证实指控内容。汤某毅、王某龙均供述，其向陈某坤购买大麻，且在金额、数量、交易的地点的描述上均高度一致，李某的供述亦可与之佐证，三人均能辨认出陈某坤，且与陈某坤无矛盾冲突，上述证据相互印证，足以证实指控的事实。

【案例注解】

一、毒品交易一般具有隐蔽、私密的特征

贩毒者与购毒者进行交易，事后往往只有购毒者一方的证言，在"零口供"的情况下，该类案件证据单一，缺少客观性证据。所幸目前社交网络和电子支付技术蓬勃发展，毒品交易的双方在前期联系接洽、支付毒资方面往往会通过社交账号实现，故要特别重视搜集和审查电子证据。应重点审查利用社交账号联系并贩卖毒品的电子数据，并审查社交账号是否与被告人具有唯一识别特征，如社交账号与银行账户绑定的情况，查明社交账户与被告人个人信息之间的关联性，从而锁定被告人。应全面收集、固定电子数据，还原贩毒者与购毒者之间事先联络、买卖毒品的全过程，以查明犯罪事实。

二、充分发挥电子数据直观性的特征，当庭示证，增强庭审效果

通过多媒体的形式在法庭直观出示电子数据，并注重与其他证据的综合运用，将具有唯一识别特征功能的社交账号注册使用信息与被告人使用手机、银行账户等信息进行同屏比对；对聊天记录、转账记录与证人证言等言词证据进行一体展示，促使被告人当庭认罪伏法，以取得良好的庭审效果。

（一审法院独任审判员：余霖涛

编写人：浙江省绍兴市柯桥区人民法院　余霖涛）

侵犯知识产权犯罪专题

编者按：习近平总书记指出，创新是引领发展的第一动力，保护知识产权就是保护创新。为实行严格的知识产权保护制度，更好服务创新驱动发展战略，知识产权的刑法保护不可或缺。为进一步探索、研究知识产权的刑法保护问题，回应信息社会背景下知识产权的有效保护需要，本书特设"侵犯知识产权犯罪专题"，邀请实务界人士针对假冒注册商标罪的司法适用、利用爬虫技术实施侵犯著作权案件中侵权作品数量的认定、侵犯著作权案件产业链犯罪的构成认定及量刑幅度、制作并销售网络游戏外挂程序行为的罪名适用进行了深入细致的分析。

9. 明知他人实施销售假冒注册商标的商品的犯罪行为而为其提供货源的性质认定

——詹某洲等假冒注册商标案

关键词 刑事 假冒注册商标罪 供货商 共同犯罪

【裁判要旨】

明知他人实施销售假冒注册商标的商品的犯罪行为,而为其提供货源,未经注册商标所有人许可,在同一种商品上使用与其注册商标相同的商标,情节严重的,构成假冒注册商标罪。除已查明的非法经营额之外,被查获的已经制作完成但未销售的假冒注册商标的商品,可以根据涉案查扣的送货单实际载明的已销售的同种假冒注册商标的商品的平均价格计入非法经营额。

【相关法条】

《中华人民共和国刑法》

第二百一十三条【假冒注册商标罪】 未经注册商标所有人许可,在同一种商品、服务上使用与其注册商标相同的商标,情节严重的,处三年以下有期徒刑,并处或者单处罚金;情节特别严重的,处三年以上十年以下有期徒刑,并处罚金。

【案件索引】

一审：上海市徐汇区人民法院（2020）沪 0104 刑初 86 号（2020 年 7 月 30 日）

【基本案情】

经审理查明：2018 年 12 月起，被告人詹某洲、王某加共同在广东省广州市白云区永平街道东平老屋一巷 13 号楼 5 楼设立工厂，由被告人詹某洲出资，被告人王某加负责工厂日常管理、人员招聘、原料采购等，并雇用被告人甘某贤作为管理人员，制造假冒 LV 品牌的箱包，后销售给林某某牟利。经查，被告人詹某洲、王某加非法经营数额共计人民币 469705 元，被告人甘某贤自 2019 年 3 月起参与的非法经营数额共计人民币 439805 元。2019 年 7 月 29 日、7 月 30 日，公安机关分别将被告人詹某洲、王某加、甘某贤抓获，并查获待销售的假冒 LV 品牌包 66 个及相关配件、皮料等。被告人詹某洲、王某加、甘某贤到案后，均如实供述上述犯罪事实。被告人詹某洲、甘某贤自愿认罪认罚。

【裁判结果】

上海市徐汇区人民法院于 2020 年 7 月 30 日作出（2020）沪 0104 刑初 86 号刑事判决：被告人詹某洲犯假冒注册商标罪，判处有期徒刑三年，并处罚金人民币 10 万元；被告人王某加犯假冒注册商标罪，判处有期徒刑三年，并处罚金人民币 10 万元；被告人甘某贤犯假冒注册商标罪，判处有期徒刑一年六个月，并处罚金人民币 5 万元；三被告人的违法所得予以追缴；查获的假冒注册商标的商品、商标标识等予以没收。

本案宣判后，检察机关没有提出抗诉，各被告人没有提出上诉，判决已经发生法律效力。

【裁判理由】

法院生效裁判认为：被告人詹某洲、王某加、甘某贤未经注册商标所有人许可，在同一种商品上使用与其注册商标相同的商标，其中被告人詹某洲、王某加的非法经营额达人民币 46 余万元，被告人甘某贤的非法经营额达人民币 43 余万元，本案中被查获的未销售的假冒注册商标的商品、配件、皮料等的价值也应该计入本案的非法经营额。经查，该假冒注册商标商品的正品市场价格达人民币 104 余万元，公诉机关根据实际送货单的平均价格认定被查获的假冒注册商标的商品价值为人民币 3.6 余万元，该认定方法有利于本案三被告人，予以采纳。故本案中被告人詹某洲、甘某贤的实际非法经营额为人民币 50 余万元，被告人甘某贤的实际非法经营额为人民币 47 余万元，均属情节特别严重，三被告人的行为均已构成假冒注册商标罪，应予处罚。公诉机关的指控成立。本案系共同犯罪。被告人詹某洲在共同犯罪中起主要作用，系主犯。其辩护人辩称，被告人詹某洲应认定为另案共同犯罪中的从犯，经查，被告人詹某洲伙同被告人王某加共同出资采购原料、招聘人员，设立工厂后生产假冒注册商标的商品并销售，系一个完整独立的假冒注册商标罪的犯罪行为，被告人詹某洲系主犯，故对被告人詹某洲的辩护人的辩称不予采纳。被告人王某加的辩护人辩称，被告人王某加在本案中应当认定为从犯，经查，被告人詹某洲、王某加在本案中仅系分工不同，在犯罪中所处的地位和所起的作用并无区别，应认定为主犯，故对被告人王某加的辩护人的辩称不予采纳。被告人甘某贤在共同犯罪中起次要作用，系从犯，依法应当减轻处罚。三被告人系坦白，依法可以从轻处罚。被告人詹某洲、甘某贤自愿认罪认罚，依法均可以从宽处理。

【案例注解】

近年来，假冒注册商标罪和销售假冒注册商标的商品罪是侵犯知识产权犯罪最常见的两种类型，且案件数量逐年上升。本案背景是外籍人员曼苏尔等于 2014 年在广州设立贸易公司，在境外客户需要采购假冒的国际知名品牌奢侈品时，联系供应商并提供翻译、收货、支付货款、物流等服务，销售假冒注册商标的商品至境外，并从中牟取非法暴利（曼苏尔等已被上海市第三中级人民法院以销售假冒注册商标的商品罪的主犯定罪量刑）。曼苏尔等在广州市越秀区时代国际大厦租赁经营地，在广州市白云区汇富国际商贸中心内租赁仓库，先后雇用多人从事财务、客服、仓储管理等工作，并通过伊朗籍人员开设的物流公司将假冒注册商标的商品运至境外。上述人员均已被上海市徐汇区人民法院以销售假冒注册商标的商品罪的从犯定罪量刑。本案被告人系上述公司的假冒注册商标的商品供货商之一。

本案涉及境内外犯罪分子相互勾结，打造制假、售假境内外供应链牟取暴利的犯罪行为，已销售非法经营额高达人民币 1 亿余元。本案被告人作为假冒注册商标的商品供应链的源头之一，未经 LV 注册商标所有人许可，出资设立工厂后，招聘人员，采购原料及配件，制造假冒 LV 品牌的箱包并销售给他人，在同一种商品上使用与他人注册商标相同的商标，情节特别严重，已构成假冒注册商标犯罪。

根据 1997 年颁布的刑法第 213 条规定，未经注册商标所有人许可，在同一种商品上使用与其注册商标相同的商标，情节严重的，处三年以下有期徒刑或者拘役，并处或者单处罚金；情节特别严重的，处三年以上七年以下有期徒刑，并处罚金。另根据《最高人民法院、最高人民检察院关于办理侵犯知识产权刑事案件具体应用法律若干问题的解释》第 1 条第 2 款第 1 项规定，非法经营数额在 25 万元以上或者违法所得数额在 15 万元以上的，属于刑法第 213 条规定的"情节特别严重"，应当以假冒注册商标罪判处三年以上七年以下有期徒刑，并处罚金。本案中除已查实的已制作、销售的假冒注册商标的商品的非法经营额之外，尚有部分被查获的已经制作完成但尚未销售的假冒注册商标的商品，其价值应该根据涉案证据送货单载明的已销售的同种假冒注册商标的商品的平均价格计入被告人的非法经营额。

本案三名被告人的非法经营数额均在 25 万元以上，根据相关司法解释的规定，均属于情节特别严重，应当判处三年以上七年以下有期徒刑，并处罚金。由于被告人有坦白或者自愿认罪认罚情节，故对第一、第二被告人从轻判处有期徒刑三年，第三被告人系从犯，对其减轻处罚，判处有期徒刑一年六个月。

本案及相关系列案件是境内外司法机关携手打击制假、售假犯罪，从源头开始摧毁整个供应链，切实保护国际知名品牌商标权益的成功案例，彰显了我国加大知识产权保护力度、平等保护国内外权利主体、严厉打击侵犯知识产权犯罪的决心和力度。

（一审法院合议庭成员：王利民　钱建亮　宋雷萍

编写人：上海市徐汇区人民法院　王利民）

10. 利用爬虫技术实施侵犯著作权案件中侵权作品数量的认定

——余某等侵犯著作权案

关键词 刑事 侵犯著作权 爬取比例 数量认定

【裁判要旨】

利用爬虫技术实施侵犯著作权案件中，若行为人无改编等再次创作情形，单纯使用爬虫技术复制电子书的，对于侵权作品数量的计算，排除爬取字数过少，无法体现独创性的情形，盗版电子书并非达到特定爬取比例才能被计入侵权作品的数量。爬取比例的计算，需要考虑网络电子小说的发行特点，以行为人最后爬取被侵权作品的时间为节点，计算盗版电子书爬取章节的比例。对于行为人被抓获后，爬虫软件基于程序自动下载复制的文字作品，需要对此区分为是新增抑或更新，对于新增的盗版电子书，由于行为人被抓获前，还未存在于行为人所经营网站的服务器中，此部分盗版电子书，不计入侵权作品的数量；但对于更新的盗版电子书，在行为人被抓获前就已存在于行为人网站的服务器中，排除先前爬取字数过少，无法体现独创性的情形，一般情况下，可以将该部盗版电子书计入侵权作品数量范围。

【相关法条】

《中华人民共和国刑法》

第二百一十七条【侵犯著作权罪】 以营利为目的，有下列侵犯著作权或者与著作权有关的权利的情形之一，违法所得数额较大或者有其他严重情节的，处三年以下有期徒刑，并处或者单处罚金；违法所得数额巨大或者有其他特别严重情节的，处三年以上十年以下有期徒刑，并处罚金：

（一）未经著作权人许可，复制发行、通过信息网络向公众传播其文字作品、音乐、美术、视听作品、计算机软件及法律、行政法规规定的其他作品的；

（二）出版他人享有专有出版权的图书的；

（三）未经录音录像制作者许可，复制发行、通过信息网络向公众传播其制作的录音录像的；

（四）未经表演者许可，复制发行录有其表演的录音录像制品，或者通过信息网络向公众传播其表演的；

（五）制作、出售假冒他人署名的美术作品的；

（六）未经著作权人或者与著作权有关的权利人许可，故意避开或者破坏权利人为其作品、录音录像制品等采取的保护著作权或者与著作权有关的权利的技术措施的。

【案件索引】

一审：北京市通州区人民法（2020）京 0112 刑初 232 号（2021 年 7 月 27 日）

【基本案情】

经审理查明：飞卢中文网（以下简称飞卢网）互联网小说平台由北京创阅科技有限公司（以下简称创阅公司）所有，该公司将其拥有符合著作权法规定的全部作品的相关著作权及其他相关合法权益独家授权于北京腾飞克科技有限公司（以下简称腾飞克公司）在全球范围内行使，后者经营地址位于北京市通州区新华西街××号院内。

2018 年至 2019 年期间，被告人俞某杨获取飞卢网等网站包含账号、密码、书币余额的会员信息，交由被告人蒋某生和陶某琼通过淘宝网销售获利，违法所得共计 10 余万元。被告人王某从蒋某生处购买上述会员信息，通过淘宝网再次出售给被告人夏某等人，共获利 33800 元。

2019 年 3 月至 4 月，被告人林某隆向被告人余某提供专门用于获取飞卢网内书籍的计算机程序算法，并从中获利 15000 元。

2018 年至 2019 年期间，被告人余某伙同李某风、夏某、余某伟、余某兵等人，以营利为目的，未经著作权人许可，通过计算机专用程序复制等方式，非法获取飞卢网等网站的小说，转载到自己经营的小说网站内，供人免费阅读，以在网站上刊登收费广告的方式获利。其间，余某为李某风、夏某、余某伟、余某兵四人所经营管理的网站，在非法获取小说等方面提供帮助。

经北京通达法正司法鉴定中心鉴定，以被告人余某、李某风、余某伟、夏某服务器备份数据中记录的文件名为条件，经过去重处理后，被告人余某经营的“卡夜阁”网站含有侵权小说 119064 部；被告人李某风经营的“随梦小说网”网站含有侵权小说 47928 部；被告人余某伟经营的“连载中”网站含有侵权小说 31606 部；被告人夏某经营的“佳书阁”网站含有侵权小说 24475 部。

经中国版权保护中心版权鉴定委员会抽检，被告人余某经营的“卡夜阁”网站、被告人李某风经营的“随梦小说网”、被告人余某伟经营的“连载中”网站与飞卢网抽取的 3000 组对应的文字作品存在内容相同，且全部 3000 部作品中，内容基本相同的文件数量均占飞卢网对应的该部小说文件数量比例 70% 以上（含 70%）。被告人夏某经营管理的“佳书阁”网站中，有 6117 部文字作品与飞卢网文字作品存在相同内容，其中内容基本相同的文件数量占飞卢网对应的该部小说文件数量比例不足 50% 的，有 5140 部；50% 以上（含 50%）但不足 70% 的，有 466 部；70% 以上（含 70%）的，有 511 部。被告人余某兵经营“万文阁”非法获利 10 余万元，余某从中获利 3 余万元。

2019 年 4 月至 7 月，被告人余某、李某风、蒋某生、夏某、余某伟、俞某杨、林某隆、余某兵、王某、陶某琼相继被民警抓获到案，并在现场起获电脑、手机等作案工具。

【裁判结果】

北京市通州区人民法院于 2021 年 7 月 27 日作出（2020）京 0112 刑初 232 刑事判决：被告人余某犯侵犯著作权罪，判处有期徒刑三年六个月，并处罚金人民币 30 万元；被告人蒋某生犯侵犯公民个人信息罪，判处有期徒刑三年四个月，并处罚金人民币 4 万元；被告人李某风犯侵犯著作权罪，判处有期徒刑三年二个月，并处罚金人民币 5 万元；被告人余某伟犯侵犯著作权罪，判处有期徒刑三年二个月，并处罚金人民币 4 万元；被告人俞某杨犯侵犯公民个人信息罪，判处有期徒刑三年，并处罚金人民币 3 万元；被告人夏某犯侵犯著作权罪，判处有期徒刑三年，并处罚金人民币 3 万元；被告人陶某琼犯侵犯公民个人信息罪，判处有期徒刑二年，缓刑三年，并处罚金人民币 3 万元；被告人王某犯侵犯公民个人信息罪，判处有期徒刑一年五个月，并处罚金人民币 2 万元；被告人林某隆犯提供侵入、非法控制计算机信息系统程序、工具罪，判处有期徒刑一年四个月，并处罚金人民币 2 万元；被告人余某兵犯侵犯著作权罪，判处有期徒刑一年三个月，并处罚金人民币 7 万元；继续追缴被告人余某、蒋某生、俞某杨等人的违法所得，依法予以没收；扣押在案各被告人作案使用的手机、电脑等物品，依法予以没收；其余物品，由扣押机关依法处理。

本案宣判后，检察机关没有提出抗诉，各被告人没有提出上诉，判决已经发生法律效力。

【裁判理由】

法院生效判决认为：被告人余某、李某风、余某伟、夏某、余某兵以营利为目的，未经著作权人许可，复制发行其文字作品，并通过信息网络向公众传播获利，其中被告人余某、李某凤、余某伟、夏某传播他人作品属情节特别严重，被告人余某兵属情节严重，五被告人的行为均已构成侵犯著作权罪；被告人俞某杨、蒋某生伙同被告人陶某琼，违反国家有关规定，向他人出售公民个人信息，情节特别严重，三被告人的行为均已构成侵犯公民个人信息罪；被告人王某违反国家有关规定，向他人出售公民个人信息，情节严重，其行为构成侵犯公民个人信息罪；被告人林某隆向他人提供专门用于侵入、非法控制计算机信息系统的程序、工具，情节严重，其行为构成提供侵入、非法控制计算机信息系统程序、工具罪。公诉机关指控的罪名成立，依法应对十被告人予以惩处。

本案中，被告人余某、李某凤、蒋某生、夏某、余某伟、俞某杨、林某隆、余某兵、王某、陶某琼到案后如实供述犯罪事实，且自愿认罪认罚，依法可以从轻处罚。在被告人蒋某生、俞某杨、陶某琼三被告人的共同犯罪中，被告人蒋某生、俞某杨起主要作用，系主犯，依法应按照其所参与的全部犯罪处罚。被告人陶某琼在共同犯罪中起次要作用，系从犯，依法应当减轻处罚。被告人蒋某生曾于2014年因犯妨害公务罪被判处有期徒刑，在刑罚执行完毕后五年内再故意犯应当判处有期徒刑之罪，系累犯，依法应当从重处罚。被告人蒋某生曾于2009年因犯破坏计算机信息系统罪被判处刑罚，依法可以酌情从重处罚。被告人余某、李某凤、夏某、余某伟、俞某杨、林某隆、余某兵、王某、陶某琼无犯罪记录等情节，法院在量刑时予以考虑。结合各被告人犯罪的事实、性质、情节及对于社会的危害程度等，法院作出上述判决。

【案例注解】

利用爬虫等技术，非法获取他人享有著作权的电子书并上传至行为人自己经营的网站或 App 上，以在网站上刊登收费广告等方式供人免费阅读的案件屡见不鲜。此类案件中，侵权作品数量的计算涉及行为人的定罪量刑，往往是控辩双方的争议焦点，特别是当行为人的盗版电子小说未完全被侵权作品复制时，是否将该部小说计入侵权作品的数量范围内存在较大争议。对此问题，存在以下三种意见：

第一种意见认为应当以"实质性相似"为标准进行判断。即一般而言，对于具有独创性的作品，如果侵权作品与之相同字节数占比 80% 以上的，应可直接判定为具有实质相似性；对于占比 70% 左右的，建议再从作品独创性角度出发，根据思想表达两分法，从题材、体裁、主题、情节、事实、结构、角色、文字表达等角度，综合考量两作品是否实质性相似。

第二种意见认为部分复制文字作品，不能以比例作为评判罪与非罪的依据，而应从著作权的核心出发，从形式表现和独创性的角度进行认定。一是名称，这是形式表现的突出特点；二是盈利点，明确盈利点是否来自权利方的作品的价值；三是内容，有无具有独创性的增加内容，这是认定实质相同的关键。只要满足这三点，就可以认定为实质相同，进而构成侵犯著作权罪。

第三种意见认为利用爬虫技术实施侵犯著作权案件中，若行为人无改编等再次创作情形，单纯使用爬虫技术措施复制电子书的，对于侵权作品数量的计算，排除爬取字数过少，无法体现独创性的情形，盗版电子书并非达到特定爬取比例才能被计入侵权作品的数量。

本文同意第三种意见。对绝大多数使用爬虫技术批量下载盗版电子小说的行为人而言，其主要目的是通过免费的方式，吸引读者流量，从而提升网站阅读量，以便获得更多广告收益。在此类案件中，行为人往往没有二次创作或改编，即"洗稿"之行为，其行为主要是通过技术手段直接复制正版网站的电子小说。而"实质性相似"标准一般适用于二次创作或"洗稿"的情形，故对于单纯使用爬虫技术复制电子书的案件中，无须适用"实质性相似"标准。

同时，盗版电子书并非达到特定爬取比例才能被计入侵权作品的数量。例如，金庸在《明报》上发表的《天龙八部》，并非一次性完成，而是按章节连载。试想，如果行为人以营利为目的，将《天龙八部》的部分章节复制并上传到网络，以刊登广告的方式供他人免费阅读，行为人的行为理应被认定为侵权行为，至于行为人上传《天龙八部》的章节比例是否达到 70%、80% 抑或 100%，并不影响该小说被计入侵权作品的数量范围。

此外，对于某些百万字的长篇小说，1%的爬取比例就至少有1万字；某些侦探类小说，核心章节内容就是小说快完结的推理部分，该推理部分所占整部小说的比例可能只有1%或者更少，若认为盗版小说网站仅仅复制了长篇小说章节的1%或侦探小说的核心推理章节，而前述章节的爬取比例不足1%就不认定为侵权，不将相关小说计入侵权作品的数量范围内，恐怕也是不适当的。

但是，对于特殊情况下，即爬虫软件爬取的字数过少，例如，爬虫软件仅仅爬取了1个章节，该章节只有100字左右，无法体现独创性的，则不应将该部作品计入侵权作品的数量范围。

虽然盗版电子书并非达到特定爬取比例才能被计入侵权作品的数量范围，但在司法实践中，为了提高办案效率，仍然可以计算涉案作品的爬取比例，对于爬取比例明显较低的电子书不再进行进一步的核实与认定，以此提高办案效率。同时，在进行爬取比例的计算过程中，需要考虑网络电子小说的发行特点。网络小说的作者基于网络平台营销模式、读者反馈、创作需要等原因，通常不会一次发表整本小说，而是有计划、有步骤地分章节发表。因此，在计算爬取比例时，应以行为人最后爬取被侵权作品的时间为节点，计算盗版电子书爬取章节的比例。例如，行为人通过爬虫软件于某日爬取正版电子小说50个章节，当日正版电子小说在被害单位网站的服务器中有100个章节，则爬取比例应当认定为50%，即使后续正版电子小说的作者发表了新的章节，若爬虫软件未再继续实施爬取行为，则爬取比例仍然为50%，更新的章节并不能"稀释"此前的爬取比例。

最后，对于行为人被抓获后，爬虫软件基于程序自动下载复制的文字作品，需要对此区分为是新增抑或更新。对于新增的盗版电子书，由于行为人被抓获前，还未存在于行为人所经营网站的服务器中，此部分盗版电子书，不应计入侵权作品的数量，但对于更新的盗版电子书，在行为人被抓获前就已存在于行为人网站的服务器中，排除先前该部电子书爬取字数过少，无法体现独创性的情形，一般情况下，可以将该部盗版电子书计入侵权作品数量范围。

本案中，被告人余某、李某风等人通过技术措施下载电子书后，并不存在继续创作或改编之行为，且在被告人余某、李某风等人被抓获后，各被告人网站基于程序自动抓取的小说，依据相关鉴定意见、电子数据进行了梳理统计，法院对不符合要求的小说进行了剔除，并据此最终认定了各被告人侵权作品的数量。

（一审法院独任审判员：陶　涛

编写人：北京市通州区人民法院　陶　涛）

11. 知识产权领域中形成产业链犯罪的构成认定及量刑幅度研究

——马某予、马某松等侵犯著作权案

关键词 刑事 侵犯著作权罪 "克隆"服务器 加密水印 犯罪集团

【裁判要旨】

以营利为目的，未经著作权人许可，复制并发行他人影视作品，违法所得数额巨大的，应以侵犯著作权罪定罪处罚。

【相关法条】

《中华人民共和国刑法》

第二百一十七条【侵犯著作权罪】 以营利为目的，有下列侵犯著作权情形之一，违法所得数额较大或者有其他严重情节的，处三年以下有期徒刑或者拘役，并处或者单处罚金；违法所得数额巨大或者有其他特别严重情节的，处三年以上七年以下有期徒刑，并处罚金：

（一）未经著作权人许可，复制发行、通过信息网络向公众传播其文字作品、音乐、美术、视听作品、计算机软件及法律、行政法规规定的其他作品的；

（二）出版他人享有专有出版权的图书的；

（三）未经录音录像制作者许可，复制发行、通过信息网络向公众传播其制作的录音录像的；

（四）未经表演者许可，复制发行录有其表演的录音录像制品，或者通过信息网络向公众传播其表演的；

（五）制作、出售假冒他人署名的美术作品的；

（六）未经著作权人或者与著作权有关的权利人许可，故意避开或者破坏权利人为其作品、录音录像制品等采取的保护著作权或者与著作权有关的权利的技术措施的。

《最高人民法院、最高人民检察院关于办理侵犯知识产权刑事案件具体应用法律若干问题的解释（三）》

第二条　在刑法第二百一十七条规定的作品、录音制品上以通常方式署名的自然人、法人或者非法人组织，应当推定为著作权人或者录音制作者，且该作品、录音制品上存在着相应权利，但有相反证明的除外。

在涉案作品、录音制品种类众多且权利人分散的案件中，有证据证明涉案复制品系非法出版、复制发行，且出版者、复制发行者不能提供获得著作权人、录音制作者许可的相关证据材料的，可以认定为刑法第二百一十七条规定的"未经著作权人许可""未经录音制作者许可"。但是，有证据证明权利人放弃权利、涉案作品的著作权或者录音制品的有关权利不受我国著作权法保护、权利保护期限已经届满的除外。

第十条　对于侵犯知识产权犯罪的，应当综合考虑犯罪违法所得数额、非法经营数额、给权利人造成的损失数额、侵权假冒物品数量及社会危害性等情节，依法判处罚金。

罚金数额一般在违法所得数额的一倍以上五倍以下确定。违法所得数额无法查清的，罚金数额一般按照非法经营数额的百分之五十以上一倍以下确定。违法所得数额和非法经营数额均无法查清，判处三年以下有期徒刑、拘役、管制或者单处罚金的，一般在三万元以上一百万元以下确定罚金数额；判处三年以上有期徒刑的，一般在十五万元以上五百万元以下确定罚金数额。

【案件索引】

一审：江苏省扬州市中级人民法院（2020）苏 10 刑初字第 11 号
（2020 年 9 月 25 日）

【基本案情】

经审理查明：2016 年 6 月至 2019 年 2 月，被告人马某予、马某松以营利为目的，向霍某雷（另案处理）购买品牌为 GDC 的服务器、品牌为 NEC2000 的放映机等翻录影片的设备，学习翻录影片的方法。后二人通过刘某（另案处理）盗取授权影院的服务器信息，"克隆"至购买的服务器中。通过王某飞、王某森、杜某（均另案处理）从鞍山金逸影城、鞍山佳兆业国际影城等授权影院获取载有同档期电影数据的母盘。后被告人马某予、马某松招募刘某宽、任某静、李某盼、李某、卢某（均另案处理）等人在鞍山市铁西区凯兴富丽城 4 号楼 3 单元×××室、12 号楼 2 单元×××室组建第一、第二工作室，翻录电影、给盗版影片加密、制作水印，并向发展的下线影吧销售，从中牟取利益。2016 年 6 月至 2019 年 2 月间，被告人马某予、马某松共复制发行盗版影片 413 部，非法经营数额共计人民币 777.2536 万元，被告人马某予违法所得 404.4024 万元，被告人马某松违法所得 55.6 万元。

2017 年初，被告人文某杰、鲁某与被告人马某予、马某松等人合作，长期复制发行盗版影片，逐步形成人数较多、重要成员基本固定的组织。被告人马某予负责复制、发行盗版影片整体事宜，被告人马某松负责复制盗版电影、技术设备维护、发展下线影吧等事宜，被告人文某杰、鲁某负责发展下线影吧。

2019 年春节前，被告人马某予、马某松等人采用前述手段，复制、发行《流浪地球》《疯狂的外星人》《新喜剧之王》《飞驰人生》《廉政风云》《神探蒲松龄》《熊出没·原始时代》7 部春节档盗版影片，销售给肖某平（另案处理）等下线影吧业主，导致上述影片在互联网上流传。

2017 年初至 2018 年 8 月间，被告人文某杰与马某予、马某松等人合作，负责发展下线影吧，通过销售盗版影片牟利。2018 年 9 月，被告人文某杰与马某予等人产生矛盾脱离该组织。后被告人文某杰向朱某（另案处理）购买品牌为"GDC"的服务器、品牌为"BARCO"及"NEC"的放映机等设备，指示朱某帮助将其中一台服务器进行"克隆"。在湖南省湘潭市上层国际 13 - A - ×××× 室设立工作室，通过潘某（另案处理）从授权影院新三和影城借取并拷贝载有同档期影片数据的硬盘，伙同张某凡、吴某飞、范某轩（均另案处理）筹建、虚假经营松涛影城，招募罗某毅（另案处理）进行技术维护，利用松涛影城获取授权服务器信息、播放密钥、翻录影片、给盗版影片加密、制作水印，并销售给发展的下线影吧，从中牟取利益。被告人文某杰与他人长期复制发行盗版影片，逐步形成人数较多、重要成员基本固定的组织。被告人文某杰负责盗版影片的翻拍和制作、发展下线影吧等事宜；张某凡、吴某飞、范某轩负责筹建松涛影城及发展下线；罗某毅负责远程安装技术软件以及设备维修等；潘某负责提供影片母盘。截至 2019 年 2 月，被告人文某杰未经著作权人许可，共计复制发行盗版影片 124 部。2017 年 1 月至 2019 年 2 月，被告人文某杰参与马某予等人的组织及其本人制售盗版影片期间，非法经营数额共计 186.9609 万元，违法所得 103.5322 万元。

2019 年春节前，被告人文某杰等人采用前述手段，复制发行《流浪地球》《疯狂的外星人》《新喜剧之王》《飞驰人生》《廉政风云》《神探蒲松龄》《熊出没·原始时代》《小猪佩奇过大年》8 部春节档盗版影片，导致影片《小猪佩奇过大年》在互联网上流传。

2017 年初至 2018 年 8 月间，被告人鲁某加入马某予等人的组织，负责发展下线影吧，通过销售盗版影片牟利。2018 年 9 月，被告人鲁某脱离马某予等人的组织后，招募丁某、杨某华（均另案处理）等人，从被告人文某杰处获取盗版影片后给盗版影片加密、制作水印，销售给发展的下线影吧，从中牟取利益。截至 2019 年 2 月，被告人鲁某非法经营数额 814.985 万元，违法所得 536.0619 万元。

【裁判结果】

江苏省扬州市中级人民法院于 2020 年 9 月 25 日作出（2020）苏 10 刑初字第 11 号刑事判决：被告人马某予犯侵犯著作权罪，判处有期徒刑六年，并处罚金人民币 550 万元；被告人马某松犯侵犯著作权罪，判处有期徒刑四年，并处罚金人民币 60 万元；被告人文某杰犯侵犯著作权罪，判处有期徒刑四年，并处罚金人民币 120 万元；被告人鲁某犯侵犯著作权罪，判处有期徒刑五年，并处罚金人民币 550 万元。

本案宣判后，检察机关没有提出抗诉，各被告人没有提出上诉，判决已经发生法律效力。

【裁判理由】

法院生效判决认为：被告人马某予、马某松、文某杰、鲁某以营利为目的，未经著作权人许可，复制并发行他人电影作品，违法所得数额巨大，且具有其他特别严重情节，其行为均已构成侵犯著作权罪。公诉机关指控的犯罪事实清楚，证据确实充分，指控罪名成立，法院予以支持。

被告人马某予与马某松、文某杰、鲁某长期共同实施制售盗版影片的犯罪行为，成员固定且分工明确，依法应当认定为犯罪集团。被告人马某予系组织、领导犯罪集团的首要分子，应按照集团所犯的全部罪行处罚；被告人马某松、文某杰、鲁某在犯罪集团中起主要作用，系主犯，应当按照其所参与的全部犯罪处罚。被告人文某杰伙同他人为共同实施犯罪而组成较为固定的犯罪组织，是犯罪集团，被告人文某杰系组织、领导犯罪集团的首要分子，应按照集团所犯的全部罪行处罚。被告人鲁某伙同他人共同故意犯罪，起主要作用，系主犯，应当按照其所参与的全部犯罪处罚。被告人马某予、马某松、文某杰、鲁某到案后均如实供述了自己的罪行，具有坦白情节，依法可以从轻处罚；悔罪态度较好，自愿认罪认罚，依法从宽处理。被告人文某杰的亲属代为退出部分赃款，酌情从轻处罚。

【案例注解】

本案入选 2020 年度中国版权十大事件、全国法院知识产权五十件典型案件、江苏法院十大典型案例，是人民法院充分发挥刑事审判职能，为知识产权创作者提供有力司法保障的生动体现。实施最严格的知识产权保护是人民法院审判相关知识产权案件需要遵守的基本准则。如何确定被告人盗版销售相关电影行为能否认定为"非法复制、发行"，各被告人的分工协作能否认定为犯罪集团，对于赃款、违法所得以及罚金数额如何确定，被告人犯罪行为的社会危害性考量等，都是办案法官亟待解决的现实问题。本文以刑法条文及相关司法解释为背景，通过分析侵犯著作权罪的构成要件，解决对被告人犯罪行为的定罪量刑问题。本案及类似案件对侵犯著作权罪的量刑尺度有助于广大法官正确理解"最严格知识产权保护"的精神，在处理类似案件时做到保护合法与打击非法的有机统一。

近年来，随着网络信息技术的不断发展，侵犯知识产权的违法犯罪手段不断翻新，隐蔽性和组织性增强，呈现出高技术、产业化、链条化的特征。此类形态的犯罪行为不仅给权利人造成巨大损失，而且严重扰乱了我国的社会经济秩序，甚至影响我国的国际形象。对于产业链条化及网络化的知识产权犯罪，人民法院应充分发挥刑事审判职能，有效发挥刑罚惩治和震慑知识产权犯罪的作用。

一、被告人克隆服务器盗录电影并在网上通过云盘销售的行为应当认定为非法复制、发行

（一）"复制"行为的认定

复制是侵犯著作权犯罪客观构成要件的表现形式之一。著作权法第 10 条第 1 款第 5 项将复制权定义为"以印刷、复制、拓印、录音、录像、翻录、翻拍等方式将作品制作一份或者多份的权利"。复制是以现有已知或未知的方式，将作品固定在有形的物质媒介上，使得作品被他人感知、传播、复制。① 一般意义上的复制行为，需要满足以下两个要件：一是该行为应当在一定的物质形式载体上再现作品；二是该行为应当使作品被相对稳定地固定在物质载体上，形成作品的一份或多份有形复制件。

不同于一般盗版复制的行为，本案被告人采用高新技术手段实施了复制行为。被告人马某予、马某松先是购买被影院淘汰的二手服务器、放映机等设备，通过技术人员盗取授权影院的服务器信息，"克隆"至购买的服务器中，通过勾结影院工作人员获取授权影院载有同档期电影数据的母盘，购置高清摄像机、音响系统等装备，对尚未在院线上映的电影进行复制。与普通刻制盗版影碟等行为不同的是，本案被告人实施的复制行为并非依附于普通有形的载体，而是依靠计算机网络进行电子形式的复制存储，而且被告人采用高新技术手段实施的复制行为，实现了盗版影片从普通视频到高清影像的"提档升级"。

（二）"发行"行为的认定

《最高人民法院、最高人民检察院、公安部关于办理侵犯知识产权刑事案件适用法律若干问题的意见》第 12 条规定，关于刑法 217 条规定的"发行"，包括总发行、批发、零售、通过信息网络传播以及出租、展销等活动。本案被告人实施的行为系通过百度云盘进行销售，该行为能否认定为"发行"，本文认为，被告人所销售的对象系全国范围内的私人影院，为不特定的多数主体，被告人销售《流浪地球》等部分影视作品的时间系在相关电影的全国公映日期前，被告人销售盗版影片的行为可以认定为"发行"行为。

（三）"未经著作权人许可"的认定

对于涉案作品种类众多且权利人分散的案件，在认定"未经著作权人许可"时，应围绕涉案复制品是否系非法出版、复制发行，被告人能否提供著作权人许可的相关证据材料予以综合判断。如有证据证明涉案复制品

---

① 李明德：《美国知识产权法》，法律出版社 2014 年版，第 304 页。

系非法出版、复制发行，且出版者、复制发行者不能提供获得著作权人、录音制作者许可的相关证据材料的，可以认定为刑法第 217 条规定的"未经著作权人许可"。本案中有诸多著作权人如华谊兄弟、腾讯影业等影视公司出具的版权说明，被告人也供述其复制的影片从未经相关著作权人的授权，能够证明案涉影视公司未将案涉影片的著作权等相关权利授权给本案被告人，足以认定涉案复制品均系侵权作品。

二、本案将马某予、马某松、文某杰等人认定为犯罪集团具有客观事实依据

刑法对犯罪集团的规定体现于第 26 条第 2 款，根据本款可知，犯罪集团应具备的基本特征：（1）组织特征。人数至少为"三人以上"，重要成员基本固定。（2）有明显的首要分子。犯罪集团的首要分子是组织的核心人物，对整个组织的犯罪活动起组织、领导、策划作用，是整个组织领导者。（3）有预谋地实施违法犯罪活动。犯罪分子对其所参与的犯罪活动存在协商、预谋或策划，即对自己实施的犯罪行为存在主观明知。

（一）组织特征

本案中被告人之间分工组织严密。本案在被告人实施制作盗版电影的过程中，招募人员组建工作室，复制盗版电影、制作水印、技术加密、设备维护、发展下线均有专人负责，逐步形成了人数较多、分工明确，重要成员基本固定的犯罪团伙。

（二）行为特征

被告人在非法复制销售环节形成完整的产业链。在复制电影环节，被告人购买服务器、放映机等翻录设备，后通过集团内部技术人员盗取授权影院的服务器信息，"克隆"至购买的服务器中，并篡改服务器的内置日期，使服务器的默认时间提前。在获取电影母盘环节，买通人员从正规授权影院获取载有同档期电影数据的母盘。在翻录环节，安排人员专门组建工作室，从事翻录电影、给盗版影片加密、制作水印工作。在销售环节，

指派人员通过微信、互联网发展下线影吧客户销售牟利，并有技术保密人员进行全程跟踪，防止私人影院再行翻拍。上述每个环节均有侦查机关依法查扣、提取、封存的相关电子证据予以证实，能够认定被告人盗录电影并销售的行为已形成产业链条化。

（三）行为的危害性

任何实施侵害某种法益或侵犯社会关系的犯罪行为，都会造成一定程度的社会危害性。如前所述，本案被告人采取高新技术手段对尚未在授权影院正式上映的影片进行复制发行，与其他盗版电影行为相比，一是本案被告制作发行的盗版影片画面清晰度高，二是盗版完成时间能与正规授权影院同步甚至提前上映，三是通过网络加密传播，传播面广，这样的犯罪行为较一般的侵犯著作权犯罪行为而言，社会危害程度更高。

三、对于各被告人的定罪量刑体现了罪责刑相适应

对于量刑，根据《最高人民法院、最高人民检察院关于办理侵犯知识产权刑事案件具体应用法律若干问题的解释》以及《最高人民法院、最高人民检察院、公安部关于办理侵犯知识产权刑事案件适用法律若干问题的意见》的规定，从违法所得数额、非法经营数额、给权利人造成的损失数额，复制、传播他人作品数量等来裁量刑罚。罚金数额一般在违法所得数额的一倍以上五倍以下确定。本案中被告人向下线影院销售盗版影片，通过银行转账、微信转账等方式牟取非法利益。经审查被告人银行、微信、支付宝的转账记录与微信聊天记录、被告人供述等证据，分别认定了各被告人的非法经营数额和违法所得数额，从而确定量刑起点、量刑基准。

被告人通过专业性、产业化的高新技术手段，"制作"销售的盗版影片画面清晰，且能与正规授权影院同步上映。被告人通过销售盗版影片，牟取了大量非法利益，远远高于刑法相关司法解释规定的"违法所得数额巨大"以及"有其他特别严重情节"量刑幅度的量刑起点，而且被告人的盗版行为造成盗版影片在网络上的大肆传播，给作品权利人造成了巨大损失，也造成了恶劣社会影响，故此考虑在法定刑幅度内就高判处四名主犯

刑罚。

结 语

侵犯著作权罪在打击非法复制、发行相关影视作品犯罪行为方面的准确适用，彰显了我国实施严格知识产权保护的刑事司法理念，标志着在保护著作权人合法权利中刑事法治水平的进步。本案是实施"最严格知识产权保护"关键阶段人民法院充分发挥刑事审判职能的突出代表，对于及时有效保护知识产权具有重要意义。

（一审法院合议庭成员：薛剑祥　陈晓珺　李　响

编写人：江苏省扬州市中级人民法院　陈晓珺　李　响）

12. 制作并销售网络游戏外挂程序罪名适用

——王某、何某建侵犯著作权案

关键词 刑事 侵犯著作权罪 网络游戏外挂 复制修改 非法获利

【裁判要旨】

以营利为目的，未经著作权人许可，擅自制作并销售《和平精英》网络游戏外挂程序，该外挂程序系对原网游客户端数据的全面调用、复制、修改，侵犯了著作权人对作品的复制权、发行权，符合刑法第 217 条第 1 项的规定，应当认定为构成侵犯著作权罪。

【相关法条】

《中华人民共和国刑法》

第二百一十七条【侵犯著作权罪】 以营利为目的，有下列侵犯著作权或者与著作权有关的权利的情形之一，违法所得数额较大或者有其他严重情节的，处三年以下有期徒刑，并处或者单处罚金；违法所得数额巨大或者有其他特别严重情节的，处三年以上十年以下有期徒刑，并处罚金：

（一）未经著作权人许可，复制发行、通过信息网络向公众传播其文字作品、音乐、美术、视听作品、计算机软件及法律、行政法规规定的其他作品的；

（二）出版他人享有专有出版权的图书的；

（三）未经录音录像制作者许可，复制发行、通过信息网络向公众传播其制作的录音录像的；

（四）未经表演者许可，复制发行录有其表演的录音录像制品，或者通过信息网络向公众传播其表演的；

（五）制作、出售假冒他人署名的美术作品的；

（六）未经著作权人或者与著作权有关的权利人许可，故意避开或者破坏权利人为其作品、录音录像制品等采取的保护著作权或者与著作权有关的权利的技术措施的。

《最高人民法院、最高人民检察院关于办理侵犯知识产权刑事案件具体应用法律若干问题的解释（二）》

第二条 刑法第二百一十七条侵犯著作权罪中的"复制发行"，包括复制、发行或者既复制又发行的行为。

侵权产品的持有人通过广告、征订等方式推销侵权产品的，属于刑法第二百一十七条规定的"发行"。

非法出版、复制、发行他人作品，侵犯著作权构成犯罪的，按照侵犯著作权罪定罪处罚。

《最高人民法院、最高人民检察院、公安部关于办理侵犯知识产权刑事案件适用法律若干问题的意见》

十一、关于侵犯著作权犯罪案件"未经著作权人许可"的认定问题

"未经著作权人许可"一般应当依据著作权人或者其授权的代理人、著作权集体管理组织、国家著作权行政管理部门指定的著作权认证机构出具的涉案作品版权认证文书，或者证明出版者、复制发行者伪造、涂改授权许可文件或者超出授权许可范围的证据，结合其他证据综合予以认定。

在涉案作品种类众多且权利人分散的案件中，上述证据确实难以一一取得，但有证据证明涉案复制品系非法出版、复制发行的，且出版者、复制发行者不能提供获得著作权人许可的相关证明材料的，可以认定为"未经著作权人许可"。但是，有证据证明权利人放弃权利、涉案作品的著作权不受我国著作权法保护，或者著作权保护期限已经届满的除外。

十二、关于刑法第二百一十七条规定的"发行"的认定及相关问题

"发行"，包括总发行、批发、零售、通过信息网络传播以及出租、展

销等活动。

非法出版、复制、发行他人作品，侵犯著作权构成犯罪的，按照侵犯著作权罪定罪处罚，不认定为非法经营罪等其他犯罪。

【案件索引】

一审：湖北省襄阳市中级人民法院（2020）鄂 06 刑初 52 号（2020 年 10 月 28 日）

【基本案情】

经审理查明：深圳市腾讯计算机系统有限公司是《和平精英》全部游戏元素、游戏计算机软件及游戏整体的著作权人。2019 年 2 月以来，被告人何某建与被告人王某在网上通过 QQ 认识，双方商议决定由王某编写《和平精英》游戏外挂程序并负责程序更新，何某建负责在网上出售，获利后两人分成。王某非法获取《和平精英》游戏客户端内存数据，对内存数据进行修改，编写成外挂程序"毒蛇"后发给何某建，何某建通过"麻婆云授权"平台生成卡密，以每张卡 1 元出售给施某瑞（另案处理），每张 1.3 元左右出售给周某、罗某峰等人。经福建省中证司法鉴定中心鉴定，"毒蛇"程序存在对游戏运行程序实施未经授权的增加、修改操作，对游戏的正常操作流程和运行程序造成了干扰，属于破坏性程序。从 2019 年 4 月截止到被公安机关刑事拘留之日，何某建已实际出售 97410 张卡密。何某建将出售卡密所得通过微信和支付宝转账的方式，一共分给王某 41831.4 元。截止到被公安机关刑事拘留时，何某建、王某违法所得数额分别为 73281.90 元、41831.10 元。公安机关将二被告人缴纳的违法所得予以扣押。

【裁判结果】

湖北省襄阳市中级人民法院于 2020 年 10 月 28 日作出（2020）鄂 06 刑初 52 号刑事判决：被告人王某犯侵犯著作权罪，判处有期徒刑八个月，缓刑一年，并处罚金人民币 1 万元；被告人何某建犯侵犯著作权罪，判处有期徒刑九个月，缓刑一年，并处罚金人民币 1 万元；扣押被告人何某建的黑色三星手机一部、iPhone X 一部，予以没收；扣押被告人王某的手机一部，予以没收；扣押被告人王某的台式电脑主机、笔记本电脑、USB 闪存盘、银行卡两张及王某本人的身份证，由湖北省襄阳市保康县公安局依法处理。被告人何某建缴纳的违法所得 73281.90 元、被告人王某缴纳的违法所得 41831.10 元予以追缴，上缴国库。

本案宣判后，检察机关没有提出抗诉，各被告人没有提出上诉，判决已经发生法律效力。

【裁判理由】

法院生效裁判认为：被告人王某、何某建以营利为目的，未经著作权人深圳市腾讯计算机系统有限公司许可，非法复制修改《和平精英》游戏客户端内存数据，编写网络游戏外挂程序并销售，损害了网络游戏著作权人权益，破坏了网络游戏市场秩序，分别获取违法所得 41831.10 元、73281.90 元，其行为均已构成侵犯著作权罪。被告人王某、何某建归案后如实供述犯罪事实，当庭认罪、悔罪，可酌情从轻处罚。二被告人在本案审查起诉阶段自愿签署《认罪认罚具结书》，依法可以从轻处罚。

【案例注解】

本案公安机关以被告人涉嫌提供侵入、非法控制计算机信息系统程序、工具罪立案侦查，检察院以被告人犯侵犯著作权罪提起公诉。关于制作并销售网络游戏外挂程序案件适用何种罪名，理论界、司法界均有一定争议，针对不同案情也存在不同罪名的适用情况，比较而言，此类案件适用侵犯著作权罪罪名更为适当。下面结合本案作具体分析。

一、侵犯著作权罪与提供侵入、非法控制计算机信息系统程序、工具罪在主观方面的差异

侵犯著作权罪以营利为目的，旨在通过复制发行、出版等侵犯著作权作品的行为直接获取违法所得，强调行为和目的的直接关联性。而提供侵入、非法控制计算机信息系统程序、工具罪并不将以营利为目的作为前提，只要实施了该行为，产生了相应的损害后果，就可以认定犯本罪。本案中，二被告实施犯罪行为在主观上显然是为了获取不正当的利益，以营利为目的，两被告人有共同犯罪的合意，并根据各自制作或销售游戏外挂程序的擅长进行分工，这种"合作"的目的是实现获利最大化。

二、侵犯著作权罪与提供侵入、非法控制计算机信息系统程序、工具罪在客观方面的差异

（一）本案被告人行为符合侵犯著作权罪的具体表现形式

根据刑法第 217 条的规定，侵犯著作权罪在客观上可以表现为：未经著作权人许可，复制发行、通过信息网络向公众传播其文字作品、音乐、美术、视听作品、计算机软件及法律、行政法规规定的其他作品的。《最高人民法院、最高人民检察院关于办理侵犯知识产权刑事案件具体应用法律若干问题的解释（二）》（以下简称《解释（二）》）第 2 条规定了"复制发行"，包括复制、发行或者既复制又发行的行为。侵权产品的持有人通过广告、征订等方式推销侵权产品的，属于刑法第 217 条规定的"发行"。非法出版、复制、发行他人作品，侵犯著作权构成犯罪的，按照侵犯著作权罪定罪处罚。在本案中，被告人王某非法获取、复制了计算机软件《和平精英》的源代码，并在源代码的基础上进行了小幅度修改，从而生成外挂程序"毒蛇"，属于复制行为。被告人何某建通过"麻婆云授权"平台生成卡密在网络上公开出售"毒蛇"程序，属于《解释（二）》中规定的发行行为。《最高人民法院、最高人民检察院关于办理侵犯知识产权刑事案件具体应用法律若干问题的解释》规定了属于"违法所得数额较大或者有其他严重情节的行为"：（1）非法经营数额在 5 万元以上的；（2）未经著作权人许可，复制发行其文字作品、音乐、电影、电视、录像作品、计算机软件及其他作品，复制品数量合计在 1000 张（份）以上的。本案中，截至被公安机关刑事拘留之日，何某建已实际出售 97410 张卡密，何

某建、王某违法所得数额分别为 73281.90 元、41831.10 元。综上，二被告编写、出售"毒蛇"程序的行为符合刑法第 217 条第 1 项规定的侵犯著作权的情形，符合侵犯著作权罪客观方面构成要件。

网络外挂程序主要运行模式是使用网络游戏的通信协议，截取并修改游戏发送到游戏服务器终端的数据，修改客户端内存中的数据，以达到增强客户端各种功能的目的。但是只有经过网络游戏经营者的许可，才可以使用网络通信协议。本案被告王某编写的"毒蛇"程序未经著作权人许可，以营利为目的，破译并擅自使用网络通信协议的行为，进一步体现了侵犯著作权特性。

（二）本案不适用提供侵入、非法控制计算机信息系统程序、工具罪

提供侵入、非法控制计算机信息系统程序、工具罪，是指提供专门用于侵入、非法控制计算机信息系统的程序、工具或者是明知他人实施侵入、非法控制计算机信息系统的违法犯罪而为其提供程序、工具，情节严重的行为。

从计算机程序的定性谈不适用性。《最高人民法院、最高人民检察院关于办理危害计算机信息系统安全刑事案件应用法律若干问题的解释》第 2 条和第 5 条对于"专门用于侵入、非法控制计算机信息系统的程序、工具"和"计算机病毒等破坏性程序"作出了明确的界定，将二者严格地区别开来。在本案中，司法鉴定中心将被告编写的外挂程序定义为"破坏性程序"。有关游戏外挂的类案中，司法鉴定的意见多数也与本案一致。因此，游戏外挂类案不能适用刑法第 285 条的规定。

从计算机程序的功能谈不适用性。根据《最高人民法院、最高人民检察院关于办理危害计算机信息系统安全刑事案件应用法律若干问题的解释》的规定，"专门用于侵入、非法控制计算机信息系统的程序、工具"必须具备以下两个功能之一：具有获取计算机信息系统数据或者控制计算机信息系统的功能。本案中，被告王某编写的外挂程序被玩家应用后所获取和修改的数据来自客户端，客户端的数据由玩家自己所享有，并非由服

务器端所独占享有。一般来说，外挂程序都是由玩家主动或者经其同意才能安装，进而不能认定被告非法获取了计算机信息系统数据。同时，"毒蛇"的主要运作模式就是修改《和平精英》客户端的数据将其通过既定的通信协议反馈给服务器终端，进而达到为玩家作弊的目的，谈不上是对服务器终端的控制。由于反馈时依照的是此前既定的通信协议，外挂程序也不能被认定为对计算机信息系统的侵入。

综上，本案认定被告人王某、何某建犯侵犯著作权罪更为适当。

（一审法院合议庭成员：周桂荣　杨晓波　陈淑娟
编写人：湖北省襄阳市中级人民法院　周桂荣　魏祖国）

帮助信息网络犯罪活动罪专题

编者按：为了规制日益猖獗的网络犯罪行为，刑法修正案（九）增设了帮助信息网络犯罪活动罪。但是，该罪名自颁布之日起就引发热议，理论界与实务界围绕"明知"的含义与认定标准，该罪的成立对上游犯罪的依附性程度，帮助犯与正犯的区分，以及"帮助"行为的方式和内容等问题展开了激烈的辩论，由此导致了司法实务中的适用困境和分歧。为帮助实务工作者正确理解和适用帮助信息网络犯罪活动罪，本书特设专题，围绕上述突出问题展开讨论：《帮助信息网络犯罪活动中主观明知的认定——刘某坤帮助信息网络犯罪活动案》一文针对行为人主观明知的认定问题，提出了综合审查行为人获利情况、帮助行为本身的合理性及合法性等因素加以判断的综合性判断标准；《被帮助对象构成犯罪的认定——方某军、汪某、姚某等帮助信息网络犯罪活动案》一文明确了该罪必须以被帮助对象成立犯罪为前提；《违规转租语音线路行为的定性——南通某网络科技有限公司等帮助信息网络犯罪活动案》一文阐释了全国首例转租95码号语音线路案件的定性以及违法所得的认定。此外，另有两篇案例就行为人出售信用卡以及在售卡后"黑吃黑"行为的定性问题进行了讨论。希望以上案例能够为帮助信息网络犯罪活动罪的准确适用提供可资借鉴的经验。

13. 帮助信息网络犯罪活动中主观明知的认定

——刘某坤帮助信息网络犯罪活动案

关键词 刑事 帮助行为 主观明知 推定

【裁判要旨】

帮助信息网络犯罪活动罪系故意犯罪，要求行为人在主观上明知他人利用其帮助行为实施犯罪。对于行为人主观明知的认定可以综合审查行为人获利情况、帮助行为本身的合理性及合法性等因素加以判断。

【相关法条】

《中华人民共和国刑法》

第二百八十七条之二【帮助信息网络犯罪活动罪】 明知他人利用信息网络实施犯罪，为其犯罪提供互联网接入、服务器托管、网络存储、通讯传输等技术支持，或者提供广告推广、支付结算等帮助，情节严重的，处三年以下有期徒刑或者拘役，并处或者单处罚金。

单位犯前款罪的，对单位判处罚金，并对其直接负责的主管人员和其他直接责任人员，依照第一款的规定处罚。

有前两款行为，同时构成其他犯罪的，依照处罚较重的规定定罪处罚。

【案件索引】

一审：北京市西城区人民法院（2021）京 0102 刑初 145 号（2021 年 4 月 6 日）

【基本案情】

经审理查明：被告人刘某坤于 2020 年 9 月至 10 月间，明知他人可能从事电信网络犯罪活动，向他人出售其名下浙商银行等信用卡 4 张及 U 盾。其中，出售的卡号为×××的浙商银行信用卡被用于实施电信网络诈骗，致使被害人姬某玲被骗取的资金 2870100 元通过被告人刘某坤的信用卡转出。2020 年 11 月 9 日，被告人刘某坤被抓获归案，涉案资金未收缴。

【裁判结果】

北京市西城区人民法院于 2021 年 4 月 6 日作出（2021）京 0102 刑初 145 号刑事判决：被告人刘某坤犯帮助信息网络犯罪活动罪，判处有期徒刑一年六个月，并处罚金人民币 1 万元；继续追缴被告人刘某坤违法所得人民币 1600 元，予以没收；未随案移送的在案扣押物品两部手机由扣押机关依法处理。

本案宣判后，检察机关没有提出抗诉，被告人没有提出上诉，判决已经发生法律效力。

【裁判理由】

法院生效裁判认为：被告人刘某坤明知他人利用信息网络实施犯罪活动，为其犯罪提供支付结算帮助，情节严重，其行为构成帮助信息网络犯罪活动罪，依法应予以惩处。鉴于被告人刘某坤具有如实供述、认罪认罚等情节，可依法对其从轻处罚。

【案例注解】

相较于传统的犯罪形态，互联网犯罪除了技术性、隐蔽性更强，也显现出一定的跨地域、跨领域等特征，实施互联网犯罪的参与人员和帮助人员往往需要相互配合，各环节紧密联系。在这种背景下，将帮助实施信息网络犯罪活动的行为纳入刑法规制范畴很有必要，故刑法修正案（九）新增设了帮助信息网络犯罪活动罪，以期更好地打击网络犯罪的帮助行为，维护信息网络秩序，保障信息网络健康发展。

根据刑法第 278 条之二的规定，构成帮助信息网络犯罪活动罪有两个要素，其一是行为人在主观上对于他人利用帮助行为实施犯罪活动是明知的，其二是行为人在客观上实施了帮助他人利用信息网络实施犯罪的行为，且情节严重。本案中被告人刘某坤在客观方面的行为符合该罪的构成要件，案件的主要争议焦点在于被告人刘某坤对于其帮助的对象利用帮助实施犯罪活动在主观上是否是明知的。对于被告人刘某坤主观故意的认识和推定可以从以下几点进行考量：

一是行为人主观明知情况可以综合审查客观情况加以推定。《最高人民法院、最高人民检察院关于办理非法利用信息网络、帮助信息网络犯罪活动等刑事案件适用法律若干问题的解释》第 11 条明确规定了可以认定行为人明知他人利用信息网络实施犯罪的七种情形。司法实践中，行为人为信息网络犯罪行为提供帮助的行为与正犯行为在空间上、时间上往往关联较远，提供帮助的行为人多以获取个人经济利益为目的，其主观上是否对于为他人犯罪提供帮助具有明知，可以结合其对他人实际从事活动的认知情况、获利情况、往来联络情况等证据，综合审查判断。例如，行为人提供的帮助行为本身就是不合理、不合法的或者获取利益的方式和金额是明显异常的，都可以作为判断行为人主观具有明知倾向的重要因素。

二是帮助信息网络犯罪活动罪属故意犯罪，必须明知他人利用信息网络实施犯罪，但是对具体犯罪类型不要求明知。在具体案件中，如果行为人对第三方利用自己提供的产品或者服务实施犯罪行为不知情，不应该以帮助信息网络犯罪追究其刑事责任。例如，有的犯罪行为会利用提供中立技术的公司和个人的中立技术，但是上述公司和个人无犯意亦不知情，不应认定其帮助行为构成犯罪。如果通过客观行为能够认定或者推定行为人对第三方利用其提供的产品或者服务实施犯罪的，符合构成该罪的主观要件。与此同时，帮助信息网络犯罪活动中，行为人的明知不应解释为泛化的可能性认知，而应当限制为相对具体的认知，该认知程度只需达到明知第三方实施犯罪即可，无须达到知晓第三方具体实施什么犯罪、怎么实施犯罪的程度。

三是基于帮助行为的辅助属性，行为人主观明知但不可与正犯存在共谋。刑法设立帮助信息网络犯罪活动罪后，刑法理论界还产生了帮助犯与正犯间关系的争议，有学者提出该罪仍然是作为正犯的帮助犯评价，只是分则单独规定了量刑规则。在帮助信息网络犯罪活动罪的构成要素中，不要求行为人必须明知正犯实施的具体犯罪以及犯罪的具体信息。假如行为人事先约定为信息网络犯罪正犯提供帮助，双方通过事先约定分工合作，共同完成谋定的犯罪行为，那么二者构成具体犯罪的共犯。

回归本案，被告人刘某坤向他人出售其名下信用卡 4 张及 U 盾，非法获利金额为人民币 1600 元。一方面，1600 元人民币的获利金额明显是不合理的；另一方面，购买信用卡非正常的社会活动所需要，信用卡是不允许进行市场交易的，且信用卡本身承载的支付结算功能是实施犯罪行为的重要环节。综合以上因素加以审查能够推定被告人刘某坤对于他人利用其出售的信用卡等实施犯罪行为是明知的。从行为后果看，被告人刘某坤出售的信用卡被用于实施电信网络诈骗，致使被骗资金 200 多万元通过该信用卡转出。综上，对被告人刘某坤的行为应当以帮助信息网络犯罪活动罪定罪处罚。

（一审法院独任审判员：郭秋阳

编写人：北京市西城区人民法院　冀　敏）

14. 被帮助对象构成犯罪的认定

——方某军、汪某、姚某等帮助信息网络犯罪活动案

关键词 刑事 帮助信息网络犯罪活动 被帮助对象构成犯罪 客观条件限制

【裁判要旨】

帮助信息网络犯罪活动罪以被帮助对象构成犯罪为前提，若要证明帮助人构成帮助信息网络犯罪活动罪，应当提供被帮助对象构成犯罪的证据。即使确因客观条件限制无法查证被帮助对象是否达到犯罪的程度，也应证明被帮助对象实施了刑法分则规定的行为才得适用《最高人民法院、最高人民检察院关于办理非法利用信息网络、帮助信息网络犯罪活动等刑事案件适用法律若干问题的解释》第 12 条第 2 款"相关数额总计达到前款第二项至第四项规定标准五倍以上，或者造成特别严重后果"的规定。

【相关法条】

《中华人民共和刑法》

第二百八十七条之二【帮助信息网络犯罪活动罪】 明知他人利用信息网络实施犯罪，为其犯罪提供互联网接入、服务器托管、网络存储、通讯传输等技术支持，或者提供广告推广、支付结算等帮助，情节严重的，处三年以下有期徒刑或者拘役，并处或者单处罚金。

单位犯前款罪的，对单位判处罚金，并对其直接负责的主管人员和其

他直接责任人员，依照第一款的规定处罚。

有前两款行为，同时构成其他犯罪的，依照处罚较重的规定定罪处罚。

《最高人民法院、最高人民检察院关于办理非法利用信息网络、帮助信息网络犯罪活动等刑事案件适用法律若干问题的解释》

第十二条　明知他人利用信息网络实施犯罪，为其犯罪提供帮助，具有下列情形之一的，应当认定为刑法第二百八十七条之二第一款规定的"情节严重"：

......

实施前款规定的行为，确因客观条件限制无法查证被帮助对象是否达到犯罪的程度，但相关数额总计达到前款第二项至第四项规定标准五倍以上，或者造成特别严重后果的，应当以帮助信息网络犯罪活动罪追究行为人的刑事责任。

第十三条　被帮助对象实施的犯罪行为可以确认，但尚未到案、尚未依法裁判或者因未达到刑事责任年龄等原因依法未予追究刑事责任的，不影响帮助信息网络犯罪活动的认定。

【案件索引】

一审：浙江省宁波市宁海县人民法院（2020）浙 0226 刑初 456 号（2020 年 12 月 21 日）

二审：浙江省宁波市中级人民法院（2021）浙 02 刑终 32 号（2021 年 4 月 14 日）

【基本案情】

浙江省宁波市宁海县人民检察院指控，被告人方某军、汪某、姚某、吴某竟、应某宇、虞某从事网络放贷软件的开发及销售、运行维护、风险控制、引流推广等活动，帮助他人实施"套路贷"犯罪活动，情节严重，应当以帮助信息网络犯罪活动罪追究刑事责任。被告人方某军、汪某、吴某竟能如实供述犯罪事实，可以从轻处罚；被告人姚某、应某宇能如实供述犯罪事实，自愿认罪认罚，可以从轻、从宽处罚；被告人虞某具有自首情节，自愿认罪认罚，可以从轻、从宽处罚。

被告人方某军对指控罪名没有异议，但是提出对客户是否使用软件进行违法犯罪活动并非完全明知，且并非所有软件用于违法犯罪活动。其辩护人认为：（1）本案应认定为单位犯罪；（2）放贷软件和暴力催收等犯罪活动并没有必然因果关系，出售的部分 App 没有用于犯罪活动，违法所得应以查证被用于犯罪活动的放贷软件收入计算。

被告人汪某对指控罪名没有异议，但是提出其并不清楚客户是否存在暴力催收及其他违法行为。其辩护人认为：（1）本案应认定为单位犯罪；（2）放贷软件本身不具违法性，本案非法获利金额应以查证属实的犯罪事实为依据，浙江奇风科技有限公司（以下简称奇风公司）的收益除开发销售贷款软件外，还包括其他合法项目收益。

被告人姚某对指控事实、罪名及量刑建议没有异议。其辩护人认为被告人自愿认罪认罚，已预缴罚金保证金，系初犯、偶犯，建议对其从轻处罚并适用缓刑。

被告人吴某竟对指控罪名没有异议，但是提出其主观上没有帮助违法犯罪活动的故意。其辩护人认为被告人对网贷软件运营者利用软件从事非法活动的认知程度较低，当时"套路贷"这一概念尚未出现。

被告人应某宇对指控事实、罪名及量刑建议没有异议。其辩护人认为：（1）本案应认定为单位犯罪；（2）应某宇受方某军、汪某等人指使，对客户是否进行违法犯罪活动并不知晓，在犯罪中所起作用及主观恶性较小。

被告人虞某对指控事实、罪名及量刑建议没有异议。其辩护人认为奇风公司部分客户主要构成寻衅滋事罪等，被告人虞某等人皆不构成帮助信息网络犯罪活动罪。

经审理查明：2018 年 10 月，被告人方某军、汪某共同成立奇风公司，从事网络放贷手机软件的开发及销售、运行维护、风险控制、引流推广等活动，雇用被告人姚某为技术部主管，负责软件开发及运行维护，雇用被告人吴某竟为运营部主管，负责对接网络放贷人及收取相关费用，伙同他人指使被告人应某宇为网络放贷人提供引流推广服务及收取引流费。被告人方某军、汪某又伙同他人以宁波甬玖网络科技有限公司（以下简称甬玖公司）名义对外销售部分奇风公司开发制作的网络放贷软件及向网络放贷人提供运行维护、风险控制、引流推广等服务，被告人虞某受雇管理甬玖公司并提供银行账户供甬玖公司收取相关费用。

截至 2019 年 3 月 22 日，被告人方某军、汪某等人共计制作、销售"火龙果""西瓜巴士""AK47"等 60 余个网络放贷软件，其中"小葫芦""花蜜蜂"等 14 个网络放贷软件以甬玖公司名义出售。通过销售定制网贷软件，后期部分软件引流推广、风险控制、运行维护等帮助行为，帮助严甲、严乙、赖某琦等人实施"套路贷"犯罪活动。其间，被告人方某军、姚某等人至少非法获利人民币 2454658.5 元以上。

另查明，2019 年 3 月 22 日，被告人方某军、汪某、姚某、吴某竟、应某宇被公安机关抓获归案。同日，被告人虞某经公安机关传唤自动到案，并如实供述自己的罪行。案发后，公安机关扣押电脑、手机等作案工具，并从被告人虞某处查扣涉案款项人民币 568520.79 元，冻结奇风公司银行账户人民币 533980.07 元。另，本案审理期间，被告人方某军、汪某共退缴违法所得人民币 1352158 元。

【裁判结果】

宁波市宁海县人民法院于 2020 年 12 月 21 日作出（2020）浙 0226 刑初 456 号刑事判决：被告人方某军犯帮助信息网络犯罪活动罪，判处有期徒刑一年十个月，并处罚金人民币 20 万元；被告人汪某犯帮助信息网络犯罪活动罪，判处有期徒刑一年八个月，并处罚金人民币 20 万元；被告人姚某犯帮助信息网络犯罪活动罪，判处有期徒刑一年，并处罚金人民币 4 万元；被告人吴某竟犯帮助信息网络犯罪活动罪，判处有期徒刑十个月，并处罚金人民币 2 万元；被告人应某宇犯帮助信息网络犯罪活动罪，判处有期徒刑八个月，并处罚金人民币 2.5 万元；被告人虞某犯帮助信息网络犯罪活动罪，判处有期徒刑八个月，缓刑一年，并处罚金人民币 4 万元；被告人方某军、汪某等人帮助信息网络犯罪活动犯罪违法所得人民币2454658.5 元，予以追缴，扣押在案的手机、电脑等，予以没收，上缴国库。

一审宣判后，浙江省宁波市宁海县人民检察院提起抗诉，认为根据《最高人民法院、最高人民检察院关于办理非法利用信息网络、帮助信息网络犯罪活动等刑事案件适用法律若干问题的解释》（以下简称《网络犯罪司法解释》）第 12 条第 2 款的规定，被告人的获利应以涉案 61 个网贷软件的全部获利情况认定。

浙江省宁波市中级人民法院于 2021 年 4 月 14 日作出（2021）浙 02 刑终 32 号刑事裁定：驳回抗诉，维持原判。

【裁判理由】

法院生效裁判认为：被告人方某军、汪某、姚某、吴某竟、应某宇、虞某明知他人利用信息网络实施犯罪，仍结伙为他人实施犯罪提供技术支持及广告推广等帮助，情节严重，其行为均已构成帮助信息网络犯罪活动罪。公诉机关指控奇风公司非法获利 1200 余万元，甬玖公司非法获利 220 余万元，证据不足。根据在案证据，足以证明被告人方某军、汪某等人非法获利人民币至少 245 万元以上。根据 6 名被告人的具体情节，依法适用缓刑或从轻处罚。

【案例注解】

一、帮助信息网络犯罪活动罪以被帮助对象犯罪为前提

帮助信息网络犯罪活动罪，是指对明知他人利用信息网络实施犯罪，为其犯罪提供互联网接入、服务器托管、网络存储、通讯传输等技术支持，或者提供广告推广、支付结算等帮助，情节严重的行为。实际上，单纯的互联网接入、服务器托管等是互联网服务的中性业务行为，也是互联网服务的基础业务。在日常经营活动中，不论交易方是犯罪者还是其他主

体，该业务的实施者都是按照典型的业务要求从事相关行为或者交易，也就是说仅从帮助者的行为外观无法判断该行为是合法的经营性活动还是帮助他人实施犯罪之行为。

我国刑法总则中虽然没有关于中性帮助行为的规定，但在分则的一些个罪处罚中仍有所体现，比如《最高人民法院、最高人民检察院关于办理生产、销售伪劣商品刑事案件具体应用法律问题的解释》第 9 条规定："知道或应当知道他人实施生产、销售伪劣商品犯罪，而为其提供贷款、资金、账号、发票、证明、许可证件，或者提供生产、经营场所或者运输、仓储、保管、邮寄等便利条件，或者提供制假生产技术的，以生产、销售伪劣商品的共犯论处。"由此可知在我国的刑法中，中立帮助行为具有可处罚性。但是从上述规定可见，中性帮助行为入罪必须以被帮助对象犯罪为前提。同理，虽然就帮助信息网络犯罪活动罪的行为性质而言，刑法中单独设立该罪名本质上体现了帮助行为正犯化的立法思路，但是在适用时，就其处罚范围而言，还应当符合共犯的从属性原理。[1] 因此，帮助信息网络犯罪活动罪必须以被帮助对象构成犯罪为前提，也就是说被帮助对象利用帮助者实施的中性业务行为，侵害了相关的法益，帮助者的行为才有可能构成犯罪，从而将其中包含的不值得刑法处罚的帮助行为排除在刑法制裁之外，避免帮助行为的入罪扩大化。

具体到本案，方某军等人从事网络放贷软件开发、销售、运行维护、风险控制、引流推广等活动本身系中性的业务行为，并不构成刑法意义上的违法犯罪行为。但因上述软件被其销售给他人实施"套路贷"犯罪活动，则其业务行为已经构成了信息网络犯罪的帮助行为，从而丧失了其中立性，具备了构成犯罪的前提条件。

二、被帮助对象犯罪系危害行为意义上的犯罪

帮助信息网络犯罪活动罪需以被帮助对象构成犯罪为前提，那么被帮

---

[1] 参见熊亚文、黄雅珠：《帮助信息网络犯罪活动罪的司法适用》，载《人民司法·应用》2016 年第 31 期。

助对象构成犯罪中"犯罪"的理解和认定，对于帮助者是否构罪具有重要意义。关于此处的"犯罪"应当如何理解，在理论界和司法实践中均存在一定的争议。一种观点认为，此处的"犯罪"应当进行严格解释，应当限定为完全符合我国刑法相应规定犯罪构成的、应被认定为相应罪名的犯罪行为。① 另一种观点认为，此处的"犯罪"应当界定为危害行为意义上的犯罪。②

本文认同后一种观点。第一，我国刑法中相关条文关于"犯罪"的表述也存在多重含义，在特殊语境下也并不一定要求符合全部犯罪构成要件，而是仅指侵犯法益的行为。第二，从网络犯罪的模式来看，网络犯罪往往会形成较为完整的产业链，各环节相互独立，且帮助行为和实行行为之间往往突破了传统的"一对一"的关系，形成"一对多""多对多"的关系，在这种产业链中可能会出现上游的每个单独被帮助对象的实施犯罪行为未达到起刑点而无法定罪的情况，此时如果严格按照刑法的犯罪构成要件的标准来确定被帮助对象未实施犯罪，则可能一定程度上会导致对产生了较大社会危害性的帮助人的放纵。第三，从《网络犯罪司法解释》第13条的规定"被帮助对象实施的犯罪行为可以确认，但尚未到案、尚未依法裁判或者因未达到刑事责任年龄等原因依法未予追究刑事责任的，不影响帮助信息网络犯罪活动罪的认定"可以看出，被帮助对象是否具备刑事责任能力或者是否达到刑事责任年龄不属于认定被帮助对象犯罪的要件，即只要明确被帮助对象实施了刑法分则规定的行为即可。司法解释进一步明确了此处的"犯罪"系危害行为意义上的犯罪，否则将过分限缩帮助信息网络犯罪活动罪的适用范围，刑法将其独立成罪的作用将大打折扣。

结合本案，方某军等人构成犯罪必须以向其购买网络贷款软件的客户利用软件实施了刑法分则规定的行为为前提，比如利用软件实施"套路贷"等。至于其上游客户是否系未成年人、是否具备刑事责任能力等在所

---

① 刘宪权：《论信息网络技术滥用行为的刑事责任——〈刑法修正案（九）〉相关条款的理解与适用》，载《政法论坛》2015年第11期。
② 阴建峰、刘雪丹：《帮助信息网络犯罪活动罪的法教义学分析》，载《刑法论丛》2016年第4卷。

不论，只需要明确实施了侵犯法益的行为即可。

三、"确因客观条件限制无法查证被帮助对象是否达到犯罪的程度"的理解适用

《网络犯罪司法解释》第 12 条明确了帮助信息网络犯罪活动罪的入罪标准，即"情节严重"的认定标准，其中第 1 款系一般的认定标准，主要是定量的规定，在实践中争议不大。主要的争议在于第 2 款，该款系特殊的入罪标准，即"确因客观条件限制无法查证被帮助对象是否达到犯罪的程度，但相关数额总计达到前款第二项至第四项规定标准五倍以上，或者造成特别严重后果的，应当以帮助信息网络犯罪活动罪追究行为人的刑事责任"。事实上，这一款的规定也进一步印证了被帮助对象的"犯罪"系危害行为意义上的犯罪。设置该款的主要原因在于，网络犯罪当中通常存在多个环节且各环节之间相互独立，特别是在帮助信息网络犯罪活动中往往存在涉及众多的被帮助对象，要一一查实上游的犯罪情况存在较大的难度，但帮助行为本身累计的社会危害性极大的情况。

当然对于该款的适用也并非毫无限制。首先，从《网络犯罪司法解释》的立法本意及上下文之间的关系可以得出，该款中"无法查证"的是"被帮助对象是否达到犯罪的程度"，而不是"被帮助对象是否实施刑法分则中规定的违法行为"，"被帮助对象的违法行为"仍然需要查证。其次，在违法行为查证的情况下，还需要符合"确因客观条件限制无法查证是否达到犯罪的程度""数额五倍或特别严重后果"的条件。最后，《网络犯罪司法解释》的起草者还指出只有帮助对象人数众多的才可适用该款，对于帮助单个或者少数对象利用信息网络实施犯罪的，必须以帮助对象构成犯罪为入罪前提[①]，本文认为这一适用条件也进一步契合"客观条件限制"这一大前提。

本案中公诉机关以该款作为其抗诉理由，认为被告人制作、销售 61 个

[①] 参见周加海、喻海松：《〈关于办理非法利用信息网络、帮助信息网络犯罪活动等刑事案件适用法律若干问题的解释〉的理解与适用》，载《人民司法》2019 年第 31 期。

网贷软件并提供运行维护等帮助行为，客观上不可能一一查证被帮助对象达到犯罪程度。但实际上，涉案 61 个软件功能雷同，可通过已经查实的网贷软件推定其他网贷软件的功能及运营模式，均可认定系帮助他人用于违法犯罪。对此，公诉机关未提供被帮助对象实施"违法行为"，因客观条件限制无法查证是否达到犯罪的程度，"数额五倍或者特别严重后果"等方面的证据。网贷软件背后涵盖的技术是中性的，如果仅因为软件功能雷同，即类推出其他软件均被用于帮助他人违法犯罪，显然不符合司法解释的立法本意，是对被告人的过度惩罚。并且，从二审审理的相关情况来看，在一审判决后有 6 个被帮助对象被查实（其中一个网贷软件以撤案处理），这说明并非所有被帮助对象均构成犯罪，也不存在因客观条件限制导致所有的被帮助对象无法查证是否达到犯罪的程度的情况。二审法院指出，61 个网贷软件之后可能会陆续被查实，待全部或大部分被帮助对象的情况被查实后，通过完整的一审、二审程序合并一次性处理。这样既可以避免案件反复被改判，节约司法资源，也可以保证被告人有一审、二审两次辩解的权利。

（一审法院合议庭成员：梁业生　陈余活　齐　英
二审法院合议庭成员：陈　靖　徐　栋　王荷春
编写人：浙江省宁海县人民法院　俞珲珲）

15. 违规转租语音线路行为的定性

——南通某网络科技有限公司等帮助信息网络犯罪活动案

关键词 刑事 帮助信息网络犯罪活动 转租语音线路 电子数据 明知 情节严重

【裁判要旨】

转租语音线路行为人收到他人犯罪投诉举报或者刑事协查通知后，未采取终止合作等有效隔绝性措施，继续提供电信资源服务，情节严重的，应当以帮助信息网络犯罪活动罪定罪处罚。认定帮助信息网络犯罪活动案中的违法所得时，可以结合电信资源交易特性，从服务器数据、费用结算记录、下游商户记录、被害人交易记录等电子数据的内容综合判断。

【相关法条】

《中华人民共和国刑法》

第二百八十七条之二【帮助信息网络犯罪活动罪】 明知他人利用信息网络实施犯罪，为其犯罪提供互联网接入、服务器托管、网络存储、通讯传输等技术支持，或者提供广告推广、支付结算等帮助，情节严重的，处三年以下有期徒刑或者拘役，并处或者单处罚金。

单位犯前款罪的，对单位判处罚金，并对其直接负责的主管人员和其他直接责任人员，依照第一款的规定处罚。

有前两款行为，同时构成其他犯罪的，依照处罚较重的规定定罪处罚。

《最高人民法院、最高人民检察院关于办理非法利用信息网络、帮助信息网络犯罪活动等刑事案件适用法律若干问题的解释》

第十一条　为他人实施犯罪提供技术支持或者帮助，具有下列情形之一的，可以认定行为人明知他人利用信息网络实施犯罪，但是有相反证据的除外：

（一）经监管部门告知后仍然实施有关行为的；

（二）接到举报后不履行法定管理职责的；

（三）交易价格或者方式明显异常的；

（四）提供专门用于违法犯罪的程序、工具或者其他技术支持、帮助的；

（五）频繁采用隐蔽上网、加密通信、销毁数据等措施或者使用虚假身份，逃避监管或者规避调查的；

（六）为他人逃避监管或者规避调查提供技术支持、帮助的；

（七）其他足以认定行为人明知的情形。

第十二条　明知他人利用信息网络实施犯罪，为其犯罪提供帮助，具有下列情形之一的，应当认定为刑法第二百八十七条之二第一款规定的"情节严重"：

（一）为三个以上对象提供帮助的；

（二）支付结算金额二十万元以上的；

（三）以投放广告等方式提供资金五万元以上的；

（四）违法所得一万元以上的；

（五）二年内曾因非法利用信息网络、帮助信息网络犯罪活动、危害计算机信息系统安全受过行政处罚，又帮助信息网络犯罪活动的；

（六）被帮助对象实施的犯罪造成严重后果的；

（七）其他情节严重的情形。

实施前款规定的行为，确因客观条件限制无法查证被帮助对象是否达到犯罪的程度，但相关数额总计达到前款第二项至第四项规定标准五倍以上，或者造成特别严重后果的，应当以帮助信息网络犯罪活动罪追究行为人的刑事责任。

第十三条　被帮助对象实施的犯罪行为可以确认，但尚未到案、尚未依法裁判或者因未达到刑事责任年龄等原因依法未予追究刑事责任的，不影响帮助信息网络犯罪活动罪的认定。

《最高人民法院、最高人民检察院、公安部关于办理电信网络诈骗等刑事案件适用法律若干问题的意见（二）》

八、认定刑法第二百八十七条之二规定的行为人明知他人利用信息网络实施犯罪，应当根据行为人收购、出售、出租前述第七条规定的信用卡、银行账户、非银行支付账户、具有支付结算功能的互联网账号密码、网络支付接口、网上银行数字证书，或者他人手机卡、流量卡、物联网卡等的次数、张数、个数，并结合行为人的认知能力、既往经历、交易对象、与实施信息网络犯罪的行为人的关系、提供技术支持或者帮助的时间和方式、获利情况以及行为人的供述等主客观因素，予以综合认定。

收购、出售、出租单位银行结算账户、非银行支付机构单位支付账户，或者电信、银行、网络支付等行业从业人员利用履行职责或提供服务便利，非法开办并出售、出租他人手机卡、信用卡、银行账户、非银行支付账户等的，可以认定为《最高人民法院、最高人民检察院关于办理非法利用信息网络、帮助信息网络犯罪活动等刑事案件适用法律若干问题的解释》第十一条第七项规定的"其他足以认定行为人明知的情形"。但有相反证据的除外。

十、电商平台预付卡、虚拟货币、手机充值卡、游戏点卡、游戏装备等经销商，在公安机关调查案件过程中，被明确告知其交易对象涉嫌电信网络诈骗犯罪，仍与其继续交易，符合刑法第二百八十七条之二规定的，以帮助信息网络犯罪活动罪追究刑事责任。同时构成其他犯罪的，依照处罚较重的规定定罪处罚。

十二、为他人实施电信网络诈骗犯罪提供技术支持、广告推广、支付结算等帮助，或者窝藏、转移、收购、代为销售及以其他方法掩饰、隐瞒电信网络诈骗犯罪所得及其产生的收益，诈骗犯罪行为可以确认，但实施诈骗的行为人尚未到案，可以依法先行追究已到案的上述犯罪嫌疑人、被告人的刑事责任。

十三、办案地公安机关可以通过公安机关信息化系统调取异地公安机关依法制作、收集的刑事案件受案登记表、立案决定书、被害人陈述等证据材料。调取时不得少于两名侦查人员，并应记载调取的时间、使用的信息化系统名称等相关信息，调取人签名并加盖办案地公安机关印章。经审核证明真实的，可以作为证据使用。

【案件索引】

一审：江苏省南通市崇川区人民法院（2021）苏 0602 刑初 637 号（2021 年 6 月 28 日）

【基本案情】

经审理查明：95 码号是由工业和信息化部许可审批的电信资源，是跨省使用的电信业务接入码，非电信企业客户服务中心接入码。未经原审批部门批准，不得擅自使用、转让、出租电信资源或者改变电信资源的用途。深圳市某信息技术有限公司、南通某网络科技有限公司以自己名义或者其他公司名义从通信服务运营商处租用 952750、952404 码号语音线路，在明知他人可能利用转租的线路实施信息网络犯罪的情况下，仍通过租用服务器，安装 VOS 管理软件架设通信平台，继续非法对外转租 95 码号语音线路，向他人提供电话群拨和透传业务，按通话时长收取费用。经审查，952750、952404 语音线路转租过程中涉及电信诈骗案件共计 325 起，诈骗金额共计 780 余万元。

被告人秦某、曹某于 2020 年 4 月 15 日被抓获归案；被告人杨某、朱某、江某、柯某于 2020 年 4 月 30 日被抓获归案。到案后，各被告人均如实供述自己的犯罪事实，被告人秦某、曹某退出某公司违法所得合计 228000 元以及预缴纳某公司罚金 22000 元，被告人杨某、朱某、柯某、江某退出某公司违法所得合计 100 万元。

【裁判结果】

江苏省南通市崇川区人民法院于 2021 年 6 月 28 日作出（2021）苏 0602 刑初 637 号刑事判决：被告单位深圳市某信息技术有限公司犯帮助信息网络犯罪活动罪，判处罚金人民币 20 万元；南通某网络科技有限公司犯帮助信息网络犯罪活动罪，判处罚金人民币 5 万元；被告人杨某犯帮助信息网络犯罪活动罪，判处有期徒刑二年，缓刑三年，并处罚金人民币 2 万元；朱某犯帮助信息网络犯罪活动罪，判处有期徒刑一年六个月，缓刑二年，并处罚金人民币 1.5 万元；柯某犯帮助信息网络犯罪活动罪，判处有期徒刑一年六个月，缓刑二年，并处罚金人民币 1.5 万元；江某犯帮助信息网络犯罪活动罪，判处有期徒刑一年六个月，缓刑二年，并处罚金人民币 1.5 万元；秦某犯帮助信息网络犯罪活动罪，判处有期徒刑一年，缓刑一年，并处罚金人民币 1 万元；曹某犯帮助信息网络犯罪活动罪，判处有期徒刑一年，缓刑一年，并处罚金人民币 1 万元。

本案宣判后，检察机关没有提出抗诉，各被告单位及被告人没有提出上诉，判决已经发生法律效力。

【裁判理由】

法院生效裁判认为：被告单位深圳市某信息技术有限公司、南通某网络科技有限公司明知相关规定仍对外转租包括 95 码号语音线路在内的电信资源，向他人提供电话群拨和透传业务，按通话时长收取费用。被告单位深圳市某信息技术有限公司、南通某网络科技有限公司多次接到诈骗投诉举报后始终未及时有效采取法定管理职责，应当认定其明知他人利用信息网络实施犯罪。被告单位深圳市某信息技术有限公司、南通某网络科技有限公司为三个以上对象提供帮助，并且违法所得 5 万元以上，应当认定其情节严重。综上，被告单位深圳市某信息技术有限公司、南通某网络科技有限公司明知他人利用信息网络实施犯罪，为其犯罪提供通讯传输技术支持，情节严重，其行为构成帮助信息网络犯罪活动罪。被告人杨某、朱某、柯某、江某系被告单位深圳市某信息技术有限公司直接负责的主管人员，被告人秦某、曹某系被告单位南通某网络科技有限公司直接负责的主管人员，均应以帮助信息网络犯罪活动罪追究其刑事责任。

【案例注解】

本案系全国首例转租95码号语音线路的刑事案件。案件办理过程中，主要就法律适用、主观明知、违法所得的认定等问题产生了争议。第一种意见认为，虽然涉案单位及人员均存在违规转租语音线路的行为，但其主观目的仅为转租牟利，且存在大量房屋中介、教育培训等合法需求。虽然客观上语音线路被犯罪分子利用，但不足以用刑法评价。第二种意见认为，涉案单位及人员明知他人租赁语音线路可能用于犯罪活动，仍违规为其提供语音线路，在接到举报后，未采取终止合作等隔绝性措施，继续向他人提供，情节严重，符合帮助信息网络犯罪活动罪的构成要件。在不存在合法转租的情形下，涉案单位及人员的所有获利均应认定为违法所得。本文赞同第二种意见。

一、本案转租语音线路后存在犯罪行为

根据刑法第287条之二的规定，"为其犯罪提供……通讯传输等技术支持……等帮助"是本罪客观构成要件。帮助信息网络犯罪活动罪原则上是帮助犯的从属正犯化，其违法性来源于正犯，故成立本罪，应在被帮助人着手实施犯罪之后。[①] 根据限制从属性说，帮助行为与正犯行为是不法层面上的"共同"[②]，故此处的"犯罪"是指客观上引起了侵害法益的结果，符合客观犯罪构成的行为即可。2019年《最高人民法院、最高人民检察院关于办理非法利用信息网络、帮助信息网络犯罪活动等刑事案件适用法律若干问题的解释》（以下简称《信息网络犯罪司法解释》）肯定了这

---

① 黎宏：《论"帮助信息网络犯罪活动罪"的性质及其适用》，载《法律适用》2017年第21期。

② 徐然：《帮助信息网络犯罪活动罪的规范属性与司法认定》，载《法律适用》2018年第16期。

一观点，认为被帮助对象实施的犯罪行为可以确认，但尚未到案、尚未依法裁判或者因未达到刑事责任年龄等原因依法未予追究刑事责任的，不影响帮助信息网络犯罪活动罪的认定。同时，2021 年出台的《最高人民法院、最高人民检察院、公安部关于办理电信网络诈骗等刑事案件适用法律若干问题的意见（二）》（以下简称《电信网络诈骗意见二》）提出了"确认被帮助对象实施犯罪行为"的认定方式，即按照法定程序调取的异地公安依法制作的被害人被骗材料可以作为认定诈骗犯罪的证据。

在网络犯罪中，由于可以针对多个甚至无数个不特定的对象提供帮助，帮助行为的实际作用可能远远大于单个的正犯行为，[①] 为体现立法本意，作为例外规定，《信息网络犯罪司法解释》第 12 条第 2 款规定因为客观条件所限无法完全查明正犯行为是否已经达到犯罪的程度的，数额标准达到五倍或者造成特别严重后果的可以入罪。该条规定实际上对"犯罪"作了扩大解释，以便更好地应对当下犯罪日益分工细化，进而形成利益链条的现状。[②]

本案中，结合公安机关信息化系统调取异地公安机关依法制作、收集的刑事案件受案登记表、立案决定书、被害人陈述等证据材料，认定深圳市某信息技术有限公司在转租 952404 线路过程中，952404 号段涉及电信诈骗案件共计 59 起，涉案金额 152 余万元。深圳市某信息技术有限公司、南通某网络科技有限公司在转租 952750 线路使用过程中，952750 号段涉及电信诈骗案件共计 266 起，涉案金额共计 628 余万元。

二、本案涉案单位及个人对转租语音线路后存在犯罪行为系"明知"

"明知他人利用信息网络实施犯罪"是帮助信息网络犯罪活动罪有责性构成要件要素。"明知"的含义包括"知道"和"应当知道"两种形

---

① 王昭武：《共犯最小从属性说之再提倡——兼论帮助信息网络犯罪活动罪的性质》，载《政法论坛》2021 年第 2 期。

② 喻海松：《新型信息网络犯罪司法适用探微》，载《中国应用法学》2019 年第 6 期。

式，这在我国的一系列司法解释中已经形成惯例。① 近年来，相关司法解释对"明知"的态度发生了变化，不再使用"知道或者应当知道"的表述，而是通过列举相关要素的方式一般化地规定认定标准。这也是《信息网络犯罪司法解释》等新近司法解释所采用的立法技术。在认定"明知"时，应当结合行为人的认知能力、既往经历、行为次数和手段、与他人关系、获利情况、是否故意规避调查等主客观因素等综合分析认定。

在"明知"程度上，并未限缩为确实知道，确定性认识和可能性认识均应纳入"明知"的范畴。既然本罪已经被法律规定为一项独立罪名，那么对本罪中行为人"明知"的理解就必然要显著区别于现行相关司法解释中规定的片面共犯，需要明确知悉实施犯罪的行为人具体实施了哪些违法犯罪行为。② 也就是说本罪不需要行为人对被帮助者实施何种犯罪有主观方面的准确认知。根据现行刑法及大多数司法解释规定，"明知"的判断标准在于对他人实施犯罪行为有较大把握，或者技术本身不具有中立性，而是专门或者大概率用于违法犯罪活动。经监管部门告知、接到举报、交易价格或者方式明显异常、逃避监管等情况，也可认定为"应当知道"。

电信条例第 28 条第 3 款规定："取得电信资源使用权的，应当在规定的时限内启用所分配的资源，并达到规定的最低使用规模。未经国务院信息产业主管部门或者省、自治区、直辖市电信管理机构批准，不得擅自使用、转让、出租电信资源或者改变电信资源的用途。"本案中，行为人转租 95 码号语音线路已然违法，在转租过程中，又多次接到举报或协查，对于下游商户使用转租线路进行犯罪活动系明知。即便下游商户及线路众多，无法及时筛查出具体用于犯罪的商户或线路，也不影响"明知"的认定。此时，涉案单位未采取终止合作等隔绝性的有效措施，继续向原下游商户提供线路的行为亦符合《电信网络诈骗意见二》第 10 条的规定。

---

① 王新：《我国刑法中"明知"的含义和认定——基于刑事立法和司法解释的分析》，载《法制与社会发展》2013 年第 1 期。

② 参考刘艳红：《网络帮助行为正犯化之批判》，载《法商研究》2016 年第 3 期。

三、本案符合"情节严重"的标准

提供互联网接入、服务器托管、网络存储、通讯传输等技术支持，或者提供广告推广、支付结算等帮助行为是网络时代常见的技术和经营行为。为了防止过分强调打击犯罪，而将大量日常的技术中立行为入罪，刑法设立了"情节严重"的入罪门槛，《信息网络犯罪司法解释》第 12 条进行了明确规定，限定了刑罚处罚的边界。

本案中，涉案单位转租语音线路给 50 余家下游商户，收到线路款共计 326 余万元。在认定被帮助对象数量时，办案机关根据语音线路被骗人员报案材料和涉案服务器导出的数据，构建数据对比模型，整理出包含"主叫经由网关"等信息的表格，反映被害人被骗时语音电话主叫网关所对应的下游商户。经过数据碰撞，明确深圳市某信息技术有限公司有 21 家下游商户存在诈骗案件，南通某网络科技有限公司有 3 家下游商户存在诈骗案件。认定违法所得金额时，办案机关结合电信资源语音线路转租特性，上下游商户间的聊天记录、VOS 管理软件服务器数据、投诉举报记录等电子数据，从主叫经由网关数据、被害人报案材料、被帮助对象的数量、转账交易记录、会计账册等综合判断，认定深圳市某信息技术有限公司存在诈骗案件的下游商户语音线路款共计 219.5 余万元，南通某网络科技有限公司存在诈骗案件的下游商户语音线路款共计 22.8 余万元。综上，根据本案已经查证属实的犯罪事实，涉案单位均存在为三个以上不相关联的对象提供帮助，且违法所得均超过 5 万元，构成帮助信息网络犯罪活动罪。

四、本案尚不构成其他犯罪

（一）本案不构成非法经营罪

虽然电信条例对擅自使用、转让、出租电信资源或者改变电信资源用途做了禁止性规定，但依据该条例，相应的罚则均系行政处罚。根据《最高人民检察院关于非法经营国际或港澳台地区电信业务行为法律适用问题的批复》《最高人民法院关于审理扰乱电信市场管理秩序案件具体应用法律若干问题的解释》，仅规定对违反电信条例，采取租用电信国际专线、私设转接设备或者其他方法，擅自经营国际或者我国香港特别行政区、我国澳门特别行政区和我国台湾地区电信业务进行营利活动，扰乱电信市场管理秩序，情节严重的，以非法经营罪追究刑事责任。相关司法解释并不包含国内电信业务，基于罪刑法定原则，涉案单位转租语音线路未涉及国际电信业务，故不构成非法经营罪。

（二）本案不构成相关下游犯罪的共犯

以电信诈骗为例，《最高人民法院、最高人民检察院关于办理诈骗刑事案件具体应用法律若干问题的解释》第 7 条规定："明知他人实施诈骗犯罪，为其提供信用卡、手机卡、通讯工具、通讯传输通道、网络技术支持、费用结算等帮助的，以共同犯罪论处。"本文认为，该司法解释中的帮助行为是基于确切的主观明知，是符合刑法第 25 条共同犯罪的帮助行为。本案中，行为人向下游商户转租了语音线路，经过层层转租，线路最终提供给诈骗实行犯。由于行为人客观帮助行为经过多个环节，且其对于下游实施的犯罪行为缺乏明确的认知，这种对他人帮助行为的再帮助，不宜按照帮助犯处理①，故不构成诈骗罪的共犯。

综上，转租语音线路行为人收到他人犯罪投诉举报或者刑事协查通知后，未采取终止合作等有效隔绝性措施，继续提供电信资源服务，情节严重的，应当以帮助信息网络犯罪活动罪定罪处罚。同时构成其他犯罪的，依照处罚较重的规定定罪处罚。

（一审法院合议庭成员：王 冯 陈 程 苏晓飞
编写人：江苏省南通市崇川区人民检察院 姜依菲 任留存）

---

① 参考陈兴良：《口授刑法学》（下册），中国人民大学出版社 2017 年版，第 342 页。

16. 通过挂失方式将出售给他人的银行卡内的钱款取走行为的定性

——钟某豪帮助信息网络犯罪活动、盗窃案

关键词 刑事 类案比对 盗窃 侵占

【裁判要旨】

类案检索和比对的方法应是在明确类案的基础上对案件基本事实的核心要素进行比对，并以此确定是否应参照适用类案的裁判规则。行为人实施帮助信息网络犯罪活动，将银行卡出售给他人供犯罪使用后，在他人不知情的情况下，违背他人意志通过挂失方式将银行卡内钱款秘密取走并转移的行为应当认定为盗窃罪。

【相关法条】

《中华人民共和国刑法》

第二百八十七条之二【帮助信息网络犯罪活动罪】 明知他人利用信息网络实施犯罪，为其犯罪提供互联网接入、服务器托管、网络存储、通讯传输等技术支持，或者提供广告推广、支付结算等帮助，情节严重的，处三年以下有期徒刑或者拘役，并处或者单处罚金。

单位犯前款罪的，对单位判处罚金，并对其直接负责的主管人员和其他直接责任人员，依照第一款的规定处罚。

有前两款行为，同时构成其他犯罪的，依照处罚较重的规定定罪处罚。

第二百六十四条【盗窃罪】 盗窃公私财物，数额较大的，或者多次盗窃、入户盗窃、携带凶器盗窃、扒窃的，处三年以下有期徒刑、拘役或者管制，并处或者单处罚金；数额巨大或者有其他严重情节的，处三年以上十年以下有期徒刑，并处罚金；数额特别巨大或者有其他特别严重情节的，处十年以上有期徒刑或者无期徒刑，并处罚金或者没收财产。

【案件索引】

一审：浙江省杭州市西湖区人民法院（2020）浙 0106 刑初 389 号（2020 年 10 月 23 日）

二审：浙江省杭州市中级人民法院（2020）浙 01 刑终 698 号（2021 年 1 月 19 日）

【基本案情】

一、帮助信息网络犯罪活动

2019 年 9 月，被告人钟某豪结识一名叫作"阿生"的男子，在明知"阿生"可能利用信息网络实施犯罪、需要通过银行卡转账的情况下，仍将方某伟（另案处理）办理的三套银行卡（包括银行卡、U 盾、手机卡、身份证信息，分别是一张原卡号为 6230520100025259272 换新后卡号为 6228480106766122977 的中国农业银行卡、一张卡号为 6217003240030224888 的中国建设银行卡以及一张中国银行卡）出售给"阿生"使用。后他人实施网络诈骗，利用上述中国农业银行卡结算金额共计人民币 1328 余万元，利用上述中国建设银行卡结算金额共计人民币 919 余万元，其中：

2019 年 11 月 20 至 26 日期间，被害人叶某在杭州市西湖区华星时代广场 C 座 303 室内以炒数字货币为名被骗人民币 398720 元。其中，2019 年 11 月 26 日，叶某向方某伟办理的上述中国建设银行卡转账人民币

99680 元。

2019 年 11 月 22 日至 12 月 2 日期间，被害人莫某仿在杭州市西湖区古翠路浙江省立同德医院内以炒数字货币为名被骗人民币 1349963.2 元。其中，2019 年 11 月 22 日，莫某仿向方某伟办理的上述中国农业银行卡转账人民币 139993.44 元。

2019 年 11 月期间，被害人李某得在福建省政和县元峰庄 4 弄 1 号内以炒数字货币为名被骗人民币 311144 元。其中，2019 年 11 月 22 日，李某得向方某伟办理的上述中国农业银行卡转账人民币 99680 元。

二、盗窃

2019 年 11 月 26 日，被告人钟某豪伙同方某伟在广东省中山市三乡镇中国农业银行雅居乐支行，通过银行卡挂失补办的方式，将方某伟原已出卖给他人使用的上述中国农业银行卡内的人民币 171100 元窃走。同日，被告人钟某豪伙同方某伟在广东省中山市三乡镇中国建设银行，通过同样方式，将方某伟原已出卖给他人使用的上述中国建设银行卡内人民币 123023 元窃走。

综上，被告人钟某豪的盗窃金额共计人民币 294123 元。

【裁判结果】

浙江省杭州市西湖区人民法院于 2020 年 10 月 23 日作出（2020）浙 0106 刑初 389 号刑事判决：被告人钟某豪犯盗窃罪，判处有期徒刑七年，并处罚金人民币 2 万元；犯帮助信息网络犯罪活动罪，判处有期徒刑二年，并处罚金人民币 2 万元，决定执行有期徒刑八年，并处罚金人民币 4 万元；未追回的赃款依法予以追缴。

一审宣判后，被告人钟某豪不服，提起上诉。杭州市中级人民法院于 2021 年 1 月 19 日作出（2020）浙 01 刑终 698 号裁定：驳回上诉，维持原判。

【裁判理由】

法院生效裁判认为：被告人钟某豪以非法占有为目的，伙同他人采取秘密手段窃取他人财物，数额巨大，其行为已构成盗窃罪。被告人钟某豪明知他人利用信息网络实施犯罪，出售银行卡为他人提供支付结算等帮助，情节严重，其行为又构成帮助信息网络犯罪活动罪。被告人钟某豪一人犯二罪，予以数罪并罚。被告人钟某豪自愿认罪，酌情予以从轻处罚。

【案例注解】

本案被告人钟某豪和同案人方某伟在明知他人利用信息网络实施犯罪，需要通过银行卡转账的情况下，将以方某伟身份办理的银行卡出售给他人用于资金支付结算，通过涉案银行卡进行支付结算的网络诈骗犯罪赃款高达 2200 余万元。根据《最高人民法院、最高人民检察院关于办理非法利用信息网络、帮助信息网络犯罪活动等刑事案件适用法律若干问题的解释》第 12 条之规定，从涉案支付结算的金额看，被告人的行为已经达到前述司法解释规定的"情节严重"的入罪标准，对被告人钟某豪等人应以帮助信息网络犯罪活动罪追究刑事责任无疑。

本案争议的焦点在于，被告人钟某豪伙同方某伟在将银行卡出售给他人用于实施犯罪的过程中，在发现所办理的银行卡内有大额资金进入的情况下，又通过将银行卡挂失补办的方式，实施了将原已出卖给他人的银行卡内 29 余万元人民币取走并转移的行为。被告人钟某豪及其辩护人均对公诉机关指控的盗窃罪的定性提出异议，认为钟某豪的行为成立侵占罪。辩护人还援引刑事指导案例第 938 号曹成洋侵占案，该案例明确的裁判规则为"将银行卡借给他人使用后，通过挂失方式将银行卡内的他人资金取走的行为，应认定为侵占罪"。辩护人据此认为本案行为方式与该案例中的方式相同，应参照该案例认定为侵占罪，且由于侵占罪属告诉才处理的案件，因此公诉机关的指控不当，不能成立。可见，本案的关键在于判断被告人钟某豪等人将银行卡出售给他人供犯罪使用后，通过挂失方式将银行卡内赃款取走并转移的行为定性，究竟应当认定为盗窃罪还是侵占罪。本文认为，本案对被告人钟某豪等人的行为应当认定为盗窃罪，具体理由如下。

一、通过类案检索和比对，明确本案是否应当参照适用类案的裁判规则

为深化司法责任制综合配套改革，统一法律适用，促进司法公正，2020 年 7 月 31 日，最高人民法院印发《关于统一法律适用加强类案检索的指导意见（试行）》（以下简称《指导意见》）。让在先案例成为法官作出裁判的参照或参考，是统一法律适用、促进公正司法的重要制度保障。因此，在审理案件的过程中应当注重对类案的检索和比对，以明确是否有可供参考的在先案例并且在裁判时予以参照适用。类案的检索既包括法官自身利用关键词检索、法条关联案件检索、案例关联检索等方法进行的检索，也包括控辩双方或者案件当事人对在先案件的检索。《指导意见》第 10 条明确："公诉机关、案件当事人及其辩护人、诉讼代理人等提交指导性案例作为控（诉）辩理由的，人民法院应当在裁判文书说理中回应是否参照并说明理由；提交其他类案作为控（诉）辩理由的，人民法院可以通过释明等方式予以回应。"该条实际明确了在审理过程中应当允许公诉机关、案件当事人及其辩护人、诉讼代理人等提交类案检索报告，为法官提供裁判参考。实际在司法实践中，辩护人将其认为可供参考的案件裁判文书作为辩护意见的附件予以提交的情况比较普遍。本案中，被告人钟某豪的辩护人即是将刑事指导案例第 938 号案例提交，认为本案应当参照适用。对此，在审理中应当按照下列方式进行类案比对审查。

（一）明确辩护人提交的案例是否属于类案

根据《指导意见》的规定，其所称类案是指与待决案件在基本事实、争议焦点、法律适用问题等方面具有相似性，且已经人民法院裁判生效的案件。从该规定看，即应当从基本事实、争议焦点、法律适用三个方面判断已生效案件与审理中案件是否具有相似性。刑事指导案例第 938 号曹成

洋侵占案的基本事实为：行为人将自己母亲的银行卡借给亲戚转账使用，对方许诺给予一定好处费。在使用过程中行为人不愿意再将卡借给对方使用遂进行了挂失并冻结卡内资金，在此过程中获知账户内有人民币 50 万元，对方得知后找到行为人表示愿意给好处费让其取消挂失，但双方协商未果。随后行为人让其母亲补办新卡后将钱款转走。该案的争议焦点在于对行为人的法律适用即案件定性问题。公诉机关以盗窃罪指控，最终法院改变定性为侵占罪。在法律适用上明确的裁判规则为：将银行卡借给他人使用后，通过挂失方式将银行卡内的他人资金取走的行为应当认定为侵占罪。从上述对案例的分析可知，本案与曹成洋侵占案在事实上行为人的行为方式均系将银行卡给他人使用后，通过挂失方式将卡内资金取走；在争议焦点上均为案件的法律适用即定性问题，究竟应当认定为盗窃罪还是侵占罪。因此，从基本事实、争议焦点、法律适用三个方面判断，该案例与本案均具有相似性，应当属于类案。在明确类案的基础上，应当对类案与所审理的待决案件进一步在基本事实的核心要素上进行甄别，以明确能否直接参照适用类案的裁判规则。

（二）通过对基本事实的核心要素进行比对，以明确是否可以参照适用类案的裁判规则

首先，应当对已生效类案的基本事实核心要素进行归纳，刑事指导案例第 938 号曹成洋侵占案中可以明确的案件事实核心要素有：（1）行为人是将卡借用给亲戚用于一般转账，双方之间达成的是借用银行卡的合意。（2）行为人在不愿意继续借用并对银行卡实施挂失行为时，对方知情且双方进行了协商，协商未果后行为人才在挂失并补办新卡后将原卡内资金转走，即卡的实际使用人对挂失行为知情，挂失和转账行为具有公开性。其次，对审理中的待决案件事实中的核心要素进行归纳和比较，可以发现，本案中的核心要素与类案实际存在本质区别：（1）本案中被告人钟某豪系将方某伟的银行卡出售给他人供犯罪使用，其在出售时明确清楚对方是要将卡用来实施犯罪的，并非一般的转账借用，双方之间是买卖银行卡的合意。（2）关于使用过程中的挂失问题，被告人钟某豪曾辩称系其向"阿

生"催要卖卡费用,"阿生"支付不了费用遂让其将银行卡挂失,但该说法在案只有被告人钟某豪自己的供述,并无其他任何佐证。该"阿生"可能系使用银行卡实施犯罪的人,目前亦无法查证。但是在案方某伟的供述中一直稳定供称系钟某豪发现卡内有钱后让其将卡挂失,被告人钟某豪也曾在供述中供述过系因没有拿到钱,所以让方某伟挂失。并且,从常理分析,根据钟某豪和方某伟的供述,售卡给"阿生"的费用最多不过几千元,而该卡中一直有大额的赃款进出,流水可以达到上千万元,且定期会被统一转走。当时两张卡中有数 10 万元的余额,购卡人因为不愿意支付几千元的买卡费而愿意将有数 10 万元余额的卡让被告人挂失取走,这显然不符合常理。因此,在案证据可以认定被告人并不存在与购卡人商议的过程,而系在购卡人或者实际使用人不知情的情况下进行挂失并补办新卡;且从钱款去向看,相关钱款在方某伟补办新卡后随即被通过转账至其他银行卡和取现等方式瓜分。在购卡人或者实际使用人不知情的情况下,挂失和转账行为具有隐蔽性。综上可见,本案与辩护人所援引的刑事指导案例的类案在基本事实的核心要素上存在明显差异,不宜直接参照适用。

二、盗窃罪和侵占罪区分的关键在于判断财物由谁控制和占有

在明确了本案与辩护人检索的刑事指导案例第 938 号曹成洋侵占案虽系类案,但案件基本事实的核心要素存在本质区别,不宜直接适用曹成洋侵占案的裁判规则认定本案构成侵占罪的前提下,应当对本案被告人的行为定性问题进一步审查判断,论证分析本案被告人行为究竟成立盗窃罪还是侵占罪。

一般认为,盗窃罪和侵占罪主要存在三个方面的区别:(1)对财物的控制阶段不同。盗窃罪的行为人在实施盗窃行为时并不实际控制和占有他人财物;侵占罪的行为人在侵占他人财物之前,已经实际控制和占有他人财物。(2)非法占有目的产生的时间不同。盗窃罪的行为人非法占有目的产生于实际控制和占有他人财物之前,侵占罪的行为人非法占有目的产生于实际控制和占有他人财物之后。(3)犯罪客观方面不同。侵占罪中行为要件上要求拒不退还、拒不交出,这里体现出犯罪手段具有一定公开性,

这亦是侵占罪告诉才处理的前提。而盗窃罪一般是采用秘密手段实施，且取得财物后即使主动退还，亦不影响盗窃罪的成立。从上述区分看，实际上盗窃罪和侵占罪区分的关键在于判断财物由谁控制和占有。因此，本案中判断定性的关键就在于银行卡内钱款的控制和占有。

其一，从在案证据看，尽管涉案银行卡的开卡人系方某伟，但不能认为钟某豪、方某伟在行为时已经实际控制和占有卡内的钱款。

从法律意义上说，无论银行卡由谁实际持有和使用，银行卡的权利义务都归属于开卡人，卡内资金在法律形式上处于开卡人的控制之下。但本案具有特殊性，本案并不是单纯的借用银行卡的行为，被告人钟某豪系将方某伟的银行卡出售给他人用于实施犯罪所用，被告人的行为属于某种类型的帮助信息网络犯罪活动。从其行为的实质看，其是将银行卡出售而非一般的借用，在主观上其明知该卡将被用于犯罪活动进行支付结算，该卡实际开卡人已经完全放弃了控制和占有，双方之间不可能存在一般借用银行卡中的代为保管的合意，而是买卖银行卡的合意。从卡内资金的流转特征也可以明显看出，在多笔类似的大额钱款转入后，卡内余额会一次性转出至特定账户中，明显不具有正常银行卡交易特征。在案证据亦证实有部分诈骗犯罪被害人的钱款转入了涉案银行卡中，相关赃款不可能系由购卡人委托开卡人代为保管，而是相关犯罪的行为人所非法占有的犯罪违法所得。此时，相关犯罪的行为人已经实际控制该卡和卡内资金，可以按自己的意愿随时支取卡内金额。在这种情况下，不能用所谓法律意义上的控制对抗实际的控制和占有。否则，只要银行卡的开卡人取走卡内资金，在任何情况下都只能认定为侵占，而侵占又属于自诉罪名，在目前大量案件存在使用他人银行卡进行违法犯罪活动、网络"黑灰产"肆虐的司法实践中，银行卡的收购者或者实际使用者本身从事的是违法犯罪活动，其不可能前来进行告诉，那么对于本案的类似于"黑吃黑"的行为将无法规制，相关流出赃款亦无法通过法律途径追缴，这将与法律本身的要义和目前严厉打击网络犯罪的刑事政策相背。

其二，在案证据结合常理分析，被告人钟某豪不存在与购卡人"阿生"的协商过程，购卡人因为不愿意支付几千元的买卡费而愿意将有数十万元余额的卡让被告人挂失取走明显不符常理，不能成立。

从日常银行卡业务办理的常识亦可知，行为人在挂失前对于银行卡内资金是可以知晓的。在这种情况下，由于卡内资金在购卡人或者相关犯罪人的实际控制下，被告人钟某豪等人只有通过挂失的方式才能够实现对卡内资金的非法占有。被告人钟某豪等人实际是利用了前述法律意义上的控制关系，即银行与开卡人之间的民事权利义务关系，通过挂失这一具有一定公开性特征的行为，实施了违背实际占有人意愿、在实际控制和占有人不知情的情况下非法占有卡内资金的秘密窃取行为。被告人钟某豪等人在挂失并开具新卡后随即将卡内资金转出和取现的行为亦反证其自始就不具有代为保管的意思，而是在挂失前就产生了非法占有的故意。综上，被告人实施的是在相关购卡人或者犯罪行为人实际控制和占有卡内资金的情况下，以非法占有为目的，通过挂失银行卡的方式将卡内资金在实际控制人不知情的情况下，违背他人意志秘密取走并转移的行为，完全符合盗窃罪的犯罪构成要件，应当认定为盗窃罪。

（一审法院合议庭成员：朱冠琳　王　慧　俞　萌
二审法院合议庭成员：刘宏水　蒋祖峰　陈俊杰
编写人：浙江省杭州市西湖区人民法院　朱冠琳）

17. 通过转账等方式非法占有已出售银行卡内资金行为的定罪处罚

——程某宝等帮助信息网络犯罪活动、盗窃案

关键词 刑事　帮助信息网络犯罪活动　盗窃　数罪并罚

【裁判要旨】

明知他人利用信息网络实施犯罪，为其犯罪提供银行卡等用于收受赃款的，构成帮助信息网络犯罪活动罪。出售银行卡后利用账户所有人身份窃取卡内资金的，构成盗窃罪。基于不同目的实施数个行为的，应数罪并罚。

【相关法条】

《中华人民共和国刑法》

第二百六十四条【盗窃罪】　盗窃公私财物，数额较大的，或者多次盗窃、入户盗窃、携带凶器盗窃、扒窃的，处三年以下有期徒刑、拘役或者管制，并处或者单处罚金；数额巨大或者有其他严重情节的，处三年以上十年以下有期徒刑，并处罚金；数额特别巨大或者有其他特别严重情节的，处十年以上有期徒刑或者无期徒刑，并处罚金或者没收财产。

第二百八十七条之二【帮助信息网络犯罪活动罪】　明知他人利用信息网络实施犯罪，为其犯罪提供互联网接入、服务器托管、网络存储、通讯传输等技术支持，或者提供广告推广、支付结算等帮助，情节严重的，

处三年以下有期徒刑或者拘役，并处或者单处罚金。

单位犯前款罪的，对单位判处罚金，并对其直接负责的主管人员和其他直接责任人员，依照第一款的规定处罚。

有前两款行为，同时构成其他犯罪的，依照处罚较重的规定定罪处罚。

《最高人民法院、最高人民检察院关于办理非法利用信息网络、帮助信息网络犯罪活动等刑事案件适用法律若干问题的解释》

第十一条　为他人实施犯罪提供技术支持或者帮助，具有下列情形之一的，可以认定行为人明知他人利用信息网络实施犯罪，但是有相反证据的除外：

（一）经监管部门告知后仍然实施有关行为的；

（二）接到举报后不履行法定管理职责的；

（三）交易价格或者方式明显异常的；

（四）提供专门用于违法犯罪的程序、工具或者其他技术支持、帮助的；

（五）频繁采用隐蔽上网、加密通信、销毁数据等措施或者使用虚假身份，逃避监管或者规避调查的；

（六）为他人逃避监管或者规避调查提供技术支持、帮助的；

（七）其他足以认定行为人明知的情形。

第十二条　明知他人利用信息网络实施犯罪，为其犯罪提供帮助，具有下列情形之一的，应当认定为刑法第二百八十七条之二第一款规定的"情节严重"：

（一）为三个以上对象提供帮助的；

（二）支付结算金额二十万元以上的；

（三）以投放广告等方式提供资金五万元以上的；

（四）违法所得一万元以上的；

（五）二年内曾因非法利用信息网络、帮助信息网络犯罪活动、危害计算机信息系统安全受过行政处罚，又帮助信息网络犯罪活动的；

（六）被帮助对象实施的犯罪造成严重后果的；

（七）其他情节严重的情形。

实施前款规定的行为，确因客观条件限制无法查证被帮助对象是否达到犯罪的程度，但相关数额总计达到前款第二项至第四项规定标准五倍以上，或者造成特别严重后果的，应当以帮助信息网络犯罪活动罪追究行为人的刑事责任。

第十三条 被帮助对象实施的犯罪行为可以确认，但尚未到案、尚未依法裁判或者因未达到刑事责任年龄等原因依法未予追究刑事责任的，不影响帮助信息网络犯罪活动罪的认定。

【案件索引】

一审：江苏省南通市崇川区人民法院（2021）苏 0602 刑初 303 号（2021 年 9 月 30 日）

【基本案情】

一、帮助信息网络犯罪活动

2020 年 10 月起，被告人程某宝、谢某森、张某伟及胡某军（另案处理）明知他人利用信息网络实施犯罪，为牟取非法利益，先后共谋向上游违法犯罪人员出售银行卡"四件套"（银行卡及支付密码、网银 U 盾、电话卡、身份证复印件）。其中，胡某军、谢某森负责与上游人员联系，程某宝、张某伟负责提供银行卡"四件套"。

2020 年 10 月初至 12 月上旬，被告人程某宝、张某伟、谢某森及胡某军通过当面交付或邮寄的方式将 7 套银行卡"四件套"出售给他人。卡售出后一周左右后被告人再挂失原卡，获取新卡后继续按上述方式出售。经查，上游违法犯罪人员利用程某宝提供的银行卡结算金额共计 112 余万元，利用张某伟提供的银行卡结算金额共计 56 余万元。其中，被害人王甲、孙某、王乙、曾某山、张某元、张某仕等人转入程某宝售出的银行卡共计人民币 57.2 余万元，转入张某伟售出的银行卡共计人民币 2.9 余万元。被告人程某宝先后非法获利 12400 元。

二、盗窃

2020 年 11 月至 12 月期间，被告人程某宝与胡某军、张某伟、谢某森分别合谋利用卡主身份，通过事先在手机上绑定售出银行卡的方式关注卡内资金流水，并意图非法占有卡内资金。其中程某宝、张某伟参与非法占有资金 42.9 万元，谢某森参与非法占有资金 30 万元。具体事实如下：

2020 年 11 月上旬，被告人程某宝、张某伟与胡某军等人至福建省龙岩市，将银行卡出售给上游违法犯罪人员。出售前，三人将待售银行卡绑定至程某宝手机，共谋非法占有卡内后续走账资金。2020 年 11 月 9 日，程某宝发现其提供的农业银行卡内有 12.9 万元进账，遂利用手机将上述款项转至自己的广发基金，并将该银行卡挂失。事后，上游违法犯罪人员索要回 3.3 万元，剩余款项扣除行程费用后由程某宝、胡某军、张某伟三人均分。

2020 年 11 月中旬，被告人程某宝、张某伟、谢某森经共谋，继续利用上述方式非法占有已出售银行卡内资金。2020 年 12 月 6 日，被告人程某宝将其售出的银行卡内进账资金共计 30 万元占为己有，后将上述银行卡挂失。所得赃款，张某伟分得 3 万元，谢某森分得 1 万元，余款由被告人程某宝所得。后上游违法犯罪人员向程某宝索要回 5 万元。

【裁判结果】

江苏省南通市崇川区人民法院于 2021 年 9 月 30 日作出（2021）苏 0602 刑初 303 号刑事判决：被告人程某宝犯盗窃罪，判处有期徒刑十年，并处罚金 10 万元；犯帮助信息网络犯罪活动罪，判处有期徒刑一年，并处罚金 5000 元；决定执行有期徒刑十年六个月，并处罚金 105000 元。被告人张某伟犯盗窃罪，判处有期徒刑五年六个月，并处罚金 2 万元；犯帮助信息网络犯罪活动罪，判处有期徒刑六个月，并处罚金 2000 元；决定执行有期徒刑五年九个月，并处罚金 22000 元。被告人谢某森犯盗窃罪，判处有期徒刑四年六个月，并处罚金 1 万元；犯帮助信息网络犯罪活动罪，判处有期徒刑一年，并处罚金 5000 元；决定执行有期徒刑五年，并处罚金

15000 元。

本案宣判后，检察机关没有提出抗诉，各被告人没有提出上诉，判决已经发生法律效力。

【裁判理由】

法院生效裁判认为：被告人程某宝、张某伟、谢某森明知他人利用信息网络实施犯罪，仍为其提供支付结算帮助，情节严重，其行为均已构成帮助信息网络犯罪活动罪。被告人程某宝、张某伟、谢某森出于非法占有他人财产的目的，违背实际用卡人意愿且在对方不知情的情况下秘密窃取卡内资金，其行为均已构成盗窃罪。

【案例注解】

近年来，电信诈骗案件高发，而为电信诈骗犯罪提供支付结算帮助的"卡商""卡农"不仅靠卖卡牟利，而且在实践中出现了"黑吃黑"的现象。在此类案件办理中，主观明知和法律适用往往存在争议。

一、帮助信息网络犯罪活动罪的主观明知可结合客观行为予以印证

帮助信息网络犯罪活动罪由刑法修正案（九）增设，为全链条惩治信息网络犯罪而将帮助行为正犯化，在对该罪名的审查中可以结合客观行为认定行为人是否具有主观明知。本案中，程某宝等人多次将办理的银行卡"四件套"寄往边境地区，售卡后一周左右即挂失补办并重新出售，且通过收款码或他人银行卡等方式收取售卡费用以逃避侦查，结合程某宝等人的供述，可以认定其明知他人利用信息网络实施犯罪，仍为其提供银行卡"四件套"用于支付结算。

二、通过转账等方式非法占有已出售银行卡内资金的构成盗窃罪

本案中"黑吃黑"犯罪行为模式表现为：微信绑定银行卡—销售已绑

定微信的银行卡（售卡人或实际用卡人的电话也绑定该银行卡）—通过微信得知卡内有资金进账后即通过银行 App 转走。上述行为在实践中存在"诈骗说""侵占说""盗窃说"。盗窃是指以非法占有为目的，秘密窃取公私财物的行为；诈骗是指以非法占有为目的，采用虚构事实或者隐瞒真相的方法，骗取公私财物的行为；侵占是将自己代为保管的他人财物或者他人遗忘物、埋藏物占为己有。很显然，本案并不存在遗忘物、埋藏物或交由行为人占有控制的保管物，因此首先排除侵占罪的适用。同时，本案被告人出售银行卡是帮助他人用于犯罪活动进行支付结算，其基于买卖银行卡的意思合意已经完全放弃了对银行卡及后续卡内资金的控制和占有，银行卡内资金系实际用卡人非法占有的违法所得。依据最高人民法院第 27 号指导案例的裁判要旨，对既采取秘密窃取手段又采取欺骗手段非法占有财物行为的定性，应从行为人采取的主要手段和被害人有无处分财物意识两方面区分盗窃与诈骗。被告人获取财物时起决定性作用的手段是盗窃，各被告人虽然采取了事先绑定微信这一欺骗手段，但是银行卡内钱款的获取，最终要依赖被告人后续的转账行为，绑定微信只是后来取走钱款的准备行为或者先行行为。本案被害人为银行卡实际持卡人，在其收购相关银行卡后，其凭借相关套件信息，可完全掌控该银行卡，其并无将相应银行卡内转入资金交由他人处分的意思，相反为了避免被"吃黑"，银行卡实际持卡人往往还会采取一些反制措施，因而被害人并无财产处分的主观意思和客观行为。综上，行为人基于出售的意思表示将银行卡"四件套"交付给他人使用，即放弃了对银行卡及卡内资金的控制和占有，之后又利用卡主身份秘密窃取由实际持卡人占有的财产，构成盗窃罪。

行为人基于获取售卡利益及非法占有卡内资金的两个目的，向利用信息网络实施犯罪的人员提供银行卡"四件套"，既为信息网络犯罪提供支付结算帮助，又"吃黑"部分钱款，不属于牵连犯，应分别定罪，数罪并罚。

（一审法院合议庭成员：沈永斌　曹燕飞　吴志坚

编写人：江苏省南通市崇川区人民检察院　任留存　王美霞）

三、典型案例

18. 雇用网络"水军"制造虚假浏览量获取平台奖励或提成行为的定性

——于某等合同诈骗案

关键词 刑事 诈骗 合同诈骗 真人刷量

【裁判要旨】

行为人以非法占有为目的，通过恶意注册大量账号并雇用水军制造虚假浏览量骗取平台奖励和提成，数额达到较大以上的，其行为构成合同诈骗罪。

【相关法条】

《中华人民共和国刑法》

第二百二十四条【合同诈骗罪】 有下列情形之一，以非法占有为目的，在签订、履行合同过程中，骗取对方当事人财物，数额较大的，处三年以下有期徒刑或者拘役，并处或者单处罚金；数额巨大或者有其他严重情节的，处三年以上十年以下有期徒刑，并处罚金；数额特别巨大或者有其他特别严重情节的，处十年以上有期徒刑或者无期徒刑，并处罚金或者没收财产：

（一）以虚构的单位或者冒用他人名义签订合同的；

（二）以伪造、变造、作废的票据或者其他虚假的产权证明作担保的；

（三）没有实际履行能力，以先履行小额合同或者部分履行合同的方法，诱骗对方当事人继续签订和履行合同的；

（四）收受对方当事人给付的货物、货款、预付款或者担保财产后逃匿的；

（五）以其他方法骗取对方当事人财物的。

【案件索引】

一审：江苏省新沂市人民法院（2020）苏 0381 刑初 903 号（2021 年 1 月 29 日）

【基本案情】

经审理查明：2018 年 7 月 4 日，北京百度网讯科技有限公司（以下简称百度公司）研发的百度小程序产品正式上线。百度公司与开发者约定，开发者依照百度公司的要求，通过申请登录注册，上传企业营业执照，成为百度百青藤广告联盟会员，即可在百度 App 上创建小程序，通过审核后上线运行，获得小程序代码位，百青藤广告联盟通过该代码位定向投放广告。百度公司统计普通用户浏览使用小程序的过程中点击广告所产生的有效点击量，依据点击量作为与开发者结算的依据，并于次月向开发者支付广告费。

2018 年夏，被告人于某、乔某跃、何某宝、曹某超至河南省新乡市学习如何"薅百度羊毛"、骗取百度公司广告费。2019 年 3 月，被告人于某、何某宝、何某国、乔某波、乔某跃、江某伟在新沂市新亚大厦 913 室成立工作室，后被告人曹某超、孙某先加入该工作室，专门骗取百度公司广告费。2019 年 6 月，被告人汤某伟、樊某林、于某辉由江苏省邳州市至江苏省新沂市向被告人于某学习如何骗取百度公司广告费，三被告人回到江苏省邳州市后伙同被告人王某龙在江苏省邳州市港上镇梅园宾馆北面一处民房共同出资成立工作室，分工协作，专门骗取百度公司广告费。2019 年 10 月以来，被告人于某、何某宝、何某国、乔某波、曹某超、乔某跃、孙某先、江某伟、汤某伟、樊某林、于某辉、王某龙为从百度公司获取非法利益，作为开发者在百度 App 上申请注册百度百青藤账号，不是按照其与百度公司签订的协议在百度 App 上申请注册百度百青藤账号，提交小程序的名称、图标、文字描述与小程序代码包，然后由网民点击进入小程序后再点击广告链接，百度公司根据该点击量付费，而是在向百度公司提交小程序代码包前，在普通网民根本看不到被告人提交的小程序，也不能点击广告链接的情况下，将获取广告代码位直接进行复制提取后交由其雇用的吴某等 "水军" 在互联网上恶意点击，产生点击量，欺诈百度公司，导致百度公司根据虚假的恶意点击量向 12 名被告人支付广告费。百度公司在支付了 2019 年 10 月、11 月广告费后发现异常，遂中止了 12 月的支付。经审查，2019 年 10 月、11 月，被告人于某、何某宝、何某国、乔某波、曹某超、乔某跃、孙某先、江某伟共非法获利人民币 1368437.13 元。

【裁判结果】

江苏省新沂市人民法院于 2021 年 1 月 29 日作出（2020）苏 0381 刑初 903 号刑事判决：被告人于某犯合同诈骗罪，判处有期徒刑三年，缓刑五年，并处罚金人民币 12 万元；被告人何某宝犯合同诈骗罪，判处有期徒刑二年，缓刑二年，并处罚金人民币 8 万元；被告人孙某先犯合同诈骗罪，判处有期徒刑二年，缓刑三年，并处罚金人民币 8 万元；被告人何某国犯合同诈骗罪，判处有期徒刑一年七个月，缓刑二年，并处罚金人民币 5 万元；被告人乔某跃犯合同诈骗罪，判处有期徒刑一年八个月，缓刑二年，并处罚金人民币 6 万元；被告人曹某超犯合同诈骗罪，判处有期徒刑一年六个月，缓刑二年，并处罚金人民币 4 万元；被告人乔某波犯合同诈骗罪，判处有期徒刑一年六个月，缓刑二年，并处罚金人民币 4 万元；被告人江某伟犯合同诈骗罪，判处有期徒刑一年，缓刑一年，并处罚金人民币 4 万元；被告人汤某伟犯合同诈骗罪，判处有期徒刑三年，缓刑三年，并处罚金人民币 8 万元；被告人于某辉犯合同诈骗罪，判处有期徒刑三年，缓刑三年，并处罚金人民币 8 万元；被告人樊某林犯合同诈骗罪，判处有期徒刑三年，缓刑三年，并处罚金人民币 8 万元；被告人王某龙犯合同诈骗罪，判处有期徒刑三年，缓刑三年，并处罚金人民币 8 万元；被告人于某、何某宝、孙某先、何某国、乔某跃、曹某超、乔某波、江某伟、汤某伟、樊某林、于某辉、王某龙在公安机关退缴的违法所得由公安机关发还被害人百度公司；在本院退缴的违法所得，由本院发还被害人百度公司。

本案宣判后，检察机关没有提出抗诉，各被告人没有提出上诉，判决已经发生法律效力。

【裁判理由】

法院生效裁判认为：于某等 12 名被告人通过恶意注册大量账号并用水军制造虚假浏览量，骗取平台奖励和提成，主观上具有非法占有他人财物的故意，数额分别达到较大、巨大，符合合同诈骗罪的犯罪构成要件：第一，本罪侵犯的客体是经济合同管理秩序和公私财物的所有权。百度公司与被告人签订协议的目的是被告人注册百度百青藤账号，提交小程序的名称、图标、文字描述与小程序代码包，然后由网民点击进入小程序后再点击广告链接，最终由百度公司根据该点击量支付给被告人相关费用。但实际上，在被告人向百度公司提交小程序代码包前，普通网民在根本看不到被告人提交的小程序，也不能点击广告链接的情况下，被告人将获取广告代码位直接进行复制提取后交由其雇用的"水军"在互联网上恶意点击，产生点击量，欺诈百度公司，导致百度公司根据虚假的恶意点击量向 12 名被告人支付广告费，扰乱了市场经济秩序，侵犯了百度公司的财物所有权。第二，12 名被告人具有非法占有百度公司财物的主观故意。被告人为了"薅百度羊毛"，曾专门到河南省等地花钱学习"技术"，其在与百度公司签订协议之后，并没有履行合同的诚意，而是虚构事实、隐瞒真相，其主观目的在于利用合同这一手段骗取百度公司财物。第三，12 名被告人在履行合同过程中实施了雇用"水军"进行恶意点击，导致普通网民在网上根本看不到被告人提交的小程序，也不能点击广告链接的行为，没有达到百度公司的广告效果，欺骗百度公司，最终达到 12 名被告人骗取百度公司财物的目的。综上，被告人于某、汤某伟、于某辉、樊某林、王某龙以非法占有为目的，在履行合同过程中，骗取合同相对方财物，数额巨大；被告人何某宝、孙某先、何某国、乔某跃、曹某超、乔某波、江某伟以非法占有为目的，在履行合同过程中，骗取对方当事人财物，数额较大，其行为均已构成合同诈骗罪。

【案例注解】

本案是因真人刷量而恶意"薅羊毛"① 所引发的刑事案件。在电子商务领域，流量会带来巨大的商业利益，一些电商平台或互联网企业为了吸引广大用户的关注、增加点击流量，而给予新注册用户一定奖励，"薅羊毛"则是赚取这种奖励。"薅羊毛"本身并不违法，但是，如果行为人利用平台漏洞而恶意"薅羊毛"，则有可能构成违法犯罪行为。本案的判决即涉及恶意"薅羊毛"是否构成刑事犯罪，恶意"薅羊毛"行为如何定性等问题。

一、真人刷量"薅羊毛"是否构成犯罪

实践中，一些电商平台或互联网企业往往采用广告引流的方式来增加点击流量，曝光自己或他人产品，吸引更多消费者关注，从而获得最好的效益。本案百青藤广告联盟就是按照注册用户的有效点击量给予其广告推广费奖励的一种广告引流方式。普通用户通过正常注册用户、在网站上悬挂广告等方式，从而获得电商平台给予的广告收益，均属于合法获利行为，也俗称为"薅羊毛"。但是，如果普通用户或"羊毛党"② 利用程序

---

① 它特指在互联网时代，具有规模化组织的群体借助网络专门技术手段薅取商家平台促销优惠活动的行为。参见吕莘梓：《电商平台下网络黑产问题及对策研究》，载《电子商务》2021 年第 1 期。

② "羊毛党"是指以 1980 年至 2000 年后出生的白领为代表，对金融机构、电商平台等各类商家开展活动发放的优惠十分敏锐，专门搜集各类优惠信息的人群。详见《腾讯安全：2018 上半年互联网黑产研究报告》。

漏洞以虚拟点击、增加虚假流量的方式获得奖励利益时，该行为是否应当纳入刑事处罚范围？由于司法界以前很少有此类的判决先例，研究中形成了两种截然不同的观点：

第一种观点认为，不应当追究被告人的刑事责任。其理由是：被告人的行为仅构成民事欺诈行为，其行为虽然造成了使他人遭受财产损失及破坏公平竞争的网络营商环境的危害后果，但是，这种损失是受害人在没有采取严密技术保护措施下，为吸引广大用户关注、增加点击量而仓促通过低价促销、奖励提成等方式让渡自己的部分收益而产生的技术风险，这些风险损失应当由电商平台或互联网企业通过刑法之外的民事欺诈撤销等手段维权，从而挽回自己的经济损失。[①] 人民法院若在法律规定不明时对被告人的行为予以刑事处罚，存在背离罪刑法定主义之嫌。

第二种观点认为，应当对被告人追究刑事责任。其理由是：根据张明楷教授的"违法—责任"二阶层体系的观点，判断某行为是否入罪，需经过两个阶层递进审查：一是违法性，是指行为及其结果是否具有法益侵害性，刑法是否要对其加以禁止；二是责任，即指对个人的谴责可能性判断。违法部分包括不法的构成要件符合性和违法阻却事由；责任则包括积极与消极的责任要素。[②] 结合本案，有三点理由：其一，从违法性判断，被告人通过组织"水军"恶意点击，虚增点击量以收取巨额广告费的行为，符合刑法所规定诈骗类犯罪要件，即"以非法占有为目的，采用虚构事实事隐瞒事实真相的方法，骗取数额较大的公私财产"[③]。其二，从法益保护角度判断，"法益的整体应当是'法益承载的内容' + '法益的刑法评价'"，[④] 且并不是所有的权利或者利益都是刑法保护法益，刑法所保护法益的确定需要经过刑法的再评价，只有具备刑法保护价值的权利或者利益才是刑法的法益。本案中被告人于某等人有组织有预谋地虚增网络刷

---

① 根据《民法典》第 148 条的规定，受欺诈方有权请求人民法院或仲裁机构予以撤销与相对方所订立的合同。

② 参见张明楷：《刑法学》（第五版），法律出版社 2016 年版，第 104 页。

③ 周峰主编：《新编刑法罪名释义》（第 3 卷），中国法制出版社 2019 年版，第 1429 页。

④ 凌萍萍、焦冶：《侵犯公民个人信息罪的刑法法益重析》，载《苏州大学学报（哲学社会科学版）》2017 年第 6 期。

量，不仅侵害电子商务合同秩序和公平的市场竞争秩序的社会法益，而且侵犯了广告业主或百度公司财产权的私人法益。虽然受害人在没有严密技术保护措施下，通过奖励提成等方式让渡给被告人部分收益，但是，这些收益并非合法收益，其中有绝大部分是被告人通过隐瞒欺骗等非法方式获得的，这些收益已经量化为人民币数额，而且达到了"较大"以上的程度。① 上述公共秩序的社会法益和财产权益的私人法益并行不悖，均属于现行刑法明确的保护范围。其三，从责任要素判断，本案被告人有组织有预谋、有规模地进行该类"薅羊毛"行为，明显具有"以非法占有为目的"故意，且没有违法性认识错误及期待可能性等责任阻却事由，故应当对被告人追究刑事责任。本案最终采纳第二种意见。

二、真人刷量"薅羊毛"行为的定性

关于真人刷量"薅羊毛"行为的定性，即究竟构成普通诈骗罪，还是合同诈骗罪的问题，存在不同的认识。本案认定属于合同诈骗罪，其理由如下：

第一，该类行为侵犯的客体符合合同诈骗罪构成要件。合同诈骗罪既侵犯了他人财产所有权，又侵犯经济合同管理秩序和公平竞争的市场经济秩序，而普通诈骗罪的侵犯客体仅为他人财产所有权。本案中该类虚增流量的行为，不仅阻碍了市场主体创新价值的实现，降低诚实劳动、诚信经营的信心，干扰投资者对网络新产品价值及市场前景的判断，影响网络用户的真实选择，严重破坏公平竞争的网络营商环境，而且侵犯了百度公司的财产所有权，符合合同诈骗罪的客体特征。

第二，该类行为符合合同诈骗罪犯罪客观方面构成要件。诈骗罪与合同诈骗罪客观要素区分，主要在于行为人是否在经济合同的签订、履行过程中，虚构事实、隐瞒真相，使得被害人基于合同而作出财产处理，而后被骗取了与合同相关的财物。本案被告人全程操作"申报注册会员—创建

---

① 根据《最高人民检察院、公安部关于经济犯罪案件追诉标准的规定》第69条的规定，"个人诈骗公私财物，数额在五千元至二万元以上的"，则达到刑事追诉的标准，这是区别民事欺诈与诈骗类犯罪的主要特征之一。

小程序—获取代码位—组织人工恶意点击—收取广告费"的流程,作为与百度平台签约的合同主体,形式上履行了全部合同义务,实际上在履行合同过程中虚构了事实、隐瞒了真相,属于在签订、履行合同过程中实施的诈骗行为,符合合同诈骗罪的犯罪构成。

三、真人刷量"薅羊毛"犯罪受害人的认定

本案还涉及的一个问题,是被害人究竟是广告主还是百度公司。由于网络犯罪对象具有不特定性,被告人有组织地恶意刷流量的行为,不仅侵害了百度公司的财产利益,而且也侵害了广告主的商业信誉和广大不特定网络用户的合法利益。其非法占有的广告推广费用虽然由百度支付,但是,百度公司最终要与广告业主结算,这就既可能损害百度公司的财产利益,也可能损害广告业主的财产利益,使本案具有不确定的犯罪对象。本案中,百度公司作为网络广告的推广发行主体,与开发者约定负责统计普通用户浏览使用小程序的过程中点击广告所产生的有效点击量,以点击量作为与开发者结算的依据,并于次月向开发者支付广告费,实际上起中介平台作用。百度公司一方面承接广告主的推广需求,并按约定的推广效果向广告主收取费用;另一方面延伸串联起加盟的网站共同推广广告,并按约定的推广效果向加盟者支付费用。广告主是否正常履行合同义务向百度公司支付广告报酬,不影响百度向加盟推广人按约履行合同。被告人于某等人作为加盟推广人只对百度负责,其通过一系列行为使百度公司最终蒙受损失。虽然被告人具有概括的非法占有他人财物的犯罪故意,但是,"犯罪对象和犯罪的故意内容最终看谁蒙受损失,谁蒙受损失谁就是受害方"。[①] 因此,本案认定百度公司是合同诈骗犯罪的直接受害人。

(一审合议庭成员:阚怀春　张　敏　巩绪畅
编写人:江苏省新沂市人民法院　阚怀春　顾乐永　唐　棠)

---

① 参见刑事指导案例第 645 号:曹戈合同诈骗案。

19. 网络诽谤案件的公诉标准及刑罚适用

——朗某某、何某某诽谤案

关键词 刑事 网络诽谤 公诉标准 刑罚适用

【裁判要旨】

行为人利用信息网络对不特定对象实施诽谤，且诽谤信息在网络上大范围流传，引发大量淫秽、低俗评论，造成不特定公众恐慌和社会安全感、秩序感下降，引起网络秩序混乱的，应认定诽谤行为已严重危害社会秩序，可以公诉处理。对被告人量刑时，不能因为诽谤行为严重危害社会秩序而片面强调从严，被告人有法定从轻处罚情节，能认罪悔罪，积极修复被破坏的法律关系的，可以从宽处罚，以实现刑法惩罚和教育的双重功能。

【相关法条】

《中华人民共和国刑法》

第二百四十六条【诽谤罪】 以暴力或者其他方法公然侮辱他人或者捏造事实诽谤他人，情节严重的，处三年以下有期徒刑、拘役、管制或者剥夺政治权利。

前款罪，告诉的才处理，但是严重危害社会秩序和国家利益的除外。

通过信息网络实施第一款规定的行为，被害人向人民法院告诉，但提供证据确实有困难的，人民法院可以要求公安机关提供协助。

【案件索引】

一审：浙江省杭州市余杭区人民法院（2021）浙 0110 刑初 180 号（2021 年 4 月 30 日）

【基本案情】

经审理查明：2020 年 7 月 7 日 18 时许，被告人朗某某在杭州市余杭区良渚街道万科良渚文化村未来城二期东门快递驿站内，使用手机偷拍正在等待取快递的被害人谷某某，并使用微信号"ljtlalala"将视频发布在某微信群。被告人何某某使用微信号"ELIAUK"冒充谷某某与自己聊天，后伙同朗某某分别使用上述微信号，冒充谷某某和快递员，捏造谷某某结识快递员并多次发生不正当性关系的微信聊天记录。为增强聊天记录的可信度，朗某某、何某某还捏造"赴约途中""约会现场"等视频、图片。7月 7 日至 16 日间，朗某某将上述捏造的微信聊天记录截图 39 张及视频、图片陆续发布在该微信群，引发群内大量低俗、淫秽评论。

2020 年 8 月 5 日，上述偷拍的视频以及捏造的微信聊天记录截图 27张被他人合并转发，相继扩散到 110 余个微信群（群成员约 2.6 万）、7 个微信公众号（阅读数 2 万余次）及 1 个网站等网络平台（浏览量 1000次），引发大量低俗评论，影响了谷某某的正常工作生活。2020 年 8 月 7日，被害人谷某某向公安机关报案。后朗某某、何某某主动到公安机关接受调查，承认前述事实。8 月 13 日，公安机关对朗某某、何某某行政拘留9 并发布警情通报，对相关内容进行辟谣。2020 年 8 月至 12 月，此事经多家媒体报道后引发网络热议，其中仅微博话题"被造谣出轨女子至今找不到工作"阅读量达 4.7 亿、讨论 5.8 万人次。该事件在网络上的广泛传播给广大公众造成不安全感，严重扰乱网络社会公共秩序。

【裁判结果】

浙江省杭州市余杭区人民法院于 2021 年 4 月 30 日作出（2021）浙

0110 刑初 180 号刑事判决：被告人朗某某犯诽谤罪，判处有期徒刑一年，缓刑二年；被告人何某某犯诽谤罪，判处有期徒刑一年，缓刑二年。

本案宣判后，检察机关没有提出抗诉，各被告人没有提出上诉，判决已经发生法律效力。

【裁判理由】

法院生效判决认为：被告人朗某某、何某某出于寻求刺激、博取关注等目的，捏造损害他人名誉的事实，在信息网络上散布，造成该信息被大量阅读、转发，严重侵害了被害人谷某某的人格权，影响其正常工作生活，使其遭受一定经济损失，社会评价也受到一定贬损，属于捏造事实通过信息网络诽谤他人且情节严重，二被告人的行为均已构成诽谤罪。鉴于二被告人的犯罪行为已并非仅仅对被害人谷某某造成影响，其对象选择的随机性，造成不特定公众恐慌和社会安全感、秩序感下降；诽谤信息在网络上大范围流传，引发大量淫秽、低俗评论，虽经公安机关辟谣，仍对网络公共秩序造成很大冲击，严重危害社会秩序，公诉机关以诽谤罪对二被告人提起公诉，符合法律规定。考虑到二被告人具有自首、自愿认罪认罚等法定从宽处罚情节，能主动赔偿损失、真诚悔罪，积极修复法律关系，且系初犯，无前科劣迹，适用缓刑对所居住社区无重大不良影响等具体情况，对公诉机关及辩护人提出适用缓刑的意见予以采纳。

【案例注解】

诽谤罪以自诉为原则，公诉为例外。2013 年《最高人民法院、最高人民检察院关于办理利用信息网络实施诽谤等刑事案件适用法律若干问题的解释》（以下简称《解释》）第 3 条对如何认定"严重危害社会秩序和国家利益"做了列举性规定。本案发生在公民个人之间，诽谤对象为一人，未引发群体性事件、民族或宗教冲突等，但该案却经历了行政处罚、刑事自诉、公诉三个阶段，特别是在自诉立案后，经检察机关监督、公安机关立案侦查，自诉程序转为公诉程序。该程序转换的正当性也引发了广泛的讨论，主流意见认为公权力确应对网络空间秩序进行规制，但也有人对公权力介入本案是否适当持不同看法。本案是利用信息网络诽谤他人的典型案件，从中可以提炼出此类案件适用公诉程序的一般性规则和量刑指导意见。

一、公诉标准

我国法律赋予诽谤罪被害人较大的自主权、处分权。被害人可以自主决定是否提起刑事自诉以追究被告人的刑事责任；在提起自诉后，随着诉讼程序的推进，仍可根据自己的意思，决定是否继续行使诉权，要求追究被告人的刑事责任，或者放弃诉权，向法院申请撤诉。这主要是基于诽谤罪一般发生在熟人社会，往往发生在个人社交圈内，所侵害的客体主要是特定被害人的名誉权；传播范围也相对可控，诽谤信息不会被大范围扩散，不会给其他无关人员的名誉造成损害。概言之，当诽谤犯罪行为未严重危害社会秩序和国家利益时，其侵害的是特定被害人的名誉权，社会危害性相对较小，故法律赋予被害人自主处分的权利。

当诽谤行为针对特殊对象，诽谤信息因大范围传播而导致严重后果发生，对社会秩序和国家利益造成严重危害时，诽谤行为已不仅仅侵害了被诽谤对象人格尊严和名誉权，还损害了社会秩序和国家利益，此时就需要国家公权力的介入，以维护被侵害的社会秩序和国家利益等公共法益。为此，刑法第 246 条第 2 款规定了适用公诉程序的例外情形，《解释》第 3 条规定了"严重危害社会秩序和国家利益"的情形，即："（一）引发群体性事件的；（二）引发公共秩序混乱的；（三）引发民族、宗教冲突的；（四）诽谤多人，造成恶劣社会影响的；（五）损害国家形象，严重危害国家利益的；（六）造成恶劣国际影响的；（七）其他严重危害社会秩序和国家利益的情形。"本案中，二被告人利用信息网络实施诽谤，诽谤信息被大范围传播，并引发众多网民围观、评论，这种情况能否认定为"引发公共秩序混乱"，是本案能否适用公诉程序的关键。从三方面进行阐述：

第一，网络秩序属于公共秩序。刑法分则第六章第一节规定了扰乱公共秩序罪，在该节罪名中，规定了非法侵入计算机信息系统罪，非法获取计算机信息系统数据罪、非法控制计算机信息系统罪，破坏计算机信息系统罪，拒不履行信息网络安全管理义务罪，非法利用信息网络罪等侵害网络秩序的犯罪，这说明我国刑法将网络秩序纳入公共秩序范畴。从现实生活的角度看，网络秩序实际是现实社会公共秩序的延伸，而且随着网络社会的发展，网络秩序与现实社会公共秩序越来越紧密，很多犯罪行为通过信息网络实施，大量传统犯罪有转移到网络社会中的趋势，对网络秩序造成极大冲击。因此，网络不是法外之地，采用法治思维和法治方式规制网络行为，以维护健康、有序的网络秩序已成为迫切需要。

第二，诽谤对象不特定，造成社会公众在网络秩序中的安全感严重下降。本案中，二被告人出于寻求刺激、博取关注等无聊目的，对素不相识的被害人谷某某实施诽谤。二被告人的犯罪动机并非十分恶劣，但针对不特定人员实施，对于社会公众来说是极为恐慌的。因为在现实生活的正常交往活动中，任何人都有可能被恶搞的人采用此种方式诽谤，就会造成人人自危的恐慌感。被害人谷某某与二被告人无任何纠葛，在小区门口取快递时却被人拍摄视频并被诽谤，这对谷某某来说就是一场无妄之灾。这种无妄之灾可以落在谷某某身上，也有可能落在其他人身上。由此，社会公众在社会交往活动中需要时刻盯防被无关人员诽谤，其在社会生活和网络秩序中的安全感就会严重下降。

第三，诽谤信息被大量散布、传播，引发众多网民围观、评论，且大多是负面、低俗评论，造成网络秩序混乱。信息网络既是公众工作、生活、学习的重要途径和手段，也是沟通交流的主要媒介和平台，构建健康有序的网络秩序有助于公众利用信息网络进行工作、生活和学习，也方便进行交流、分享。涉案诽谤信息在网络上大范围散布，被大量阅读、转发、评论，严重侵害了被害人谷某某的名誉权，影响其正常工作生活，使其遭受一定经济损失。同时，诽谤信息充斥于信息网络，特别是大量低俗评论，损害了社会公众正常利用信息网络的权利，造成网络秩序混乱。

综上，本案被告人朗某某、何某某利用信息网络针对不特定对象实施诽谤，诽谤信息被大范围散布、传播、评论，应认定引发了公共秩序的混乱，属于严重危害公共秩序的情形，公诉机关依据刑法第246条第2款的规定提起公诉，符合法律规定。

二、刑罚适用

被告人朗某某、何某某认罪认罚，公诉机关与二被告人签署的量刑建议为有期徒刑一年，缓刑二年。法院审理后，采纳了该量刑建议。对此，需要说明的是，认定二被告人的诽谤行为严重危害社会秩序，同时宣告缓刑，并不矛盾。以下从三方面进行阐述：

第一，诽谤行为严重危害社会秩序的，仅引起诉讼程序的转换，但仍属于轻罪范畴。诽谤罪的法定刑是三年以下的有期徒刑、拘役、管制或者剥夺政治权利。当诽谤行为严重危害社会秩序和国家利益时，其社会危害性重于一般的诽谤行为，由此引起诉讼程序的转换，但刑罚配置并未变化，仍属于法定最高刑三年以下的轻罪，符合适用缓刑的前提条件——被判处拘役、三年以下有期徒刑。

第二，罪责刑相适应是量刑的基本原则。对被告人的量刑，既要考虑其犯罪行为的社会危害性，也要考虑其人身危险性，特别是犯罪后的悔罪程度。不能因为诽谤行为严重危害社会秩序而片面强调从严，被告人有法定从轻处罚情节、能认罪悔罪，积极修复被破坏的法律关系的，可以从宽处罚，以实现刑罚惩罚和教育的双重功能。本案中，被告人朗某某、何某某均系初犯，均具有自首情节，自愿认罪认罚，主动对被害人进行赔偿，尽力修复业已受损的法律关系，说明二被告人确有真诚的悔罪表现，对其二人适用缓刑，符合罪责刑相适应原则，也有利于实现刑罚惩罚和教育的双重功能。

第三，从刑罚一般预防的目的看，对犯罪行为需要科处一定的刑罚，以起到震慑作用，更为重要的是要通过刑事判决唤醒社会公众的规范意识，使其认识到触犯刑法会受到刑罚处罚，以实现一般预防。本案的判决彰显了网络社会背景下司法对个人在信息网络上从事相关行为的警示和引导作用，这主要不是通过对被告人判处较重刑罚来实现，而是通过启动公诉程序依法追究刑事责任来达成的。通过本案，社会公众能够认识到网络不是法外之地，利用信息网络实施诽谤行为，当诽谤信息被大范围传播、转发、评论，对网络秩序造成冲击，依法属于严重危害社会公共秩序，国家可以启动公诉程序追究刑事责任，即使被诽谤对象放弃追诉，也不能被免于刑事追罪。

综上，被告人朗某某、何某某所犯诽谤罪行严重危害社会秩序，检察机关提起公诉符合法律规定，但其二人具有法定从轻处罚情节、真诚悔罪等，符合缓刑适用条件，宣告缓刑更有助于实现刑罚惩罚和教育的双重功能。

（**一审法院合议庭：**夏敏诙　汪　浩　张丽荣
编写人：浙江省杭州市中级人民法院　刘宏水
　浙江省杭州市余杭区人民法院　夏敏诙）

20. 行踪轨迹信息范围的认定原则

——叶某龙等侵犯公民个人信息、诈骗、传授犯罪方法案

关键词 刑事　侵犯公民个人信息　行踪轨迹　严格把握

【裁判要旨】

行踪轨迹信息应限定为可以直接确定特定人精确位置的信息。航班信息等只可推断特定人一段时间内大致活动范围的信息，属于"其他可能影响人身、财产安全的公民个人信息"。

【相关法条】

《中华人民共和国刑法》

第二百五十三条之一【侵犯公民个人信息罪】　违反国家有关规定，向他人出售或者提供公民个人信息，情节严重的，处三年以下有期徒刑或者拘役，并处或者单处罚金；情节特别严重的，处三年以上七年以下有期徒刑，并处罚金。

违反国家有关规定，将在履行职责或者提供服务过程中获得的公民个人信息，出售或者提供给他人的，依照前款的规定从重处罚。

窃取或者以其他方法非法获取公民个人信息的，依照第一款的规定处罚。

单位犯前三款罪的，对单位判处罚金，并对其直接负责的主管人员和其他直接责任人员，依照各该款的规定处罚。

《最高人民法院、最高人民检察院关于办理侵犯公民个人信息刑事案件适用法律若干问题的解释》

第五条 非法获取、出售或者提供公民个人信息，具有下列情形之一的，应当认定为刑法第二百五十三条之一规定的"情节严重"：

（一）出售或者提供行踪轨迹信息，被他人用于犯罪的；

（二）知道或者应当知道他人利用公民个人信息实施犯罪，向其出售或者提供的；

（三）非法获取、出售或者提供行踪轨迹信息、通信内容、征信信息、财产信息五十条以上的；

（四）非法获取、出售或者提供住宿信息、通信记录、健康生理信息、交易信息等其他可能影响人身、财产安全的公民个人信息五百条以上的；

（五）非法获取、出售或者提供第三项、第四项规定以外的公民个人信息五千条以上的；

（六）数量未达到第三项至第五项规定标准，但是按相应比例合计达到有关数量标准的；

（七）违法所得五千元以上的；

（八）将在履行职责或者提供服务过程中获得的公民个人信息出售或者提供给他人，数量或者数额达到第三项至第七项规定标准一半以上的；

（九）曾因侵犯公民个人信息受过刑事处罚或者二年内受过行政处罚，又非法获取、出售或者提供公民个人信息的；

（十）其他情节严重的情形。

实施前款规定的行为，具有下列情形之一的，应当认定为刑法第二百五十三条之一第一款规定的"情节特别严重"：

（一）造成被害人死亡、重伤、精神失常或者被绑架等严重后果的；

（二）造成重大经济损失或者恶劣社会影响的；

（三）数量或者数额达到前款第三项至第八项规定标准十倍以上的；

（四）其他情节特别严重的情形。

【案件索引】

一审：浙江省温州市苍南县人民法院（2019）浙 0327 刑初 655 号

（2019 年 9 月 25 日）

二审：浙江省温州市中级人民法院（2019）浙 03 刑终 1689 号（2020 年 2 月 21 日）

【基本案情】

经审理查明，被告人叶某龙、梁某盟、何某山、唐某金、吴某生分别或共同通过网络渠道购买大量公民航班信息，随后向被害人发送诈骗短信，虚构航班故障需改签并可领取补贴，骗取被害人钱款，或为上述行为提供帮助、传授犯罪方法等。其中侵犯公民个人信息的事实如下：

2018 年 7 月以来，五被告人分别通过网络渠道购买大量公民航班信息（内含有居民身份证号、姓名、手机号码、航班起飞和抵达时间地点等），用于实施电信诈骗犯罪。经检查统计，梁某盟非法购买信息 5600 条，何某山非法购买信息 2200 条，唐某金非法购买信息 950 条，叶某龙非法购买信息 900 条，吴某生非法购买信息 479 条。

【裁判结果】

浙江省温州市苍南县人民法院于 2019 年 9 月 25 日作出（2019）浙 0327 刑初 655 号刑事判决：被告人梁某盟犯侵犯公民个人信息罪，判处有期徒刑三年二个月，并处罚金人民币 3 万元；对其余被告人分别在有期徒刑十个月至一年六个月之间判处，均并处罚金。被告人吴某生购买的航班信息数量不足 500 条，未达情节严重标准，不构成侵犯公民个人信息罪。以诈骗罪、传授犯罪方法罪对被告人叶某龙、梁某盟、何某山、唐某金、吴某生作出相应判决，予以数罪并罚。

一审宣判后，浙江省温州市苍南县人民检察院抗诉称，公民航班信息属于司法解释规定的行踪轨迹信息，故原判在叶某龙、梁某盟、何某山、唐某金、吴某生犯侵犯公民个人信息罪方面，认定事实和适用法律不当，导致量刑不当，要求改判。浙江省温州市人民检察院支持上述抗诉意见。浙江省温州市中级人民法院审理后于 2020 年 2 月 21 日作出（2019）浙 03 刑终 1689 号刑事判决，对于侵犯公民个人信息罪部分的抗诉意见不予支持。

【裁判理由】

法院生效裁判认为：《最高人民法院、最高人民检察院关于办理侵犯公民个人信息刑事案件适用法律若干问题的解释》（以下简称《解释》）中的行踪轨迹信息只宜理解为 GPS 定位信息、车辆轨迹信息等可以直接定位特定自然人具体坐标的信息，而本案中所涉及的航班信息显然不具备上述功能，不能归类于此，不宜认定为行踪轨迹信息。但综合考虑航班信息的性质（内容）及可能造成的危害后果，可归类于其他可能影响人身、财产安全的公民个人信息，入罪标准"情节严重"为 500 条以上，情节特别严重为 5000 条以上。据此，梁某盟、何某山、唐某金、叶某龙的行为均已构成侵犯公民个人信息罪，梁某盟属于情节特别严重，何某山、唐某金、叶某龙属于情节严重；被告人吴某生只获取了 479 条，不构成该罪。

【案例注解】

敏感信息直接关系到公民的人身、财产安全，此类信息泄露后，容易被不法分子所利用，引发抢劫、盗窃、诈骗等关联犯罪，具有较大的社会危害性。尤其是行踪轨迹、通信内容、征信信息、财产信息，可以直接从中提取出特定对象的财产状况、家庭情况和活动规律等，往往被用于实施"精准犯罪"。正是因为行踪轨迹信息的入罪门槛已经极低，在司法实践中绝不应该再进行扩大理解，而应严格把握为行车轨迹、实时定位等不需要借助其他辅助手段即可准确定位特定人的信息，[①] 以控制打击面。在实际案件中，可以从可识别性、精确性、时效性这三个特征来甄别。

一、行踪轨迹信息具有可识别性

公民个人信息必须与特定自然人相关联，这是公民个人信息所具有的

---

① 喻海松编著：《侵犯公民个人信息罪司法解释理解与适用》，中国法制出版社 2018 年版，第 41 页。

关键属性。① 脱离人身属性的单纯轨迹数据并不属于刑法意义上的行踪轨迹信息。虽然与一般公民个人信息不同，行踪轨迹信息并不要求识别特定自然人的具体身份，但至少应当具备一定的特征要素，达到足以指向某一个特定、可以识别的自然人的程度。需要说明的是，所谓的公民个人信息，不应受"公民"这一表述的影响而局限于具有中华人民共和国国籍的人，任何自然人的个人信息都可以成为该罪的犯罪对象。

二、行踪轨迹信息具有精确性

自然人的活动是一个动态的过程。其中的某一个或者某一些时间点的定位信息虽然能够在一定程度上反映出自然人所处的位置，但无法勾勒出其完整的活动轨迹，具有很大的不确定性。只有一段完整的动态轨迹，或者一组足以直接定位自然人在某个时间段中任意时间点所处具体坐标的信息，才能认定为行踪轨迹信息。

三、行踪轨迹信息具有一定时效性

自然人的行踪轨迹信息一般会随着活动状况的改变而不断改变，除了一些规律性的行踪轨迹信息外，在经过一定时间后，行踪轨迹信息通常会失去反映特定自然人活动情况的功能，被下游犯罪利用的潜在风险也会大大降低。从对公民人身、财产造成的危险和侵害法益的程度上看，将行踪轨迹信息的时效要求局限于当前、将来以及过去较短的时间内更为妥当。

本案中的航班信息能够识别出特定自然人，也具备时效性，但并不能据此直接定位特定自然人具体坐标信息，也无法反映出一段时间内特定自然人的完整行踪轨迹，缺乏精确性，不应认定为行踪轨迹信息。此外，可以类比的是，住宿信息同样包含了特定人在特定时间点的位置信息，例如酒店住宿预订信息，其指向的人员、位置信息比航班信息更加精确，更容易定位特定人，即便如此，尚且只能作为第二类敏感信息予以认定，那么航班信息更不应划入行踪轨迹信息的范畴。

---

① 喻海松：《侵犯公民个人信息罪司法适用探微》，载《中国应用法学》2017 年第 4 期。

在此基础上，需要综合考虑航班信息的敏感程度、泄露后的用途及可能带来的危害后果，给其找到一个合适的定位。正如前文所述，航班信息和住宿信息的内容具有一定的相似性，都包含了特定人一段时间内的动态信息，且此类信息一般只由服务方所掌握，较为隐秘。行为人在获取此类信息后，加以包装利用，极易获得特定人的信任，往往被用于实施诈骗等各种犯罪活动，并能具有较高的成功率。取得针对同一人的多条信息并加以组合后，还可以大致推断出其经济条件、活动规律等更为敏感的信息，对人身、财产都产生较为直接且紧迫的风险。除了上述特征外，实践中还可以将非法获取信息所需的价格作为一种判断该信息是否可以纳入行踪轨迹信息参考要素，① 越是昂贵的信息，往往越是敏感的信息。综上，本文认为航班信息的重要程度、泄露后的危害性大体上和住宿信息相当，应当归入"其他可能影响人身、财产安全的公民个人信息"。

大数据时代，信息的合理使用为社会综合治理提供了不可或缺的帮助，但少部分个人信息的泄露同样造成了一定的不良影响。当下，一方面公民对个人信息的保护意识日益增强，另一方面公民个人信息的管理、保护制度仍不甚完善，信息泄露引发的各类犯罪时有发生，造成较为恶劣的社会影响。在《解释》尚无法涵盖种类五花八门，获取的方式、目的、实际用途和危害后果各异的个人信息的情况下，机械套用、唯数额论都容易导致罪责刑严重不相适应的情形出现。在审理此类案件时，应该充分考虑行为人的主观恶性、信息用途、危害后果等因素，在《解释》搭建的犯罪构成框架下，准确认定，并在量刑时予以充分体现。

（一审法院合议庭成员：吴春雪　黄振群　陈足舜
二审法院合议庭成员：吴　海　蔡寿和　涂凌芳
编写人：浙江省温州市苍南县人民法院　陈　政
浙江省温州市中级人民法院　蔡寿和）

---

① 喻海松编著：《侵犯公民个人信息罪司法解释理解与适用》，中国法制出版社 2018 年版，第 41 页。

21. GPS 轨迹是否属于行踪轨迹信息的判定标准

——邱某某侵犯公民个人信息案

关键词 刑事 侵犯公民个人信息罪 GPS 轨迹 行踪信息 监督权

【裁判要旨】

侵犯公民个人信息罪侵害的法益是个人信息权，仅限于与自然人人身、财产密切相关的权利内容。个人 GPS 轨迹属于行踪轨迹信息，非法获取、出售或者提供行踪轨迹信息 50 条以上的即可入刑。公民通过收集国家工作人员的信息来实施监督要具备合法性，至少要具备目的的正当性、手段的正当性、关联性、用途的正当性。

【相关法条】

《中华人民共和国刑法》

第二百五十三条之一【侵犯公民个人信息罪】 违反国家有关规定，向他人出售或者提供公民个人信息，情节严重的，处三年以下有期徒刑或者拘役，并处或者单处罚金；情节特别严重的，处三年以上七年以下有期徒刑，并处罚金。

违反国家有关规定，将在履行职责或者提供服务过程中获得的公民个人信息，出售或者提供给他人的，依照前款的规定从重处罚。

窃取或者以其他方法非法获取公民个人信息的，依照第一款的规定处罚。

单位犯前三款罪的，对单位判处罚金，并对其直接负责的主管人员和其他直接责任人员，依照各该款的规定处罚。

【案件索引】

一审：浙江省宁波市海曙区人民法院（2021）浙 0203 刑初 653 号（2021 年 7 月 15 日）

【基本案情】

经审理查明：2020 年 4 月，被告人邱某某找到浙江省宁波市海曙区龙观乡政府领导胡某某和董某某，欲让二人同意其在承包的土地上非法开采塘渣，被明令拒绝。2020 年 5 月底至 7 月 11 日，被告人邱某某从网上购买了 3 个车载 GPS 定位器，分别安装在被害人胡某某和董某某的私家汽车上，同时通过手机下载相关 App 软件用于接收 GPS 定位器实时上传的数据，以此掌握二被害人的行踪轨迹，进行长期跟踪，并多次通过行踪轨迹信息找到被害人。现已查明，被告人邱某某利用上述手段非法获取被害人胡某某和董某某的行踪轨迹信息共计 347 条。2020 年 7 月 29 日，被告人邱某某在接到公安机关电话通知后主动投案，并如实供述了相关犯罪事实。另查明，在案件侦查期间，被告人邱某某已取得被害人胡某某、董某某的谅解。

【裁判结果】

浙江省宁波市海曙区人民法院于 2021 年 7 月 15 日作出（2021）浙 0203 刑初 653 号刑事判决：被告人邱某某犯侵犯公民个人信息罪，判处有期徒刑一年，缓刑一年六个月，并处罚金人民币 6000 元。

本案宣判后，检察机关没有提出抗诉，被告人没有提出上诉，判决已经发生法律效力。

【裁判理由】

法院生效裁判认为：被告人邱某某违反国家有关规定，非法获取公民个人信息，情节严重，其行为已构成侵犯公民个人信息罪。被告人邱某某于案发后能主动投案，并如实供述自己的犯罪事实，系自首，依法可从轻处罚。被告人邱某某自愿认罪认罚，依法可从宽处理。被告人邱某某已取得被害人谅解，可酌情从轻处罚。综合被告人邱某某的犯罪情节，结合案发后其悔罪表现，可对其宣告缓刑。

【案例注解】

一、侵犯公民个人信息罪的立法沿革及侵害的法益

2005 年，刑法修正案（五）增设了窃取、收买、非法提供信用卡信息罪，这开启了我国刑法保护公民个人信息的先河。2009 年，刑法修正案（七）增设了出售、非法提供公民个人信息罪和非法获取公民个人信息罪，前罪的犯罪主体限于国家机关或者金融、电信、交通、教育、医疗等单位的工作人员，后罪的犯罪主体是一般主体。2015 年，刑法修正案（九）将出售、非法提供公民个人信息罪和非法获取公民个人信息罪整合为侵犯公民个人信息罪，将前罪的犯罪主体扩大为一般主体，并将两罪的法定最高刑提高至有期徒刑七年。2017 年施行的《最高人民法院、最高人民检察院关于办理侵犯公民个人信息刑事案件适用法律若干问题的解释》（以下简称《解释》）明确规定了侵犯公民个人信息罪的定罪量刑标准。

我国民法典人格权编第六章标题为"隐私权和个人信息保护"，第1034 条明确自然人的个人信息受法律保护，规定了个人信息的定义。个人信息与隐私有交叉，其中的私密信息属于个人隐私，适用有关隐私权的规定。第 1035 条规定，处理个人信息应当遵循合法、正当、必要原则。第1037 条规定了信息主体的权利。民法典没有规定"个人信息权"，而是采用"个人信息保护"的表述，是为了兼顾个人信息保护和数字经济发展的

需要。2021 年 8 月 20 日，第十三届全国人大常委会通过了个人信息保护法，该法规定了个人信息处理规则、个人信息跨境提供的规则、个人在个人信息处理活动中的权利、个人信息处理者的义务、履行个人信息保护职责的部门、法律责任等。可见，我国保护公民个人信息的法律体系日益完善。

关于侵犯公民个人信息罪侵害的法益，主要有"隐私权说""人格尊严和隐私权说""私人生活安宁说""物权说""个人信息权说""超个人法益说""公共法益说"等学说。

随着信息时代的到来，个人信息的价值日益凸显，滥用个人信息的现象日益增多，人们才意识到个人信息需要保护，法律需要赋予自然人信息权利。换言之，个人信息权是创设性权利，而不是历史性权利。从个人信息具有独立性、保护个人信息的必要性等角度来看，宜将"个人信息"理解为个人信息权。个人信息权是自然人对其身份信息进行控制和支配并排除他人侵害的具体人格权，是绝对权、对世权，其权利内容包括信息保有权、决定权、知情权、更正权、锁定权、请求保护权、被遗忘权等。① 由此可见，个人信息权应当是一种基本的民事权利，其不仅需要民法保护，而且需要刑法、行政法保护。从刑法谦抑性的角度来说，刑法应当是保护个人信息权的最后防线，刑法没必要也不可能保护个人信息权的全部对象，刑法应当保护与个人人身、财产权益相关的个人信息及其权利内容（不包括更正权、被遗忘权等）。因此，侵犯公民个人信息罪侵害的法益是个人信息权（限于与自然人人身、财产密切相关的权利内容）。

二、刑法保护的个人信息的分类及认定

《解释》第 1 条将"公民个人信息"限定为"以电子或者其他方式记录的能够单独或者与其他信息结合识别特定自然人身份或者反映特定自然人活动的各种信息"，民法典第 1034 条对"个人信息"的界定与此基本一致。自然人的个人信息受法律保护。个人信息安全法第 4 条将"个人信

---

① 参见杨立新：《个人信息：法益抑或民事权利》，载《法学论坛》2018 年第 1 期。

息"界定为以电子或者其他方式记录的与已识别或者可识别的自然人有关的各种信息，不包括匿名化处理后的信息。

《解释》按照信息对个人的重要程度，将公民个人信息区分为高度敏感信息（例如行踪轨迹信息、通信内容、征信信息、财产信息）、敏感信息（例如住宿信息、通信记录、健康生理信息、交易信息等）、一般信息三个层次，并确定了不同的入罪数量标准。因此，对公民个人信息的分类关系到行为人的定罪量刑问题，需要认真对待。

在本案中，涉及个人行踪轨迹信息的认定。个人行踪轨迹信息属于《解释》认定的高度敏感信息。个人信息安全法第28条将个人行踪轨迹信息归入敏感个人信息的范围。行踪是人的活动所留的痕迹，可以从两方面来认定行踪轨迹信息：一是其呈现特定自然人活动的完整的、动态的过程；二是其与特定自然人活动高度关联，不需要与其他信息结合。车票、船票、机票等交通运输票据不能反映特定自然人完整活动的过程，需要与其他信息相结合，因而不属于个人行踪轨迹信息。狗仔队不连续的街拍的图片一般不属于个人行踪轨迹信息，因为其不能呈现被偷拍人完整活动轨迹。本案中的被告人邱某某利用跟踪定位器收集到的个人信息属于个人行踪轨迹信息，理由是：GPS卫星跟踪定位器是利用GPS卫星定位终端对远程目标进行准确定位、实时追踪、远程监听等的工具，使用者可以通过手机、网络等随时查看被跟踪定位目标的位置信息、活动轨迹，甚至对被跟踪定位目标进行监听。为了达到追踪的目的，邱某某先后购买了3个跟踪定位器，并装在胡某某、董某某二人的私人汽车上，以此获取了二人的实时、完整的行踪轨迹。邱某某根据收集到的定位信息推测出了二人父母与子女的居住、上学地址。在某次要求又一次被拒后，邱某某询问胡某某的孩子是否在某培训学校学习。个人行踪轨迹信息直接关系到人身安全，如果被非法获取、被泄露，将会给他人的人身安全带来风险，因此，《解释》规定非法获取、出售或者提供行踪轨迹信息50条以上的即可入刑。本案中，被告人邱某某利用GPS卫星跟踪定位器非法获取被害人胡某某和董某某的行踪轨迹信息共计347条，属于刑法第253条之一规定的"情节严重"，构成侵犯公民个人信息罪。

三、侵犯公民个人信息与公民行使监督权的边界

本案还涉及的问题是侵犯公民个人信息与公民行使监督权的边界在哪里？湖南益阳人吴某雇用私家侦探跟踪偷拍并举报多名法官违纪违法，犯非法获取公民个人信息罪，被判处有期徒刑四年，并处罚金3万元。浙江人池某跟踪偷拍多个领导，犯侵犯公民个人信息罪，被判处有期徒刑二年。池某辩称：其跟踪和偷拍官员违法行为是"取证"，不应被定性为侵犯他人隐私。

我国宪法第41条第1款规定，任何公民对国家工作人员，有提出批评和建议的权利，对其违法失职行为，有提出申诉、控告或者检举的权利。公民对国家工作人员有监督的权利。法律鼓励公民对国家工作人员的履行职务的行为、某些违法犯罪行为实施监督。但任何权利都有法律边界，对国家工作人员的监督不能侵犯国家工作人员的合法权利。国家工作人员有双重身份，一是行使公权力的人员，二是普通公民。国家工作人员的履职行为必须受监督，但作为普通公民，其个人信息、个人隐私、生活安宁等权利应受到法律的保护，任何人不得以监督之名，行侵犯他人合法权益之实。虽然有个别国家工作人员的违纪违法甚至犯罪行为发生在"八小时之外"，但是查处这些行为主要依靠国家机关。法律将侦查权、调查权赋予专门的国家机关，而且，行使侦查权、调查权要经过严格的审批程序，就是为了防止侦查权、调查权被滥用，从而导致侵犯他人合法权益的后果。法律虽然鼓励公民检举违纪违法甚至犯罪行为，但是并不鼓励公民成为"侦探"。

公民通过收集国家工作人员的信息来实施监督要具备合法性，至少要具备以下几个条件：一是目的的正当性，即是为了了解国家工作人员是否依法履职，或者为了揭露个别国家工作人员违纪、违法、犯罪行为。为了敲诈、胁迫国家工作人员而收集个人信息的行为不具备目的的正当性，本案即属于此情形。二是手段的正当性，即不能侵犯国家工作人员及其亲属的其他合法权益，如人身权、健康权、人格尊严等。三是收集个人信息的关联性，即禁止收集与国家工作人员违纪、违法、犯罪行为无关的个人信

息。四是用途的正当性，收集到国家工作人员违纪、违法、犯罪行为的信息的用途仅限于检举、控告，不得有其他用途，该信息不得被公开，或者传播给他人，只能提供给国家机关。①

在本案中，邱某某在国家工作人员不知情的情况下，通过跟踪定位器，秘密进行实时定位跟踪，以此获取他人的行踪轨迹信息，其目的是要国家工作人员满足其不法要求，不是为了检举、控告，侵犯了公民个人信息，情节严重，因而构成侵犯公民个人信息罪。

（一审法院独任审判人员：江 岚

编写人：浙江省宁波市中级人民法院 尹振国）

---

① 参见杨建顺、黄晓亮、陈磊：《公民怎样监督官员方能不踩红线》，载《法制日报》2018年7月26日。

22. 非法套取电商平台新人福利行为的定性

——田某诈骗案

关键词 刑事 网络诈骗 新人福利 刷单套利

【裁判要旨】

对于明知其不符合电商平台新用户的优惠条件，仍通过"黑灰产"或其他方式购买虚假注册的新人账号，利用技术手段避开电商平台风控措施大量下单，非法套取新人优惠补贴的行为，应当认定为诈骗罪。

【相关法条】

《中华人民共和国刑法》

第二百六十六条【诈骗罪】 诈骗公私财物，数额较大的，处三年以下有期徒刑、拘役或者管制，并处或者单处罚金；数额巨大或者有其他严重情节的，处三年以上十年以下有期徒刑，并处罚金；数额特别巨大或者有其他特别严重情节的，处十年以上有期徒刑或者无期徒刑，并处罚金或者没收财产。本法另有规定的，依照规定。

【案件索引】

一审：北京市大兴区人民法院（2021）京0115刑初512号（2021年7月1日）

【基本案情】

经审理查明：2020 年 5 月，被告人田某从网络上得知可在某电商平台通过"薅羊毛"的方式便宜购买产品，便从网上找到卖新人账号的号商，从号商处购买新人账号（一种是由国内手机卡注册的新人账号，另一种是由虚拟电话注册的新人账号），再利用"小丑女""雷诺"等软件导入购买的虚假账号 cookie，输入下单的商品编码，设置随机 IP 地址和后缀、收货人姓名、电话地址等，避开电商平台风控措施自动批量下单。收货后将以每件一元或一毛新人价购买的书籍、卫生卷纸、洗衣液、食品等，分别转卖赚取差价或供自己使用。经鉴定，被告人田某虚构新用户身份共计下单 12141 笔，骗取物品共计价值人民币 171000.24 元，其实际支付 23139.6 元，造成电商平台损失 147860.64 元。2020 年 11 月 19 日，田某被抓获，到案后其如实供述了上述主要犯罪事实，自愿认罪认罚，其家属代被告人将涉案赃款 147860.64 元退赔给电商平台。

【裁判结果】

北京市大兴区人民法院于 2021 年 7 月 1 日作出（2021）京 0115 刑初 512 号刑事判决：被告人田某犯诈骗罪，判处有期徒刑三年三个月，并处罚金人民币 4 万元；扣押被告人田某手机一部、电脑主机一台，依法予以没收。

本案宣判后，检察机关没有提出抗诉，被告人没有提出上诉，判决已经发生法律效力。

【裁判理由】

法院生效裁判认为：被告人田某以非法占有为目的，虚构事实，骗取他人财物，数额巨大，其行为已构成诈骗罪，依法应予惩处。被告人田某到案后如实供述主要犯罪事实，自愿认罪认罚，且主动退赃，可依法对其从轻处罚。

【案例注解】

本案审理的难点在于，如何认定电商平台首单优惠或新人价的法律属性、如何确立行为人诈骗的主观故意、如何认定行为人虚构事实避开平台风控措施的行为性质等。

一、首单优惠或新人价属于财产性利益

电商平台给予新用户的新人价或其他福利性补贴，属于消费者在购买商品时可使用的一种权益。此种权益能否作为刑法上的公私财物，是认定诈骗犯罪的基础。从本质看，本案中的新人价及其他首单优惠，是电商平台给予新用户首单消费的一种补贴，属于电商平台单方允诺、有具体优惠数额的财产性利益。因此，基于刑法第 92 条、第 93 条规定的公私财物的范围，可以对此种财产性利益进行扩张性解释，电商平台的首单优惠或新人价等福利的法律属性应当视为一种财产性利益，可以作为诈骗犯罪的行为对象。

二、行为人实施了冒充新用户等虚构事实的行为

新用户的认定条件，是确定行为人是否构成冒充新用户进行欺骗行为的关键。依据电商平台的活动规则，仅限每位用户在平台未下单前领取一次新人礼包，即同一账号、身份证号、手机号、银行卡号、终端设备及其他方式等，均视为同一用户。借助一般常理，电商平台推出新人优惠是为了促进用户增长和业务发展，本案中被告人田某购买的大量账号均为非法软件虚拟注册的新人账户，对平台而言并没有起到增长用户和发展业务的作用，反而极大地损害了平台和其他消费者的权益，这与平台的活动初衷明显不符。故被告人田某的行为属于虚构事实、冒充新用户。

三、行为人有非法占有的主观故意

通常情况下，一位用户对应一个账号在电商平台进行日常消费。冒充新用户进行恶意套利的行为人，其目的一般是套取优惠补贴，转卖赚取差

价。因此，其客观行为有别于正常消费行为，一般表现为使用大量虚拟注册生成的账户，选购新人优惠价或可使用新人优惠券的商品。本案中，行为人通过非法软件虚构大量虚假地址用于下单，并在地址栏设置"－778""－999"等一些特殊的后缀标识，主动要求区域内快递员集中配送至指定地点，此种行为并不是正常的购物所必需，其实质是为逃避电商平台风控部门的监测，从而达到成功下单收货的目的，也进一步证明了行为人非法占有的主观故意。

四、关于恶意避开风控措施的行为性质

有一种观点认为，刑法及刑法修正案针对计算机信息系统设立了非法获取计算机信息系统数据罪、破坏计算机信息系统罪等，本案中行为人使用一定技术和非法软件，避开电商平台的风控信息系统恶意刷单，可依照前述罪名来认定。另一种观点则认为，被告人的行为目的是非法骗取平台优惠，实际上也给平台造成了经济损失，应当从保护网络经济秩序的角度，以诈骗罪认定其行为性质。对此，本文认为：（1）本案控方并没有就恶意避开风控措施是否破坏了计算机信息系统进行鉴定，在没有证据证明的情况下，难以认定行为性质属于破坏计算机信息系统罪，而只能依据诈骗罪来认定；（2）如果本案能够鉴定出恶意避开风控措施破坏了计算机信息系统，那么被告人的行为则属于一种行为侵害了两个客体，既构成诈骗罪，又构成破坏计算机信息系统罪，属于牵连犯，应依据破坏计算机信息系统罪这一重罪定罪处罚；（3）本案所表现出的社会危害性更多的是对网络市场经济秩序的破坏，被告人的行为虽然外在表现为通过非法的计算机软件在电商平台的信息系统恶意刷单，但实质上仍然是破坏了以网络为载体的平台被害方的财产性利益，故而认定为诈骗犯罪也能够比较准确地反映行为人的行为目的和给被害人带来的实际危害后果，控方放弃鉴定而选择较为经济的诉讼方式，也不失为准确地抓住了此类犯罪行为的本质。

（一审法院合议庭成员：张金红　王维民　董立平

编写人：北京市大兴区人民法院　张金红）

23. 利用"赃款"在网络直播平台打赏时的法律适用

——欧某诈骗案

关键词 刑事 善意取得 网络直播 打赏 赃款 追缴

【裁判要旨】

犯罪分子使用赃款在网络直播平台购买虚拟礼物打赏主播,在现有证据不足以证明网络直播平台或主播在对赃款性质明知以及无法证明恶意取得赃款的情形下,裁判应遵循善意取得原则,不得向网络直播平台或主播追缴赃款。

【相关法条】

《中华人民共和国刑法》

第六十四条 犯罪分子违法所得的一切财物,应当予以追缴或者责令退赔;对被害人的合法财产,应当及时返还;违禁品和供犯罪所用的本人财物,应当予以没收。没收的财物和罚金,一律上缴国库,不得挪用和自行处理。

《最高人民法院关于刑事裁判涉财产部分执行的若干规定》

第十一条 被执行人将刑事裁判认定为赃款赃物的涉案财物用于清偿债务、转让或者设置其他权利负担,具有下列情形之一的,人民法院应予追缴：

（一）第三人明知是涉案财物而接受的；

（二）第三人无偿或者以明显低于市场的价格取得涉案财物的；

（三）第三人通过非法债务清偿或者违法犯罪活动取得涉案财物的；

（四）第三人通过其他恶意方式取得涉案财物的。

第三人善意取得涉案财物的，执行程序中不予追缴。作为原所有人的被害人对该涉案财物主张权利的，人民法院应当告知其通过诉讼程序处理。

《最高人民法院、最高人民检察院关于办理诈骗刑事案件具体应用法律若干问题的解释》

第十条 行为人已将诈骗财物用于清偿债务或者转让给他人，具有下列情形之一的，应当依法追缴：

（一）对方明知是诈骗财物而收取的；

（二）对方无偿取得诈骗财物的；

（三）对方以明显低于市场的价格取得诈骗财物的；

（四）对方取得诈骗财物系源于非法债务或者违法犯罪活动的。

他人善意取得诈骗财物的，不予追缴。

【案件索引】

一审：湖北省利川市人民法院（2020）鄂 2802 刑初 308 号（2021 年 1 月 20 日）

二审：湖北省恩施土家族苗族自治州中级人民法院（2021）鄂 28 刑终 79 号（2021 年 3 月 23 日）

【基本案情】

湖北省利川市人民检察院诉称：被告人欧某以非法占有为目的，骗取他人财物，数额特别巨大，其行为触犯了刑法第 266 条，应当以诈骗罪追究其刑事责任。

被告人欧某的辩护人辩称：在秦某1一案中，被告人欧某在YY平台中给YY平台主播打赏消费，其中的111万元是欧某在已达充值限额不能继续充值的情况下，YY平台主播邵某红和方某分别接受欧某私下银行转款40万元、71万元后在YY平台后台帮忙完成充值，系YY平台以恶意方式取得欧某巨额款项，又以廉价平庸的视频直播表演诱导欧某花费巨款打赏，不符合正常的市场交易对价，应予判决向YY平台追缴，追缴所得资金退赔被害人的不足部分。

经审理查明：被告人欧某以非法占有为目的，于2018年10月6日至2020年2月15日期间，以在"美团网"办理宣传业务，或在新冠肺炎疫情期间代购口罩为由，先后骗取被害人关某、秦某1人民币共计164.035万元。被告人欧某先后四次共给主播邵某红转款40万元，先后六次共给主播方某转款71万元。前述转款共计111万元，均已由方某、邵某红通过YY平台后台充值到欧某的YY账户中，并已全部打赏给多名主播。其余绝大部分货款，也已由欧某自己在YY平台中充值并打赏给多名主播。审理中，被告人欧某的家属代为向被害人关某退赔了所有经济损失13.6万元，向被害人秦某1退赔了部分经济损失45万元，关某和秦某1对被告人欧某均表示谅解，并出具了谅解书。

【裁判结果】

湖北省利川市人民法院于2021年1月20日作出（2020）鄂2802刑初308号刑事判决：被告人欧某犯诈骗罪，判处有期徒刑十二年，并处罚金人民币5万元；继续追缴被告人欧某的违法所得人民币105.435万元，返还给被害人秦某1。

宣判后，被告人欧某提出上诉。湖北省恩施土家族苗族自治州中级人民法院于2021年3月23日作出（2021）鄂28刑终79号刑事裁定：驳回上诉，维持原判。

【裁判理由】

法院生效裁判认为：经查，将欧某在YY平台的充值认定为《最高人民法院关于刑事裁判涉财产部分执行的若干规定》第11条第1款规定的四种情形及《最高人民法院、最高人民检察院关于办理诈骗刑事案件具体应用法律若干问题的解释》第10条第1款规定的四种情形，在本案中应直接予以追缴的证据不足，对辩护人提出的该辩护意见，不予采纳。

【案例注解】

本案的部分赃款被用户在网络直播平台充值后打赏给主播，这部分打赏款如何处理，存在以下不同意见。

第一种意见认为，赃款不适用善意取得制度，只要能查明赃款的流向，就应该一追到底，并优先保护刑事被害人的权利。因此，应该向网络直播服务提供者（包括主播）追缴赃款。

第二种意见认为，赃款适用善意取得制度，符合民法中善意取得情形的，不应向善意第三人追缴赃款，只能向被告人追缴或责令被告人退赔赃款。赃款在网络直播平台中的"直播打赏"属于赠予，不符合善意取得，应向主播追缴。

第三种意见认为，赃款适用善意取得制度，赃款在网络直播平台的"直播打赏"是否属于赠予，需要根据事实进行判断，在公诉机关没有证据证明"直播打赏"存在《最高人民法院关于刑事裁判涉财产部分执行的若干规定》第11条第1款规定的四种情形时，依据善意取得制度，不应向网络直播平台或主播追缴。

本案裁判采纳了第三种意见。

一、赃款适用善意取得制度，是我国刑事司法早已确定的政策

早在1965年最高人民法院、最高人民检察院、公安部、财政部四部门联合制定的《关于罚没和处理赃款赃物若干问题的规定》中就明确规定："在办案中已经查明被犯罪分子卖掉的赃物，应该酌情追缴……对买主确实不知道是赃物，而又找到了失主的，应该由罪犯按卖价将原物赎回，退还原主，或者按价赔偿损失；如果罪犯确实无力回赎或赔偿损失，可以根

据买主与失主双方具体情况进行调解，妥善处理。"由此确立了有限的善意取得制度。只要购买人确实不知是赃物的，承认其交易有效。

1994 年的《最高人民法院关于在审理经济合同纠纷案件中发现一方当事人利用签订经济合同进行诈骗的，人民法院可否直接追缴被骗钱物问题的复函》（现已失效）、1996 年的《最高人民法院关于审理诈骗案件具体应用法律的若干问题的解释》（现已失效）、1998 年的《最高人民法院关于在审理经济纠纷案件中涉及经济犯罪嫌疑若干问题的规定》（现已失效）、1998 年的《最高人民法院、最高人民检察院、公安部、国家工商行政管理局关于依法查处盗窃、抢劫机动车案件的规定》、2011 年的《最高人民法院、最高人民检察院关于办理诈骗刑事案件具体应用法律若干问题的解释》，均明确赃款或赃物适用善意取得制度。

2014 年《最高人民法院关于刑事裁判涉财产部分执行的若干规定》第 11 条第 2 款，更是明确否定了对赃款赃物一追到底的思路。该款规定："第三人善意取得涉案财物的，执行程序中不予追缴。"该司法解释起草负责人指出："赃款系种类物，赃款的追缴适用善意取得制度，凡被犯罪人非法处分的赃款，善意第三人都能取得所有权，司法机关不得追缴。"[1]

在本案中，如果对欧某在网络直播平台的打赏赃款不适用善意取得制度，而主播又将赃款 1 万元用于餐厅消费，依照一追到底的思路，是不是要向主播追缴 1 万元？如果餐厅发工资、购买其他食材、缴税等均通过电子支付，这 1 万元的流转情况会很清晰，那么是否应该向这些员工、菜农、税务部门追缴？这显然是难以实施的。

实际上，赃款作为种类物，一旦流转到第三人账户，与第三人账户内的钱款，特别是与大额钱款混同，并又参与财产分配或流通后，便难以认定赃款作为原物依然存在，此时向第三人追缴便已失去依据。

---

[1] 刘贵祥、闫燕：《〈最高人民法院关于刑事裁判涉财产部分执行的若干规定〉的理解与适用》，载《人民司法》2005 年第 1 期。

二、包括"直播打赏"在内的赃款在网络直播平台的所有消费活动都适用善意取得制度

网络直播作为一种新兴互联网商业模式,其运作有其自身特点,但究其内核,可在一定意义上将其运营模式类比为"顾客—商场—入驻卖家"之间的关系。

如 YY 平台一样的网络直播平台,是基于互联网,以视频、音频、图文等形式向公众持续发布实时信息,依托网络直播资质、技术服务条件和后台管理人员搭建网络直播平台,系互联网直播服务的提供者。网络直播平台有别于公益网络平台,其成立初衷就是为了获取一定商业利益。用户先向网络直播平台购买虚拟货币,然后使用虚拟货币在平台上消费,或购买虚拟礼物打赏给主播,或给自己购买其他特权,等等。主播根据网络直播平台规则要求注册成为主播,开播提供直播服务。网络直播平台则依据协议和主播收到的打赏数额来分配资金给主播,主播因此获得与打赏数额一定比例的收入。

"赃款打赏"是"网络直播打赏"中的一种情形。所谓"赃款打赏",就是使用赃款购买虚拟货币,然后再将虚拟货币或者使用虚拟货币购买礼物,打赏给在平台提供娱乐表演、才艺展示、聊天互动等服务的主播。

(一)网络直播平台提供服务,获得收益,即使来源为赃款,也属于善意取得,应当受到法律保护

用户为自己账户充值,购买虚拟货币,其目的是希望通过消费虚拟货币,获得其他不付费用户无法获得的服务;网络直播平台则保证有相应的服务资源供其挑选、享受。网络直播平台向用户出售虚拟货币,并提供服务,善意有偿,相关合同便合法有效。

主播开播只是网络直播平台提供的服务种类之一。用户在网络直播平台可以玩"捕鱼""转盘""挖矿"等不同的娱乐游戏,可以"打赏"主播,还可以开通"贵族"(进场特效)等,购买"头像框",加入"粉丝团"参与"抽奖""守护",等等。这些服务类型,有的与主播有关,有

的与主播无关；有些涉及主播收益，有些不涉及主播收益。包括"打赏"在内的所有需要购买虚拟货币才能消费的服务，其他未充值用户不能享有。它是出资消费用户享有的特殊权利，或是一种娱乐，或是一种自我包装，或是一种情感表达特权，或是一种与主播、其他用户互动的特殊方式，用户在消费过程中也因此获得精神上的享受。

在充值和消费过程中，网络直播平台与用户，一个提供服务获得收益，一个支付价款获得享受，二者属于网络服务合同关系。这在司法实务中已经形成普遍共识，可以通过查询中国裁判文书网予以印证。例如，针对审判实践中有当事人认为用户与直播平台之间属于赠与关系的主张，安徽省芜湖市中级人民法院在裁判中指出："用户在网络直播平台充值行为的意思表示明确，即购买虚拟货币'钻石'，其没有将自己的充值财产无偿给予网络直播平台的意思表示，也没有将自己在网络直播平台充值购买的'钻石'无偿给予网络直播平台的意思表示。而网络直播平台也没有接受赠与的意思表示及行为。因此，用户与网络直播平台之间，属于有偿的网络服务合同关系，并不符合赠与关系。"[1] 网络直播服务提供者通过搭建网络直播平台，持续发布实时信息，获取对价，符合市场秩序和交易规则，合法合理。

当然，网络直播平台也有相应的网络安全管理义务。这些义务主要表现为防止违法犯罪信息发布，保障平台系统安全和数据安全，保障个人信息安全等。但网络直播平台没有识别打赏款来源性质的义务。其实，不论是技术还是人力，网络直播平台在客观上都难以就充值款是否属于赃款作出实质性的审查和判断。况且，货币系种类物，而非特定物，相对人一般以持有状态来分辨归属情况。法律不强人所难，法律也不可能要求网络直播平台有识别打赏款具有赃款属性的义务。

因此，一般而言，在不明知的情况下网络直播平台提供了相应服务，并尽职履行了网络安全管理义务后，即使其获取的收益系赃款，也应适用

---

[1] 详见北京字节跳动科技有限公司与江某惠、钟某淘赠与合同纠纷案判决书，安徽省芜湖市中级人民法院（2020）皖02民终2598号民事判决书。

善意取得制度，受到法律的保护。

（二）用户与主播之间的法律关系，需要根据实际情况来区分认定，并以此为基础决定是否应当追缴主播所得钱款

主播也是网络直播平台用户，其根据与网络直播平台签署的协议，使用平台技术条件和用户资源，通过在直播间内向公众提供娱乐表演、才艺展示、聊天互动等服务获得人气，从粉丝（用户）处获得通过虚拟财产所兑换的虚拟礼物，并依据获取打赏数额的多少和协议约定的比例，从直播平台获取相应的收入。作为表演者，主播通过表演活动获取报酬亦符合著作权法关于表演者权的规定。

目前在司法实践中，围绕用户打赏主播所产生的法律关系，主要有以下两种观点。

一种观点认为，平台没有规定用户享受直播服务必须打赏，用户对主播打赏，纯属自愿，具有单务性且无对价，属于赠予，除非有证据证明主播接受打赏前后须履行具体、明确的合同义务。①

另一种观点认为，用户对自己认可的直播服务自行判断打赏的金额，是一种非强制性的对价支付模式，在打赏结束后，视为对价已支付，合同即履行完毕，属于消费性质的网络服务合同。例如，最高人民法院司法案例研究院于 2020 年 12 月 30 日发布的典型案例《丈夫在抖音上打赏 35 万元，妻子能要求女主播返还吗?》认为：“网络直播服务亦相应具有一定特性，即具有开放性、即时性。直播面向不特定对象，用户可随进随出，对主播的直播服务感到满意即可自愿打赏，但不能以此来否定网络直播服务的对价性。隋某在抖音直播平台为用户提供直播等服务，孙某在接受主播的服务后，获得精神层次上的愉悦，将抖音币打赏给隋某，亦是一种消费行为，双方之间实际上存在对价给付，即时成立网络服务合同关系，同时亦即时履行。”

---

① 例如，俞某华与广州华多网络科技有限公司、王某戎、哈尔滨兴戎文化传媒有限公司、刘某琪网络服务合同纠纷案中广州互联网法院的裁判观点，参见广州互联网法院（2018）粤 0192 民初 3 号民事判决书。

本文同意后一种观点，用户与主播之间属于网络服务合同法律关系，理由如下：

在网络直播过程中，主播可以随时与用户交流互动，这种交流互动均系独立于网络直播平台之外的意思表示，根据双方交流内容，随时可能构成不同的法律关系。用户与主播之间具有独立的并非依存于用户与平台关系的法律关系。

通常情况下，打赏是一种实实在在的网络消费活动，是用户享受了直播服务之后的消费支出，消费对象就是主播。用户充值购买虚拟货币的目的就是消费。将用户打赏视为一种赠予，与用户购买虚拟货币的初衷相违背。而主播开播的目的是通过娱乐表演、才艺展示、聊天互动等服务和时间的付出获取劳动报酬。很多主播都是在直播平台长年累月地工作，每日的开播时间远超8个小时，甚至将此作为主要生活来源。将主播这种劳动和时间付出所换取的报酬仅仅视为无对价、单务性的赠予，显然也与主播们开播的目的和劳动付出相冲突。

大量主播开播提供服务正是网络直播平台获取收益的最主要资源，也是用户最主要的消费项目。如果将用户打赏视为赠予，那么这种赠予必然不包含对网络直播平台的赠予。如果包含，就会将用户与网络直播平台之间的法律关系变成网络服务合同与赠与合同并存的双重法律关系，将用户的主观意志进行双重评价，这显然有违自然人的意志表达规律。既然受赠主体是主播一人，主播便具有支配打赏款的排他性权利，网络直播平台无权处分打赏款。但实际上，主播因打赏所得收益，都是通过网络直播平台分配的。主播最初收到的所谓打赏，只不过是虚拟财产，这种虚拟财产是网络直播平台分配给主播收益时依据的凭证。[①] 用户在充值之时就已经将钱款全部交付给了直播平台且即使无打赏等消费也无权再取现，财产所有权已经完成转移。主播所得的收益实际上是在用户参与下，网络直播平台根据与主播之间的协议，将网络直播平台已经获得的收益，对主播进行的

---

① 如果不将虚拟财产作为一种债权凭证对待，那么这种打赏物实际上毫无价值。因此，有观点认为，此类打赏没有法律评价之必要，从而否定赠与关系。

二次财产分配。主播的财产所得来源于网络直播平台的分配，而不是来源于用户的打赏，用户的打赏只不过是这种分配的一个参与因素。这种财产所得形式，显然与赠予大相径庭。

通常情况下，如果没有主播的直播服务发生，就不会有用户打赏主播行为的发生。否定打赏的交易对价性，不仅不符合各方的真实意思表示，也不符合各方行为所体现的交易特点，不利于保护各方之间的公平交易关系，亦不利于维护交易安全。用户打赏主播，首先应该视为一种消费性质的网络服务合同法律关系。对于这类合法的消费性质的直播打赏，在主播不明知赃款性质的情况下，应该依法认定为善意取得，保护主播劳动所得的合法财产权益。但是，这并不意味着所有的直播打赏都是网络服务合同法律关系。比如，主播通过诈骗、性交易、欺骗等违法犯罪活动而让用户打赏的；主播发布的内容违背公序良俗的；主播为了帮助用户洗钱或者结清未用完的虚拟货币而让用户直接打赏的；主播与用户约定好的赠予打赏的，都不能排除赠予或其他无效法律行为的存在。此类赠予或无效的打赏行为，依法不属于善意取得，对于打赏的赃款，应当向主播予以追缴。

三、善意取得的认定还应考虑的因素

（一）直播打赏对价的合理性判断

根据民法典第 311 条的规定，善意取得的构成条件之一是"以合理的价格转让"。有观点认为，打赏款有的一次便成千上万元，而一些主播的表演仅仅是说说话或唱唱歌，这种情形下的打赏，难以认定为合理的对价。这种观点是否正确，值得探讨。

第一，参照国家统计局公布的《居民消费支出分类（2013）》"文化和娱乐服务，指与文化和娱乐有关的服务支出，包括：观看电影、话剧、歌舞剧、音乐演出等支出"的规定，通过手机观看网络直播服务，以及充值、打赏使用虚拟社区币服务可纳入文化和娱乐服务消费类别，本身并未超出我国居民常见的消费支出范围。

第二，对打赏对价的合理性标准，相关监管部门没有出台具体的政策要求。这类娱乐性质的服务和打赏，其价值主要取决于用户自己的心理感受，而不取决于第三人的感受。一般情况下，只要是双方自愿，就不能否定对价的合法性和合理性。这就如电影演员的出演价格，到底多少是合理的？难以有一个具体的标准，只要合同约定和履行合法，就应该肯定合理性。这些应当由市场规定，属于当事人的自由意志。当然，如果今后相关部门出台了有关直播打赏的对价规范，就应该依照规范判断。

第三，在判断对价合理性时，还应该考虑：用户的每一次充值或打赏都是一次单独的消费，不能将所有的消费累计来考量，应独立考量每一次消费是否合理。比如，每次的网络购物都会在消费者与销售者之间形成一种买卖合同法律关系，即便同一消费者连续多年多次在同一销售者处购买同一种商品，也无法律依据和情事理由可将该消费者连续多年多次购买的金额累计计算并视为一次意思表示、一次购买行为或一次买卖合同法律关系。例如，上海市普陀区人民法院在一个合同纠纷案裁判中认为："被告赵某雄在'火山小视频'平台充值的金额从1元至20000元不等，具有小额、高频的特点，并非一次性充值778780元（600多次充值）。同时，本案所涉五个账号中仅有一个系用赵某雄的身份证号码登记注册，在通常情形下，网络平台无法判断五个账号实属同一用户所有。故赵某雄的充值、打赏行为并不足以导致作为合同相对方的网络平台对其充值资金来源的合法性和正当性产生合理怀疑。"[①]

当然，必要时可以参考同类娱乐服务的市场价格来评价合理性，不能简单地以部分高额打赏来否定所有打赏的合理性。当判断难以作出时，不宜让善意第三人替犯罪分子承担返还财产的责任。否则就有可能出现犯罪分子在非法占有赃款后，既大肆挥霍得到了享受，又不用承担退还赃款的法律责任，还能在减刑假释考量时不受没有退缴或退赔赃款的限制。若果真如此，就是让犯罪分子基于犯罪和挥霍获益，而让第三人替其承担退还赃款的法律责任。这显然有违公平、正义等法律精神。

---

① 详见翁某萍与北京微播视界科技有限公司、赵某雄等赠与合同纠纷案，上海市普陀区人民法院（2019）沪0107民初6417号民事判决书。

（二）在刑事案件中，控方应就涉案财产是否属于应予追缴的情形负举证责任

2014 年《最高人民法院关于刑事裁判涉财产部分执行的若干规定》第 11 条第 1 款规定："被执行人将刑事裁判认定为赃款赃物的涉案财物用于清偿债务、转让或者设置其他权利负担，具有下列情形之一的，人民法院应予追缴：（一）第三人明知是涉案财物而接受的；（二）第三人无偿或者以明显低于市场的价格取得涉案财物的；（三）第三人通过非法债务清偿或者违法犯罪活动取得涉案财物的；（四）第三人通过其他恶意方式取得涉案财物的。"

赃款去向及流转原因是法院审判中应当查明的事实，这一事实应当由控方举证证明。对非犯罪人占有财产的追缴，往往会影响对第三人财产权益的处分。但由于这类第三人参加诉讼的程序性权利经常缺失①，且该第三人并不是财产的追偿者而是责任负担者——替刑事被告人承担退还赃款责任，因此，相对于追索财产的被害人和追诉机关而言，该第三人相当于民事案件中的被告。无论从实体权利还是从诉讼权利的角度考虑，涉及追缴第三人财产的举证责任，都应该由控方承担，当控方不能证明存在上述四种应予追缴之情形的，应当裁判由被告人自己承担被追缴或退赔赃款的责任。当然，如果能够证明第三人并非善意取得，则应当向赃款所得者追缴。

本案中由于控方未能举证证明欧某给主播打赏的行为属于 2014 年《最高人民法院关于刑事裁判涉财产部分执行的若干规定》第 11 条第 1 款规定的四种情形，因而法院认定 YY 平台和主播接受的打赏属于善意取得，并根据刑法第 64 条之规定，判决向被告人欧某依法追缴赃款。

（一审法院合议庭成员：杨　辉　任茂盛　王建华
二审法院合议庭成员：南庆敏　罗远彪　张　凯
编写人：北京市海淀区人民法院原法官　游　涛）

---

①　2021 年 3 月实施的《最高人民法院关于适用〈中华人民共和国刑事诉讼法〉的解释》就第三人对被追缴财产提出异议参与诉讼的权利给予了一定的程序性保障。

24. 恶意索赔行为的法律探讨

——蒋某敲诈勒索案

关键词 刑事 职业索赔 主观恶意 索赔手段 敲诈勒索

【裁判要旨】

行为人以牟利为目的，大量恶意下单服饰类商品，以商品标识不符合国家有关规定为由先后向多家商户索赔，后对经营者以投诉举报、媒体曝光、诉讼等方式进行威胁，导致多家商户暂停营业，主观恶意明显，索赔数额较大，其行为构成敲诈勒索罪。

【相关法条】

《中华人民共和国刑法》

第二百七十四条【敲诈勒索罪】 敲诈勒索公私财物，数额较大或者多次敲诈勒索的，处三年以下有期徒刑、拘役或者管制，并处或者单处罚金；数额巨大或者有其他严重情节的，处三年以上十年以下有期徒刑，并处罚金；数额特别巨大或者有其他特别严重情节的，处十年以上有期徒刑，并处罚金。

【案件索引】

一审：湖北省大悟县人民法院（2020）鄂 0922 刑初 227 号（2020 年 12 月 31 日）

【基本案情】

经审理查明：2019 年 1 月至 2020 年 5 月间，被告人蒋某以非法占有为目的，注册多个账号并在京东商城大量下单购买第三方商家服饰类产品，后以产品标识不符合国家相关规定为由先后向 60 余名商家索赔 300 元至 500 元不等，在与商家联系、沟通过程中，商家若拒绝其要求，蒋某则以向市场监督管理部门举报、威胁、大量恶意下单让商铺无法继续经营等方式相要挟，强迫商家支付款项共计人民币 16866 元。

【裁判结果】

湖北省大悟县人民法院于 2020 年 12 月 31 日作出（2020）鄂 0922 刑初 227 号刑事判决：被告人蒋某犯敲诈勒索罪，判处有期徒刑十个月，并处罚金人民币 6000 元；被告人蒋某所退赃款 16866 元，由公安机关发还各被害人；随案移送被告人蒋某的涉案手机 4 部依法予以没收。

本案宣判后，检察机关没有提出抗诉，被告人没有提出上诉，判决已经发生法律效力。

【裁判理由】

法院生效判决认为：被告人蒋某以非法占有为目的，多次敲诈他人财物，数额较大，其行为构成敲诈勒索罪，应依法惩处。被告人蒋某归案后如实供述犯罪事实，系坦白，依法对其从轻处罚。被告人蒋某自愿接受法律处罚，对其从宽处罚。被告人蒋某积极退缴违法所得，酌定对其从轻处罚。

【案例注解】

根据法益保护原则，犯罪的本质是危害社会、侵害某种法益，且这种侵犯性非常严重，触犯了刑法，适用其他制裁方法不足以抑制这种行为。因此，认定职业索赔是否构成敲诈勒索罪，就看其行为是否严重侵犯了某种法益，是否符合敲诈勒索罪的构成要件。敲诈勒索罪，是指行为人以非法占有为目的，对他人实施威胁或者要挟，索取公私财物数额较大或者多次敲诈勒索的行为。

一、从主观方面来看，职业索赔人具有非法占有的目的

要分析职业索赔人主观上是否具有非法占有的目的，就要考察行为人主张索赔是否具有合法的权利基础，也就是说索赔是否有依据。如果行为人不具有正当的权利基础，超出了社会一般人的观念和行为标准，那么一般可以认为存在非法占有的意图，反之则不存在非法占有的意图。例如，行为人对相对人享有物权或者债权等请求权时，那么在一定程度上可以判定该行为人不具有非法占有的目的。

本案中蒋某用自己的身份证号以及借用三位朋友的身份证号在京东商城至少控制了198个账号，自2019年1月至案发不到一年半的时间，在京东商城大量购买第三方店铺服饰类产品共下单2526单，其中申请售后、工商投诉举报的异常订单达到了1500单，占订单总量的60%，其购买行为明显超出一般消费者的购买需求，也远远超出了正常消费者的订单异常率，且蒋某在索赔过程中不关注产品的质量反而追求商品的标签、标语等细节瑕疵问题，要求商家对不符合商品标识的产品退一赔三，不足500元的按照500元赔偿。该索赔请求既没有法律的明文规定，又超出了社会一般人的衡量标准，缺乏正当的权利基础，其主观恶意明显，应认定为具有非法占有的直接故意。

二、从客观方面来看，职业索赔的手段非法，索赔的金额或者次数已达到定罪标准

（一）索赔手段非法

敲诈勒索罪的手段行为基本构成是：行为人对他人实施威胁或者要挟→对方因而产生恐惧心理和压力→相对方基于这种恐惧心理而处分财物→行为人或第三人取得财物→受害方遭受财物损失。而这种威胁或者要

挟的方法有很多种。比如,准备实施暴力、揭发隐私、举报、毁坏名誉或荣誉等。其形式可以是书面的,也可以是口头的;可以是明示的,也可以是暗示的。在取得他人财物的时间上,可以是迫使他人当场交出,也可以是限期交出,总之,威胁的结果是使受害人因为行为的威胁产生恐惧不得已而交出财物或者默许行为人取得财物。本案中蒋某在购买商品后,发现商品形式上的瑕疵主张索赔时多次使用威胁性用语,以投诉举报、威胁打击店铺为手段向商家进行勒索,若商家不满足其无理诉求,则对投诉举报一跟到底威胁商家、恶意下单直至搞垮店铺等手段,使商家害怕、产生巨大的心理压力,迫使商家支付钱款,其索赔手段明显超出合理的限度,是非法的。

(二)索赔金额或次数已达到定罪标准

敲诈勒索罪属于侵犯财产类犯罪。侵犯财产的数额是认定财产犯罪的重要标准,敲诈勒索的财物只有在数额较大时,才构成犯罪,数额巨大、特别巨大或者有其他严重、特别严重的情节,是本罪的加重情节。《最高人民法院、最高人民检察院关于办理敲诈勒索刑事案件适用法律若干问题的解释》对本罪的犯罪数额进行了界定,敲诈勒索公私财物价值 2000 元至 5000 元以上、3 万元至 10 万元以上、30 万元至 50 万元以上,应当分别认定为刑法第 274 条规定的"数额较大""数额巨大""数额特别巨大"。两年内敲诈勒索 3 次以上的,应当认定为刑法第 274 条规定的"多次敲诈勒索"。本案中蒋某先后向京东上 60 余名商家索要钱财,金额达 16866 元,符合本罪中敲诈勒索他人财物"数额较大"的标准,同时也构成"多次敲诈勒索"。

三、从犯罪的客体来看,职业索赔行为已经侵犯了刑法保护的法益

敲诈勒索罪侵犯的是复杂客体,不仅涉及侵犯公私财物所有权,还危及他人人身权利或者其他权益,如企业的财产权、经营权、名誉权等。我国法律保护企业的财产权、自主经营权及名誉权等不受他人侵害。本案

中，蒋某通过向市场监督管理部门举报、威胁、大量恶意下单等方式，干扰商家店铺的正常经营活动，严重侵犯了商家的财产权、经营权、名誉权等刑法所保护的法益，具有严重的社会危害性，应当受到刑事处罚。

综上，法院根据蒋某主观上具有的非法占有的目的、索赔手段不合法、索赔数额较大及多次索赔的事实，认定其行为构成敲诈勒索罪，并根据其具有坦白、自愿认罪认罚以及积极退缴违法所得等量刑情节，对蒋某作出的判决是正确的。

（一审法院独任审判人员：张炜琳

编写人：湖北省大悟县人民法院　张炜琳　刘俊华）

25. 利用程序避开安全技术措施获取数据并出售的行为认定

——张某等非法获取计算机信息系统数据案

关键词 刑事 非法获取计算机信息系统数据 程序技术 网络安全 行为认定

【裁判要旨】

被告人在未经被害单位许可的情形下，利用编写的计算机程序，避开被害单位安全技术措施获取数据并转发牟利，应当认定为采用其他技术手段非法获取数据，情节严重的，构成非法获取计算机信息系统数据罪。

【相关法条】

《中华人民共和国刑法》

第二百八十五条【非法侵入计算机信息系统罪】 违反国家规定，侵入国家事务、国防建设、尖端科学技术领域的计算机信息系统的，处三年以下有期徒刑或者拘役。

【非法获取计算机信息系统数据、非法控制计算机信息系统罪】 违反国家规定，侵入前款规定以外的计算机信息系统或者采用其他技术手段，获取该计算机信息系统中存储、处理或者传输的数据，或者对该计算机信息系统实施非法控制，情节严重的，处三年以下有期徒刑或者拘役，并处或者单处罚金；情节特别严重的，处三年以上七年以下有期徒刑，并处罚金。

【案件索引】

一审：浙江省德清县人民法院（2021）浙 0521 刑初 34 号（2021 年 4 月 25 日）

二审：浙江省湖州市中级人民法院（2021）浙 05 刑终 87 号（2021 年 8 月 17 日）

【基本案情】

经审理查明：被告人张某实际控制的武汉三体时空信息技术有限公司、武汉中测安云科技有限公司自 2017 年 4 月起先后成为千寻位置网络（浙江）有限公司（以下简称千寻公司）的分销商。① 千寻公司要求，一个千寻 CORS 账号对应一个客户，客户不能以任何方式把账号提供给第三方，之后又明确客户获取的数据不可进行任何形式的转发。张某则想通过搭建中间平台实现一个千寻账号给多个终端用户服务，进而获取非法利益。具体方式为：一方面购买千寻账号组建账号池，另一方面通过微信等方式出售自建的 CORS 账号，再指使被告人陈某为其编写 NtripAgent 程序，使购买自建 CORS 账号的客户可以通过千寻公司账号访问千寻公司的服务器，获取千寻公司可精确到厘米的定位差分系统数据。2019 年 8 月，千寻公司发现张某等人存在使用技术手段将一个账号提供给多个客户使用的情况，即要求张某停止这种行为并赔偿损失。因张某未停止该行为，同年 10 月千寻公司终止了张某的分销商资格，同时逐步升级计算机信息系统的安全技术措施，对多个客户使用一个账号的情况进行识别并封禁。

---

① 千寻公司通过 CORS（Continuous Operional Reference System，即连续运行参考站系统）账号为用户提供实时定位差分数据。千寻 CORS 账号是基于北斗卫星系统基础定位数据，RTK（Real-time Kinematic，实时动态监测）的差分定位原理，应用布满全国的地基增强站，融合阿里巴巴集团自主研发的定位技术，云计算时代的多系统多频网络 RTK 算法，通过互联网方式为 CORS 账号使用者提供全天候的厘米级精度的定位差分服务。

为应对千寻公司的技术防范措施，2019 年 9 月至 2020 年 8 月，张某指使陈某将 NtripAgent 程序升级为 XCORS. GwServer 程序，并安排被告人李某敬提供售后及维护，继续获取千寻公司等精确定位差分系统的数据提供给其自建 CORS 账号客户，非法获利人民币 52 余万元，造成千寻公司巨额利益损失。

该 XCORS. GwServer 程序的工作原理是：对账号池中千寻公司的账号按地域管理，接到张某自建 CORS 账号客户的申请并验证通过后，解析出客户设备的 GPS 位置，自动调用账号池内对应区域可用空闲千寻公司账号，搭配相应的不易识别的公有云 IP 地址，访问千寻公司的服务器，获取精确定位差分数据后反馈给张某自建 CORS 账号客户。经鉴定，XCORS. GwServer 程序软件具有避开千寻公司账号认证、位置识别、处置转发行为的安全技术措施的功能。

案发后，陈某家属代为赔偿千寻公司人民币 70 万元并取得谅解；被告人李某敬自愿退缴违法所得人民币 5000 元。

【裁判结果】

浙江省德清县人民法院于 2021 年 4 月 25 日作出（2021）浙 0521 刑初 34 号刑事判决：被告人张某犯非法获取计算机信息系统数据罪，判处有期徒刑三年六个月，并处罚金人民币 10 万元；被告人陈某犯非法获取计算机信息系统数据罪，判处有期徒刑三年，缓刑四年，并处罚金人民币 8 万元；被告人李某敬犯非法获取计算机信息系统数据罪，判处有期徒刑一年四个月，缓刑一年十个月，并处罚金人民币 2 万元。

一审宣判后，被告人张某不服提起上诉。浙江省湖州市中级人民法院于 2021 年 8 月 17 日作出（2021）浙 05 刑终 87 号刑事裁定：驳回上诉，维持原判。

【裁判理由】

浙江省德清县人民法院认为，被告人张某、陈某、李某敬违反国家规定，采用技术手段，获取计算机信息系统中存储、处理或者传输的数据，情节特别严重，其行为均已构成非法获取计算机信息系统数据罪。在共同犯罪中，被告人张某、陈某是主犯，依法按照其所参与的全部犯罪处罚；被告人李某敬是从犯，予以减轻处罚。三被告人均能如实供述犯罪事实，被告人陈某、李某敬自愿认罪认罚，被告人陈某赔偿被害单位损失并取得谅解，予以从轻处罚。依法以非法获取计算机信息系统数据罪，分别判处被告人张某有期徒刑三年六个月，并处罚金人民币 10 万元；判处被告人陈某有期徒刑三年，缓刑四年，并处罚金人民币 8 万元；判处被告人李某敬有期徒刑一年四个月，缓刑一年十个月，并处罚金人民币 2 万元；扣押在案的作案工具电脑主机、笔记本电脑等若干，予以没收，其余手机、笔记本电脑、笔记本电脑电源线、硬盘，由扣押机关依法处理。

一审判决后，被告人张某不服，向浙江省湖州市中级人民法院提出上诉。

张某及其辩护人的上诉意见是：张某通过购买合法的账号访问千寻公司服务器后获取数据；其调整自身策略访问千寻公司计算机信息系统并获取数据，符合千寻公司设立的访问规则，不属非法获取数据；转发数据行为系获取数据之后合法的处置行为，不构成非法获取计算机信息系统数据罪。

二审法院审理认为，上诉人张某虽通过购买的账号获取千寻公司的数据，但其利用账号获取数据的目的是用于转发，违反了用户协议，具有非法获取千寻公司数据的主观故意，且违反了网络安全法等法律规定；其通过陈某编写的 XCORS. GwServer 程序，规避千寻公司设置的安全技术措施，属于利用其他技术手段获取数据；张某等人违法所得 2.5 万元以上，根据《最高人民法院、最高人民检察院关于办理危害计算机信息系统安全刑事案件应用法律若干问题的解释》，属于情节特别严重，依法构成非法获取计算机信息系统数据罪。原判对上诉人张某、原审被告人陈某、李某敬的定罪准确，量刑适当，上诉人张某及辩护人的上诉及辩护理由不能成立，据此裁定驳回上诉，维持原判。

【案例注解】

根据《二十国集团数字经济发展与合作倡议》中对数据经济的定义，数据是数字经济的最基本要素。作为市场化经济的新兴要素，《中共中央、国务院关于构建更加完善的要素市场化配置体制机制的意见》，将数据与土地、劳动力、资本和技术并列，作为第五大市场要素，并提出要推进政府数据开放共享、提升社会数据资源价值、加强数据资源整合的安全保护，以加快培育数据要素市场。在新时代，数据已经成为生产力发展的关键生产要素。但随着信息网络技术的发展和数字经济的兴起，通过网络技术手段非法获取数据的新类型犯罪不断出现，国家安全、经济发展和社会稳定面临新的挑战，需要加大打击力度。数据犯罪，不同于传统犯罪，涉及主观故意的认定、行为认定、数据安全、刑民交叉等一系列问题。

一、被告人具有非法获取数据的主观故意，且违反国家规定

刑法第 285 条第 2 款规定，违反国家规定，侵入前款规定以外的计算机信息系统或者采用其他技术手段，获取该计算机信息系统中存储、处理或者传输的数据，情节严重的，处三年以下有期徒刑或者拘役，并处或者单处罚金；情节特别严重的，处三年以上七年以下有期徒刑，并处罚金。本案中，张某在千寻公司更新分销系统服务协议及用户协议，明确规定禁止转发数据，且终止被告人张某公司分销商资格的情形下，继续采用技术手段获取千寻公司数据并转发，显然具有非法获取数据的直接故意。

根据刑法第 285 条的规定，非法获取计算机信息系统数据罪的三要素分别为"违反国家规定""侵入采取其他技术手段""获取数据"。何谓"违反国家规定"？刑法第 96 条规定，违反国家规定，是指违反全国人民代表大会及其常务委员会制定的法律和决定，国务院制定的行政法规、规定和行政措施、发布的决定和命令。根据刑法第 96 条的规定，刑法意义上的国家规定显然是作扩大解释。网络安全法第 27 条规定，任何个人或组织不得从事非法侵入他人网络、干扰他人网络正常功能、窃取网络数据等危害网络安全的活动。2021 年 9 月 1 日实施的数据安全法第 32 条第 1 款规

定，任何组织、个人收集数据，应采取合法、正当的方式，不得窃取或者以其他方式获取数据。本案中，被告人通过编写计算机程序避开被害人的安全技术措施获取数据并转发牟利，显然违反了网络安全法等相关法律法规的禁止性规定，构成"违反国家规定"的情形。

二、被告人的行为是否属于"采取其他技术手段"

非法获取计算机信息系统数据罪要求"侵入"或者"采用其他技术手段"获取计算机信息系统中存储、处理、传输的数据。本罪的"侵入"，是指未经授权或者他人同意，通过技术手段进入计算机信息系统。[①] 侵入通常是指通过"木马"程序等，在用户访问该网站时，伺机侵入用户计算机信息系统；或建立色情、游戏等网站，吸引用户访问并在用户计算机系统中植入"木马"程序等。"其他技术手段"是针对实践中随着计算机信息技术的发展可能出现的各种手段作出的兜底性规定。从文义解释和体系解释的角度理解，"采用其他技术手段"，是指采用侵入以外，与侵入功能相似的其他具有较高技术含量的手段。不论是"侵入"还是"采用其他技术手段"，都要求利用一定的网络技术手段。本案中，千寻公司为了禁止数据转发，逐步升级了安全技术措施，除了要求账号、密码认证和限制密码修改次数的传统措施以外，还采用技术措施对短时间内在不同地区"跳跃"访问的账号、申请获取地理数据与申请访问的 IP 地址不一致的账号、申请获取数据 IP 地址为公有云 IP 地址等可能存在转发行为的非正常账号进行识别并予以封禁。但本案被告人张某利用陈某编写的 XCORS. GwServer 程序，规避千寻公司设置的安全技术措施，通过建立账号池，对其掌握的千寻公司官网账号按照省份区分管理，接到自己客户的访问申请后，通过客户的网络地址解析出客户访问设备的 GPS 地址，随机调用与自己客户设备地理位置相对应区域账号池中可用千寻公司账号，使用天翼云跳板机对 IP 地址伪装（因为天翼云是否为公有云外网无法识别），再把定位请求发送到千寻公司的服务器，获取千寻公司的定位数据后提供给其客户使用。该

---

① 王爱立：《中华人民共和国刑法释义》，法律出版社 2021 年版，第 616 页。

行为规避了千寻公司的安全防护措施，实现数据转发，以达到将一个千寻官方账户获得的数据，提供给多个自建账号用户使用。因此，张某等人通过特定程序，绕过千寻公司身份认证、位置识别、处置转发行为的安全技术措施，获取数据并转发的行为，应认定为"采取其他技术手段"。

非法获取计算机信息系统数据罪之所以要规制"侵入"和"其他技术手段"的不法行为，主要在于其非法性，这体现在未经授权或超越授权两种情形。本案中，被告人张某等人辩称虽然其采取了技术手段，但数据均来自合法购买的千寻公司账户，并不具有违法性。对此，本文认为，被告人张某获取千寻公司数据的账号虽然是购买所得，但是其购买账号的目的并非基于自用，而是违反用户协议进行数据转发牟利，本质上属于窃取网络数据，只不过不同于常见的"秘密窃取"而已。此外，被告人张某等人还辩称其通过调整访问策略，符合千寻公司要求的规则。例如，千寻公司不允许账号在短时间内在不同地区"跳跃"，其通过设立账号池，对账号按省份分类管理，接到申请后解析出用户 GPS 位置，匹配合适账号，使其不在短时间内"跳跃"，因此，访问程序并不违反千寻公司规则，不属于侵入或者采用其他技术手段获取数据。本文认为，千寻公司设置相关安全防护措施的目的是防止一个账户多人使用以及对该公司数据的转发行为，而被告人张某等人在前期转发数据遭到明确禁止后，却更新、完善程序，不断提高程序的功能，根本的目的是对抗和规避千寻公司不断升级的安全防护措施，继续获取并转发千寻公司的数据。因此，是否适应千寻公司的访问规则，并不改变获得数据的非法性。

三、被告人的行为危害数据安全

数据安全涉及数据的保密性、完整性、可用性。非法获取数据类犯罪，实质是对数据保密性的侵犯。按照公开程度的不同，数据大致可以分为不公开的数据、半公开的数据、公开的数据。对于向大众公开的数据，因为不存在侵害权利人的保密意思，也不需要避开权利人的安全技术措施去获取，不能构成非法获取数据犯罪。但利用技术手段大量获取及利用他人公开数据的行为，可能构成侵权。如 2017 年新浪微博诉脉脉不正当竞争案。对于不公开或者半公开的数据，要获取该数据必须获得数据权利人授权（例如，身份验证、密码登录等）。行为人违背数据权利人的意愿，通过侵入或者采用其他技术手段非法获取相关数据，则不仅构成侵权，情节严重的，还可能构成犯罪。因为不公开或半公开的数据，权利人会对数据采用一定的保密措施，如果超过授权、避开或突破安全技术措施获取数据，则违背了权利人的保密意思，不但对他人利益造成侵害，也可能危及计算机信息系统以及数据本身的安全，可能触犯刑法。

在大数据时代，数据安全风险及其防范问题越来越受到国家立法的重视，法律保护的重心也从网络载体、信息内容逐步转到数据本身，从静态的计算机安全到动态的网络安全，发生着质的变化。[①] 随着网络安全法的实施，数据安全法、个人信息保护法的通过，我国对网络安全和数据安全的法律保护将更为严密。不同于网络游戏数据、网络视频数据等，地理信息数据具有一定特殊性。地理信息是国家重要的基础性、战略性信息资源，关系国家主权、安全和利益。《国家测绘地理信息局关于规范卫星导航定位基准站数据密级划分和管理的通知》规定，实时差分服务数据属于受控数据，采取用户审核注册的方式提供服务。其中，提供优于 1 米精度服务的，基准站数据中心管理部门审核注册后应向省级以上测绘地理信息行政主管部门报备用户及使用目的等信息。千寻公司提供的厘米级精度的实时定位数据属于受控数据，终端客户实名认证后才能使用。被告人张某等人的行为使千寻公司无法完成对终端用户的审核注册并按照规定向国家报备，不但涉及侵犯千寻公司的利益，也可能对国家地理信息数据的安全构成威胁。

四、对被告人的行为需要刑罚进行规制

数据化生存已经成为当前社会的基本存在方式，而数据犯罪也成为各个法律规范的重点。[②] 当一个违法行为既违反民事法律规范，又违反刑事

---

① 张勇：《数据安全法益的参照系和刑法保护模式》，载《河南社会科学》2021 年第 5 期。

② 郭旨龙：《非法获取计算机信息系统数据罪的规范结构与罪名功能》，载《政治与法律》2021 年第 1 期。

法律规范，就会产生刑民交叉的问题。正如本案所涉及的情形，在构成民事侵权的情形下，是否需要刑事处罚进行规制，司法实践中存在较大争议：一种观点认为，当同一行为既存在民事侵权，又构成刑事犯罪，如果追究民事侵权责任能够弥补损失，原则上就不需要刑事责任进行追究，尤其是被告人系通过合法账号获取数据，社会危害性显然较小；另一种观点认为，如果民事责任和刑事责任产生竞合，即使承担民事责任，也并不影响刑事责任的承担。本案被告人采取技术手段避开数据权利人的安全技术措施获取数据并转发，实际是未经授权采用其他技术手段获取数据，具有非法性，被告人购买的账号只是其非法获取地理信息数据的犯罪工具，因此，本案被告人需要承担相应的刑事责任。本文赞同第二种观点。

刑民交叉的案件是否需要运用刑罚予以规制，主要在于是否达到"情节严重"的判断标准。当不当行为超越"情节严重"的标准后，民事责任是否成立或者是否存在，并不影响刑事责任的规制。关于"情节严重"的判断，《最高人民法院、最高人民检察院关于办理危害计算机信息系统安全刑事案件应用法律若干问题的解释》第 1 条予以了明确。① 本案中，张某原为千寻公司的分销商，在作为分销商期间，即存在数据转发行为，分销系统服务协议中虽有账号需要实名认证的内容，但鉴于分销系统服务协议中没有明确禁止转发行为，对该阶段转发数据的行为，公诉机关未指控为犯罪，符合刑法的谦抑性。但在千寻公司发现转发数据行为，更新分销系统服务协议及用户协议，明确规定禁止转发数据，且终止被告人张某公司的分销商资格后，被告人张某仍继续采用技术手段获取千寻公司数据并转发，显然具有非法获取数据的直接故意。千寻公司为用户提供精确到厘米级别的定位数据，需要利用北斗卫星系统获取原始观测数据，建设大量的地面基站，并利用云计算技术对获取的数据进行纠偏处理，要投入大量

---

① 《最高人民法院、最高人民检察院关于办理危害计算机信息系统安全刑事案件应用法律若干问题的解释》第 1 条规定："非法获取计算机系统数据或者非法控制计算机信息系统，具有下列情形之一的，应当认定为刑法第二百八十五条第二款规定的'情节严重'：（一）获取支付结算、证券交易、期货交易等网络金融服务的身份认证信息十组以上的；（二）获取第（一）项以外的身份认证信息五百组以上的……（四）违法所得五千元以上或者造成经济损失一万元以上的……"

的人力物力成本。被告人张某等人通过一个账户获取定位数据，提供给多人使用的行为，对千寻公司的数据权利造成实质损害，并扰乱正常的市场秩序，应当运用刑罚手段予以规制。

关于被告人提出本案千寻公司是否存在权利用尽的问题。本文认为，知识产权中的权利用尽原则，是指专利人、商标权人或者著作权人等知识产权权利人自行生产、制造或者许可他人生产、制造的权利产品售出后，第三人使用或销售该产品的行为不视为侵权。应当说，权利用尽原则是对知识产权权利行使的一种限制制度，目的在于避免形成过度垄断，阻碍产权的自由市场流通，影响社会生产的发展和进步，同时也是对他人依法行使自己合法所有财产权利的保护。但本案中，千寻公司向客户提供定位服务数据本身并不涉及知识产权的问题，因此，并不存在权利用尽原则的适用空间。

五、本案引发的思考

随着经济全球化进程的不断加速，"互联网＋"、云计算等业务的高速发展，数据在当今社会中扮演着重要的角色，深刻影响政治、经济、文化等各方面的发展。但信息技术创新和数字经济产业发展的同时，也伴随着国家安全、产业安全以及个人隐私等问题。网络安全法第37条规定，关键信息基础设施的运营者在我国境内收集和产生的个人信息和重要数据应当在境内存储，因业务需要，确需向境外提供的，应当按照国家网信部门会同国务院有关部门制定的办法进行安全评估。基于数据的主权性，数据权利保护显然应当提升到国家主权的战略高度，因此，要强化数据国家安全意识。数据既是新的生产要素，也是国家的基础性资源。一国的经济数据、人口数据、金融数据等涉及国家根基，一旦数据壁垒被攻破，国家政治、经济和社会安全就可能受到威胁。自"棱镜门"事件发生后，数据对国家整体发展与安全的重要性逐渐显现。对于数据安全而言，除了直接以侵入行为非法获取境内数据进行跨境转移外，还表现为以商业外壳保障的数据跨境流动，这给国家安全带来极大挑战。

习近平总书记强调，没有网络安全就没有国家安全。网络不是法外之地，网络空间延伸到哪里，法治就应该覆盖到哪里。对于数据犯罪，应基于国家数据主权、企业数据权利（大数据权利）以及个人数据权利（人格权）构建三层法律保护模式。在国家数据主权层面，数据和数据交换中开放性、即时性等特点对数据安全提出了较传统市场要素更高的要求。在数据的流动，特别是跨境流动中，数字霸权的隐忧使得国家安全面临着更大的挑战，人民法院要严格把握网络安全法、数据安全法等法律为数据国家安全划定的红线，用好域外追责、刑事责任打击等规范跨境数据流动的司法武器。从企业数据权利的层面看，主要表现在刑法第 219 条规定的侵犯商业秘密罪和第 285 条第 2 款规定的非法获取计算机信息系统数据罪等。尤其随着平台经济模式的涌现，海量数据背后蕴含着巨大的商业价值。如果未经许可，利用算法或程序软件抓取其他主体的数据，进行价值变现，显然严重侵害了数据所有权人的利益，应当依法予以打击。从个人数据权利层面看，因为数据所包含用户的使用习惯、生活情况、通讯隐私以及其他各种可以识别出个人身份的信息，因此，需要法律予以保护。当然，对于人格权的保护存在梯度的问题，如果是侵犯少量的个人信息数据，构成民事领域的侵权纠纷；如果侵犯大量的个人信息数据，则构成侵害个人信息罪。

（一审法院合议庭成员：潘钟芬　倪晓琴　许建华

二审法院合议庭成员：陈克娥　李玉文　黄　帆

编写人：浙江省湖州市中级人民法院　杜　前　李玉文）

26. 提供"刷流量"软件技术支持行为的刑法适用

——蔡某某提供侵入计算机信息系统程序案

关键词 刑事 刷流量 数据造假 软件技术支持 计算机安全保护措施

【裁判要旨】

为"刷流量"提供软件技术支持，实现避开计算机信息系统安全保护措施，未经授权获取计算机信息系统数据功能的，以提供侵入计算机信息系统程序罪定罪处罚。

【相关法条】

《中华人民共和国刑法》

第二百八十五条 【非法侵入计算机信息系统罪】 违反国家规定，侵入国家事务、国防建设、尖端科学技术领域的计算机信息系统的，处三年以下有期徒刑或者拘役。

【非法获取计算机信息系统数据、非法控制计算机信息系统罪】 违反国家规定，侵入前款规定以外的计算机信息系统或者采用其他技术手段，获取该计算机信息系统中存储、处理或者传输的数据，或者对该计算机信息系统实施非法控制，情节严重的，处三年以下有期徒刑或者拘役，并处或者单处罚金；情节特别严重的，处三年以上七年以下有期徒刑，并处罚金。

【提供侵入、非法控制计算机信息系统程序、工具罪】 提供专门用于侵入、非法控制计算机信息系统的程序、工具，或者明知他人实施侵入、非法控制计算机信息系统的违法犯罪行为而为其提供程序、工具，情节严重的，依照前款的规定处罚。

单位犯前三款罪的，对单位判处罚金，并对其直接负责的主管人员和其他直接责任人员，依照各该款的规定处罚。

《最高人民法院、最高人民检察院关于办理危害计算机信息系统安全刑事案件应用法律若干问题的解释》

第二条 具有下列情形之一的程序、工具，应当认定为刑法第二百八十五条第三款规定的"专门用于侵入、非法控制计算机信息系统的程序、工具"：（一）具有避开或者突破计算机信息系统安全保护措施，未经授权或者超越授权获取计算机信息系统数据的功能的；（二）具有避开或者突破计算机信息系统安全保护措施，未经授权或者超越授权对计算机信息系统实施控制的功能的；（三）其他专门设计用于侵入、非法控制计算机信息系统、非法获取计算机信息系统数据的程序、工具。

【案件索引】

一审：北京市丰台区人民法院（2019）京 0106 刑初 1813 号（2020 年 12 月 31 日）

【基本案情】

北京市丰台区人民检察院指控被告人蔡某某犯提供侵入、非法控制计算机信息系统程序、工具罪，指控事实为：2018 年 1 月至 2019 年 3 月间，被告人蔡某某在未获得新浪微博授权的前提下，自行开发"星援"App，有偿为他人提供不需要登录微博客户端即可转发微博博文及自动批量转发微博博文的功能。后大量软件用户以向"星援"App 充值的形式有偿使用该软件，并通过运行上述软件侵入新浪微博公司服务器。经鉴定，"星援"App 通过截取新浪微博服务器中对应账号的相关数据，后使用与其截取数据相同的网络数据格式向该服务器提交数据，完成与该服务器的交互，以实现在不登录微博客户端的情况下，可转发新浪微博博文的功能，也可以实现自动批量转发新浪微博博文的功能。经统计，至案发时该软件已有用户使用 19 万余个控制端微博账号登录，上述控制端账号绑定微博账号 5000 余万个，被告人蔡某某获取充值金额人民币 600 余万元。

被告人蔡某某对公诉机关指控的事实无异议，但认为该行为并不构成犯罪。

辩护人认为公诉机关指控的提供侵入、非法控制计算机信息系统程序、工具罪不能成立。第一，现有证据无法证实"星援"App 系专门用于侵入、非法控制计算机信息系统的程序：（1）现有证据无法证实"星援"App 具有避开或者突破新浪服务器安全保护措施的功能，电脑、手机等涉案物品的扣押过程不规范，检材来源不明且过程方法不符合相关专业规范要求；（2）与新浪微博服务器发生交互具有授权。第二，"星援"App 不是专门用于侵入、非法控制计算机信息系统的程序：（1）"星援"App 与新浪服务器属于通信协议的交互行为，不是侵入行为；（2）蔡某某使用的技术具有合法性；（3）关于本案中存在争议的 ua 值限制、关闭微博登录保护、切换 IP 事项，不是"星援"App 具有的避开或者突破计算机信息系统安全保护措施的功能；（4）"星援"App 属于自动化操作，转发的结果与使用微博客户端没有区别。第三，用户使用"星援"App 的行为不属于犯罪行为，对被告人蔡某某定罪将违背共犯理论。第四，刑法具有谦抑性，对于本案应谨慎入罪。第五，如果认定被告人蔡某某构成犯罪，其具有主观恶性较小、社会危害性小、初犯、偶犯、如实供述等情节，故建议对其适用缓刑。

被害单位的诉讼代理人认为本案事实清楚、证据确实充分，但被告人蔡某某的行为应以破坏计算机信息系统罪论处，并应赔偿北京微梦创科网络技术有限公司经济损失。第一，本案与李骏杰等破坏计算机信息系统案（最高人民检察院指导性案例第 34 号）高度类似，应参照适用；"星援"App 属于破坏性程序；"星援"App 破坏了微博明星势力榜信息系统的排序功能；直接使用"星援"App 的明星粉丝实际上也涉嫌破坏计算机信息系统。第二，被告人蔡某某的行为给北京微梦创科网络技术有限公司造成了巨大经济损失，其中应急人工支出 45986.2 元、2018 年第四季度因"星援"App 投入 10376934 元。第三，被告人蔡某某开发的"星援"App 对社会危害性极大，严重妨碍了社会管理秩序。

经审理查明：2018 年 1 月至 2019 年 3 月间，被告人蔡某某未获得北京微梦创科网络技术有限公司授权而自行开发"星援"App，有偿为他人提供不需要登录新浪微博客户端即可转发微博博文及自动批量转发微博博文的服务。后大量用户以向"星援"App 充值的形式有偿使用该软件，并通过运行上述软件侵入新浪微博服务器。经鉴定，"星援"App 通过截取新浪微博服务器中对应账号的相关数据，后使用与其截取数据相同的网络数据格式向该服务器提交数据并完成与该服务器的交互，以实现不登录新浪微博客户端即可转发微博博文的功能以及自动批量转发微博博文的功能。经统计，至案发时该软件已有用户使用 19 余万个控制端微博账号登录，上述控制端账号绑定微博账号 5000 余万个，被告人蔡某某获取违法所得人民币 6253752.86 元。

【裁判结果】

北京市丰台区人民法院于 2020 年 12 月 31 日作出（2019）京 0106 刑初 1813 号刑事判决：被告人蔡某某犯提供侵入计算机信息系统程序罪，判处有期徒刑五年，并处罚金人民币 10 万元；继续追缴被告人蔡某某违法所得人民币 6253752.86 元予以没收；在案冻结的银行账户内资金人民币 423559.98 元及其产生的孳息并入本判决第二项执行。

本案宣判后，检察机关没有提出抗诉，被告人没有提出上诉，判决已经发生法律效力。

【裁判理由】

法院生效判决认为：被告人蔡某某提供专门用于侵入计算机信息系统的程序，情节特别严重，其行为已构成提供侵入计算机信息系统程序罪，应予处罚。"星援"App 的功能原理主要是将与微博客户端转发微博时相同的网络数据格式提交给微博服务器，使微博服务器误认为是微博客户端提交的网络数据，进而与"星援"App 发生数据交互，实现了转发微博博文的功能，"星援"App 尚未达到控制微博服务器或客户端的程度，应以提供侵入计算机信息系统程序罪对被告人蔡某某定罪处罚。鉴于被告人蔡某某到案后如实供述基本犯罪事实，对其予以从轻处罚。

【案例注解】

当前，流量数据已经成为互联网经济的重要资源，依靠流量数据的高低来进行选择、评判的现象越来越凸显。涉案"星援"App 的主要作用即是提供给"饭圈"用户刷量控评。粉丝为了给明星营造热度、维持话题而用该 App 制造大量虚假数据流量。目前，我国刑法对提供侵入计算机信息系统程序行为有明确规定，本案从计算机信息系统安全保护的角度认定了蔡某某营运"星援"App 构成犯罪，为打击"刷流量"提供软件技术行为提供司法支持。

一、侵入的本质在于未经授权或者超越授权

被告人蔡某某通过反编译等手段获取微博服务器与客户端之间的网络数据格式，自行开发"星援"App，使得微博用户仅登录"星援"App 而无须登录微博客户端即能够实现转发微博博文等功能。综合被告人蔡某某的供述、证人崔某某和李某的证言以及微博服务使用协议，能够证实被害单位北京微梦创科网络技术有限公司既未授权被告人蔡某某设计开发具有相关功能的软件，又未同意将"星援"App 接入微博平台，亦未同意用户可以绕过微博客户端而通过未经授权的软件登录微博并实现微博客户端的功能。故"星援"App 具备侵入计算机信息系统的本质特征。

二、专门性的体现在于软件功能用途的单一性

从"星援"App 设计之初的目的以及最终实现的功能来看，该软件就是针对新浪微博用户，使新浪微博用户不登录微博客户端便可转发微博博

文，并能通过绑定多个账号、发起多次重复请求以及在转发微博博文时随机生成不同硬件设备信息，最终实现自动批量转发微博博文。该软件在日常运用中亦集中于用户在新浪微博中刷赞、刷榜、刷转发等，以制造虚假数据流量。故"星援"App具备专门性的特征。

三、避开或突破安全保护措施的方式具有多样性

一方面，被告人蔡某某通过反编译等手段获取源代码，并从源代码中获取密钥和特定算法。"星援"App在运行过程中通过调取上述密钥及特定算法生成微博服务器所需数据格式，从而使"星援"App得以伪装成正常的客户端和被害单位服务器之间进行数据交互，且在转发微博博文时随机生成不同的硬件设备信息，避开了微博服务器对同一客户端连续请求的限制措施。

另一方面，"星援"App在登录账号说明中明确提到"账号登录需要关闭微博保护"，并载明在微博客户端进行关闭登录保护的具体操作步骤。从被告人蔡某某对该登录说明的解释以及被害单位出具的说明可以看出，登录保护作为保障微博账号安全的机制，对微博登录过程中客户端与服务器的数据交互过程亦起到了一定的安全保护作用。"星援"App未对接该项功能，而让用户采取人工关闭方式避开该项安全保护措施。故"星援"App具备避开计算机信息系统安全保护措施的特征。

四、可以对蔡某某的行为性质进行独立评价

在刑法已经将提供侵入、非法控制计算机信息系统程序、工具的行为单独规定为犯罪的情况下，使用者是否构罪以及是否被追诉并不影响对提供者的行为评价，故对被告人蔡某某进行定罪处罚不违背共犯理论。在案发时，"星援"App已有用户使用19余万个控制端微博账号登录，绑定微博账号多达5000余万个，被告人蔡某某由此获取充值金额600余万元。"星援"App用户充值后使用该软件进行批量的博文自动转发，营造虚假数据流量，对网络空间的公共秩序、实名制用户的账户安全以及被害单位的服务器稳定等多方面均造成严重影响。被告人蔡某某的行为在已经具有

社会危害性且符合刑法规定的罪刑条款的情况下，对其定罪处罚并不违背刑法的谦抑性。

五、本案并不符合破坏计算机信息系统罪的构成要件

被害单位的诉讼代理人认为，本案应参照适用李骏杰等破坏计算机信息系统案，"星援"App属于破坏性程序，对被告人蔡某某应以破坏计算机信息系统罪论处。经查，最高人民检察院指导性案例第34号中被告人的行为系其冒用购物网站买家身份进入网站内部评价系统删改购物评价，从而被评价为对计算机信息系统内存储的数据进行修改操作，故被认定为破坏计算机信息系统罪。而本案被告人蔡某某的行为主要系设计开发"星援"App并将该软件有偿提供给他人下载使用，其行为模式与最高人民检察院指导性案例第34号并不相似。且本案尚无充分证据证实"星援"App属于破坏性程序，故不宜适用破坏计算机信息系统罪。

（一审法院合议庭成员：杨　堃　马　靖　王法农

编写人：北京市丰台区人民法院　杨　堃）

27. 盗窃与破坏计算机信息系统行为牵连时的处罚

——林某汉破坏计算机信息系统案

关键词 刑事 破坏计算机信息系统罪 盗窃罪

【裁判要旨】

利用木马病毒非法侵入计算机信息系统，对计算机信息系统中的数据进行修改操作，盗取被害公司的财物，行为人主观上为盗取他人的财物，而客观上实施了破坏计算机信息系统的行为，其目的行为和手段行为之间具有牵连关系，应从一重罪处罚。

【相关法条】

《中华人民共和国刑法》

第二百八十六条【破坏计算机信息系统罪】 违反国家规定，对计算机信息系统功能进行删除、修改、增加、干扰，造成计算机信息系统不能正常运行，后果严重的，处五年以下有期徒刑或者拘役；后果特别严重的，处五年以上有期徒刑。

违反国家规定，对计算机信息系统中存储、处理或者传输的数据和应用程序进行删除、修改、增加的操作，后果严重的，依照前款的规定处罚。

故意制作、传播计算机病毒等破坏性程序，影响计算机系统正常运行，后果严重的，依照第一款的规定处罚。

单位犯前三款罪的，对单位判处罚金，并对其直接负责的主管人员和其他直接责任人员，依照第一款的规定处罚。

【案件索引】

一审：广东省深圳市福田区人民法院（2020）粤 0304 刑初 572 号（2020 年 12 月 4 日）

【基本案情】

广东省深圳市福田区人民检察院指控称：被害公司深圳市金丰澜赢信息技术有限公司位于福田区泰然六路红松大厦 A 座×××号，主要运营"盈球体育"App。2019 年 6 月 27 日晚，被告人林某汉用其妻子莫某平、哥哥林某庆、姐姐林某萍及其本人的身份信息、银行账户，通过"盈球体育"App 注册成为用户后，发起虚拟充值共计 19.5 万元人民币（实际并未充值），随后使用事先盗取的被害公司客服人员张某的账号"zhangjun"远程登录"盈球体育"网站后台系统，对上述四个账户的充值进行确认操作，使得上述四个账户实际到账 19.5 万元人民币。林某汉根据网站要求使用 30%以上的金额参与投注游戏后，将四个账户内共计 6.5 万元人民币提现至绑定的相应银行账户，然后取现、转移支付。因被害公司察觉上述账户异常将账户冻结，账户内余款未能继续提现。

公诉机关追加指控称：2019 年 7 月初，被告人林某汉等人通过网络移植"木马"程序的方式，窃取了广东华创企业管理有限公司"华联资本"App（股票配置平台）的管理员账户，之后用管理员账户远程登录该 App 后台系统，注册添加了新用户"周某菊""夏某"，并将该公司收款账户反复篡改为"周某菊"名下支付宝账户（绑定邮政银行卡号，尾号 1860）。2019 年 7 月 5 日，该公司客户陈某等 4 人共计转入上述"周明菊"账户 59000.62 元。随后，林某汉安排其哥哥林某庆（另案处理）持上述银行卡于 7 月 5 日、6 日、7 日将上述款项全部取现。

公诉机关据此认为，被告人林某汉的上述行为已构成盗窃罪、破坏计算机信息系统罪，根据牵连犯择一重罪处罚的原则，应当以破坏计算机信息系统罪追究其刑事责任。

被告人林某汉对公诉机关指控其犯盗窃罪无异议，对指控其犯破坏计算机信息系统罪有异议，其辩称：（1）对第一份起诉书指控的内容，其只是发起了虚假充值，取现 65000 元，是盗窃行为，其按照上家要求发过木马病毒，但其发送木马病毒是在本案案发之后，不代表是其破坏了被害公司的计算机信息系统；（2）对于补充起诉的事实，其只认盗窃罪，没有用木马病毒入侵被害公司，其没有控制后台和篡改收款码。

辩护人发表如下辩护意见：（1）本案罪名定性有误，本案应适用刑法第 287 条的规定，认定为盗窃罪；（2）被告人如实稳定供述犯罪事实，具有坦白情节，不能因其没有供述公诉机关认为的事实就不认定其如实供述；（3）关于公诉机关追加起诉的部分事实，同案犯在惠州已经以盗窃罪被起诉，本案是同一事实，理应按盗窃罪处罚；（4）结合林某汉的涉案金额、从犯和坦白的情节，建议以盗窃罪对被告人从轻处罚。

另查明，被告人林某汉因犯非法获取计算机信息系统数据罪，于 2018 年 6 月 17 日被羁押，2019 年 1 月 22 日被取保候审，2019 年 3 月 20 日被执行逮捕，2019 年 6 月 12 日被取保候审；于 2019 年 6 月 10 日被判处有期徒刑三年，缓刑四年，并处罚金人民币 8000 元（已缴纳）。

【裁判结果】

广东省深圳市福田区人民法院于 2020 年 12 月 4 日作出（2020）粤 0304 刑初 572 号刑事判决：被告人林某汉犯破坏计算机信息系统罪，判处有期徒刑五年六个月；被告人林某汉犯非法获取计算机信息系统数据罪，判处有期徒刑三年；数罪并罚，决定执行有期徒刑七年十个月；责令被告人林某汉退赔被害公司深圳市金丰澜赢信息技术有限公司经济损失人民币 65000 元、退赔被害公司广东华创企业管理有限公司经济损失人民币 59000.62 元。

宣判后，检察机关没有提出抗诉，被告人没有提出上诉，判决已经发生法律效力。

【裁判理由】

法院生效判决认为：根据在案证据，足以证实被告人林某汉利用木马病毒或与他人合作利用木马病毒侵入被害公司计算机系统，对被害公司计算机信息系统中的数据进行修改的操作，促使被告人发起的虚假充值得到确认以及将被害公司收款账户篡改为被告人提供的银行账户，造成二被害公司经济损失在人民币 5 万元以上，后果特别严重，其行为符合破坏计算机信息系统罪的构成要件。同时，被告人出于非法占有之目的，非法侵入被害公司计算机系统后台盗取二被害公司的财物共计人民币 124000.62 元（65000 元 + 59000.62 元），数额巨大，其行为已构成盗窃罪。被告人林某汉为盗取他人的财物而客观上实施了破坏计算机信息系统的行为，其目的行为和手段行为之间具有牵连关系，应从一重罪处罚，即认定被告人林某汉构成破坏计算机信息系统罪。被告人林某汉曾因犯非法获取计算机信息系统数据罪被宣告缓刑，在缓刑考验期限内犯本罪，应当撤销缓刑，数罪并罚。

【案例注解】

在窃财型破坏计算机信息系统案件中，对于涉案被告人的行为定性及犯罪金额的认定往往成为争议焦点，归纳而言主要有以下问题：一是对刑法第 286 条及第 287 条的理解与适用；二是犯罪金额的认定；三是认定盗窃罪还是破坏计算机信息系统罪。结合本案对上述争议问题分析如下。

一、对刑法第 286 条及第 287 条的理解与适用

实践中，对于窃取财物型破坏计算机信息系统的案件，部分法院采用"行为人目的说"而适用刑法第 287 条的规定，直接以盗窃罪定罪量刑。对此，本文持不同观点。刑法第 287 条规定："利用计算机实施金融诈骗、盗窃、贪污、挪用公款、窃取国家秘密或者其他犯罪的，依照本法有关规定定罪处罚。"根据该条规定，计算机在犯罪中仅为犯罪工具，体现的是

介质功能，该条所涉犯罪行为是利用计算机这一工具实施金融诈骗、盗窃等其他犯罪行为，实际上是对金融诈骗、盗窃等犯罪手段入刑的一种扩充性规定，故刑法第 287 条与第 286 条所涉的犯罪客体及法益存在本质区别。本案中，辩护人提出应适用刑法第 287 条的规定认定被告人林某汉构成盗窃罪而非破坏计算机信息系统罪，法院未采纳辩护人的相关意见亦有理有据。结合在案证据及案情，行为人林某汉以窃取被害公司的财物为目的，实施通过木马病毒侵入被害公司计算机系统后台，对系统数据进行修改等操作，导致被害公司财物损失，其行为是通过破坏被害公司计算机信息系统从而达到窃取财物的目的，林某汉的行为不仅符合刑法第 287 条规定的要件，也符合第 286 条的规定，不得仅依据刑法第 287 条的规定认定构成盗窃罪而不构成破坏计算机信息系统罪。

二、犯罪金额的认定

认定窃财型破坏计算机信息系统案件的犯罪金额，主要考虑两个方面：一是被窃取财物的实际金额或价值；二是因计算机信息系统被破坏而导致的直接经济损失，包括但不限于数据信息等被非法删除、修改后需恢复而支付的必要费用，在相关数据信息无法恢复的情况下重新收集整理而支付的必要费用，信息系统被破坏后维修的必要支出，以及因信息系统被非法破坏导致被害人（单位）无法履行正常合约，应当向合同相对方承担违约或赔偿责任的实际合理金额等。实践中，虽然这类案件存在着不同案情和细节，但是对于犯罪金额的认定需坚持客观证据能够证实的直接经济损失原则，在"入罪"与"情节严重程度"的认定上要严格把握。本案中，因后台数据及银行转账记录等在案证据能够充分印证被害公司的直接损失和被告人获利金额的一致性，且无证据证实被害公司除被盗财物损失之外还存在其他直接损失，故本案是以被害单位被盗取金额来认定被告人的犯罪金额。

三、认定盗窃罪还是破坏计算机信息系统罪

这个问题对法院办理窃财型破坏计算机信息系统案件造成了一定困

扰，即目的行为与手段行为出现牵连关系，同时触犯两个及两个以上罪名时当如何处理。各国刑法大多无牵连犯的明确规定，理论上一般认为对牵连犯不实行数罪并罚，而是从一重罪处罚，但法律已有明确规定的除外。结合在案证据及案情，行为人林某汉利用木马病毒或与他人合作利用木马病毒侵入被害公司计算机系统，对被害公司计算机信息系统中的数据进行修改的操作，促使被告人发起的虚假充值得到确认以及将被害公司收款账户篡改为被告人提供的银行账户，造成二被害公司经济损失在人民币5万元以上，后果特别严重，其手段行为符合破坏计算机信息系统罪的构成要件。同时，林某汉出于非法占有之目的，非法侵入被害公司计算机系统后台盗取二被害公司的财物共计人民币124000.62元（65000元＋59000.62元），数额巨大，其目的行为已构成盗窃罪。被告人林某汉为盗取他人的财物而客观上实施了破坏计算机信息系统的行为，其目的行为和手段行为之间具有牵连关系，应从一重罪处罚。从犯罪金额、犯罪结果、刑罚程度来看，本案应依法认定林某汉构成破坏计算机信息系统罪。

（一审法院合议庭成员：胡许晴　曾　鲁　何　战

编写人：广东省深圳市福田区人民法院　胡许晴）

28. 设立通讯群组用于骗取互联网广告费用的罪名适用

——杨某奎等非法利用信息网络案

关键词 刑事 非法利用信息网络罪 帮助信息网络犯罪活动罪 罪名适用

【裁判要旨】

设立通讯群组教授互联网广告虚假点击方法，骗取广告推广费用分成的，对通讯群组设立者及其上游非法提供账号的帮助行为者，应当分别适用非法利用信息网络罪和帮助信息网络犯罪活动罪定罪处罚。

【相关法条】

《中华人民共和国刑法》

第二百八十七条之一【非法利用信息网络罪】 利用信息网络实施下列行为之一，情节严重的，处三年以下有期徒刑或者拘役，并处或者单处罚金：

（一）设立用于实施诈骗、传授犯罪方法、制作或者销售违禁物品、管制物品等违法犯罪活动的网站、通讯群组的；

（二）发布有关制作或者销售毒品、枪支、淫秽物品等违禁物品、管制物品或者其他违法犯罪信息的；

（三）为实施诈骗等违法犯罪活动发布信息的。

单位犯前款罪的，对单位判处罚金，并对其直接负责的主管人员和其他直接责任人员，依照第一款的规定处罚。

有前两款行为，同时构成其他犯罪的，依照处罚较重的规定定罪处罚。

第二百八十七条之二【帮助信息网络犯罪活动罪】 明知他人利用信息网络实施犯罪，为其犯罪提供互联网接入、服务器托管、网络存储、通讯传输等技术支持，或者提供广告推广、支付结算等帮助，情节严重的，处三年以下有期徒刑或者拘役，并处或者单处罚金。

单位犯前款罪的，对单位判处罚金，并对其直接负责的主管人员和其他直接责任人员，依照第一款的规定处罚。

有前两款行为，同时构成其他犯罪的，依照处罚较重的规定定罪处罚。

【案件索引】

一审：江苏省常州市金坛区人民法院（2020）苏 0413 刑初 240 号（2020 年 7 月 17 日）

二审：江苏省常州市中级人民法院（2020）苏 04 刑终 225 号（2020 年 10 月 10 日）

【基本案情】

经审理查明：2019 年 5 月，百度联盟推出"百青藤"平台。经营网站的正规商家在遵守百度联盟会员注册协议、百度广告合作推广协议的前提下，通过申请实名注册"百青藤"账号并将经营的网站与平台绑定。百度在线网络技术（北京）有限公司（以下简称百度公司）通过"百青藤"平台在其经营的网站上挂靠推广广告，普通网民在浏览网站时通过点击广告而形成一定的点击量，百度公司以此与经营网站的商家分成广告推广费用。2019 年 6 月，被告人薛某某在网上接触到"百青藤"平台，并学习了如何利用"百青藤"平台形成广告虚假点击量，骗取百度公司广告分成的具体方法。

被告人薛某某在掌握上述方法后，分别联系了被告人杨某奎、李某波，并预谋通过在网上招收学员、收取学费、向学员传授上述方法的方式获利。经商量，由被告人杨某奎负责宣传并招收学员、收取学费、创建学员微信群；被告人薛某某负责向学员分发或售卖非正规"百青藤"账号、维护学员微信群秩序；被告人李某波负责提供技术支持，联系非正规"百青藤"账户号商、联系制作教学视频、在微信学员群内提供问题解答。后被告人杨某奎将上述情况告诉被告人苑某煜、付某，并让被告人苑某煜、付某帮忙宣传、招收学员、收取学费，同时根据招收学员情况按比例提成。被告人薛某某让被告人吕某娟作为其助理在微信学员群内负责解答问题、协助其分发非正规"百青藤"账号。2019 年 8 月底，被告人葛某亮参与帮助第一期学员将新建的广告代码挂靠服务器、在微信学员群内解答问题、提供技术支持。因第一期学员的"百青藤"账号经常被封等原因，被告人薛某某、杨某奎经商议后联系被告人葛某亮合作招收第二期学员，由被告人葛某亮顶替被告人李某波的工作。截至 2019 年 8 月 30 日，被告人杨某奎获利共计人民币 274988 元；被告人薛某某获利共计人民币 149449.5 元；被告人葛某亮获利共计人民币 57630 元；被告人李某波获利共计人民币 53311.5 元；被告人苑某煜获利共计人民币 94126.5 元；被告人付某获利共计人民币 58430 元；被告人吕某娟获利共计人民币 6000 元。

被告人苏某宁、罗某旭、蒋某红在明知他人可能将非正规"百青藤"账号用于骗取百度公司广告分成的情况下，仍然出售非正规"百青藤"账号。其中，被告人苏某宁通过出售账号获利人民币 171650 元；被告人罗某旭通过出售账号获利人民币 117600 元；被告人蒋某红通过出售账号获利人民币 54260 元。

【裁判结果】

江苏省常州市金坛区人民法院于 2020 年 7 月 17 日作出（2020）苏 0413 刑初 240 号刑事判决：被告人杨某奎犯非法利用信息网络罪，判处有期徒刑一年五个月，并处罚金人民币 8 万元；被告人薛某某犯非法利用信息网络罪，判处有期徒刑一年二个月，并处罚金人民币 5 万元；被告人葛某亮犯非法利用信息网络罪，判处有期徒刑九个月，并处罚金人民币 2 万元；被告人李某波犯非法利用信息网络罪，判处有期徒刑七个月，并处罚金人民币 2 万元；被告人苑某煜犯非法利用信息网络罪，判处有期徒刑六个月，并处罚金人民币 3 万元；被告人付某犯非法利用信息网络罪，判处拘役五个月，并处罚金人民币 2 万元；被告人吕某娟犯非法利用信息网络罪，判处拘役三个月，缓刑五个月，并处罚金人民币 8000 元；被告人苏某宁犯帮助信息网络犯罪活动罪，判处有期徒刑九个月，并处罚金人民币 3 万元；被告人罗某旭犯帮助信息网络犯罪活动罪，判处有期徒刑七个月，并处罚金人民币 2 万元；被告人蒋某红犯帮助信息网络犯罪活动罪，判处拘役四个月，缓刑六个月，并处罚金人民币 1 万元。

一审宣判后，被告人苑某煜提出上诉，后自愿撤回上诉。江苏省常州市中级人民法院于 2020 年 10 月 10 日作出（2020）苏 04 刑终 225 号刑事裁定：准许苑某煜撤回上诉。

【裁判理由】

法院生效裁判认为：被告人杨某奎、薛某某、葛某亮、李某波、苑某煜、付某、吕某娟利用信息网络，设立用于实施诈骗、传授犯罪方法的通讯群组，情节严重，七被告人的行为均构成了非法利用信息网络罪，是共同犯罪。被告人苏某宁、罗某旭、蒋某红明知他人利用信息网络实施犯罪，仍提供帮助，三被告人的行为均构成了帮助信息网络犯罪活动罪。在共同犯罪中，被告人杨某奎、薛某某、葛某亮、李军是主犯，应当按照所参与的全部犯罪处罚；被告人苑某煜、付某起次要作用，被告人吕某娟起辅助作用，是从犯，依法应当从轻处罚。被告人付某是自首，依法可以从轻处罚。被告人杨某奎、薛某某、葛某亮、李某波、苑某煜、吕某娟、苏某宁、罗某旭、蒋某红是坦白，依法均可从轻处罚。十被告人均自愿认罪认罚，依法均可从宽处理。在本案审理期间，被告人杨某奎、薛某某、李某波、苑某煜、付某、吕某娟、蒋某红能退还全部违法所得并预缴罚金，被告人罗某旭能退还部分违法所得并预缴罚金，被告人葛某亮、苏某宁能预缴罚金，对十被告人均可酌情从轻处罚。根据被告人吕某娟、蒋某红的犯罪情节、认罪态度和悔罪表现，对二人均可宣告缓刑。

【案例注解】

随着计算机网络的普及和发展，信息网络技术对社会生产和生活的方方面面都产生了巨大的影响。人们了解、传递信息的渠道增多、速度更快，信息的及时性和有效性日益增强。同时，信息技术的发展也将推动与信息相关产业的进步与发展。据中国互联网络信息中心（CNNIC）发布的第 47 次《中国互联网络发展状况统计报告》显示，截至 2020 年 12 月，我国网民规模达 9.89 亿，较 2020 年 3 月增长 8540 万，互联网普及率达 70.4%。2020 年，我国互联网行业在抵御新冠肺炎疫情和疫情常态化防控下对我国成为全球唯一实现经济正增长的主要经济体、国内生产总值（GDP）首度突破百万亿发挥了积极作用。

随着网络犯罪的迅速发展，近几年新型网络犯罪形式屡见不鲜。基于网络信息传播迅速的特征，如果不对利用信息网络犯罪的行为加以预防，行为延续到后续犯罪可能会产生严重的社会危害。为有力惩处网络犯罪，维护正常的网络秩序和人民群众的合法权益，自 2015 年 11 月 1 日起施行的刑法修正案（九）增设了刑法第 287 条之一、之二，规定了非法利用信息网络罪和帮助信息网络犯罪活动罪。2019 年 10 月 25 日，最高人民法院、最高人民检察院联合发布《关于办理非法利用信息网络、帮助信息网络犯罪活动等刑事案件适用法律若干问题的解释》（以下简称《解释》），明确了非法利用信息网络罪和帮助信息网络犯罪活动罪的定罪量刑标准和具体的法律适用问题。通过设立非法利用信息网络罪作为新的罪名，将刑事处罚的介入点提前到了犯罪的预备阶段，契合以预防为中心的刑法目的理论。在本罪立法之前，以非法目的利用信息网络的行为往往被认定为后续关联犯罪的预备行为，在司法实践中被作为行政违法行为，多数利用信息网络犯罪的行为难以规制。因此，为了降低网络犯罪的社会危害程度，就需要刑法更早地介入到网络犯罪的规制中，以达到降低信息网络犯罪风险的目的。刑事立法通过设立这一罪名，适应了社会风险发展，以应对网络犯罪的异变。通过刑法早期介入的方式来预防和打击网络犯罪，也正是受到"打早打小"刑事政策的指导，向前推进了打击犯罪的环节。但实践中，对非法利用信息网络罪和帮助信息网络犯罪活动罪的理解与适用还存在着一定的争议，本文将在下文进行探讨。

一、"违法犯罪"的理解与适用

根据刑法第 287 条之一规定，非法利用信息网络罪包含三款规定。第1 款规定本罪的基本犯罪构成，即利用信息网络实施下列"行为"之一，"情节严重的"，构成本罪：一是设立用于实施诈骗、传授犯罪方法、制作或者销售违禁品、管制物品等违法犯罪活动的网站、通讯群组的；二是发布有关制作或者销售毒品、枪支、淫秽物品等违禁品、管制物品或者其他违法犯罪信息的；三是为实施诈骗等违法犯罪活动发布信息的。第 2 款规定单位可以构成本罪。第 3 款规定本罪与他罪的想象竞合，属于注意性规定，即有前两款行为，同时构成其他犯罪的，依照处罚较重的规定定罪处罚。

从非法利用信息网络罪的立法目的之一来看，本罪体现了预备行为实行化的立法思路。而理论界有关"违法犯罪"的认识还存在分歧，争议的焦点在于，"违法犯罪"是否包括违法行为，对于发布招嫖广告、组织吸毒、制售管制刀具、驾照消分等一般违法信息的，应否以该罪定罪处罚？若认为包括违法活动、违法信息，会面临这样的法理诘问："以往实践中基本上连犯罪行为的预备都不罚，为什么现在针对一般的违法行为的预备反而要处罚，而且是作为实行犯处罚？"然而，如果将"违法犯罪"限定为犯罪行为或刑法分则规定的行为类型，虽然能够克服上述法理诘难，避免司法的恣意性，却会限缩非法利用信息网络罪的适用范围，导致该罪虚置化。

笔者认为，应将"违法犯罪"限定为与条文明文列举的诈骗、传授犯罪方法、制售违禁物品、管制物品行为的法益侵害性相当、与犯罪有关、具有侵害重大法益危险性的活动。本罪的规定虽然是将预备行为实行化，但该行为并非如实行行为一样具备法益侵害的现实紧迫危险，实际上依然属于预备犯，而且本罪属于情节犯，只有达到"情节严重"①才能构成本罪。本案中，被告人杨某奎等人以实施违法犯罪活动为目的，设立用于传授广告虚假点击量方法，进而骗取百度公司广告推广费用的通讯群组。被告人设立的通讯群组达到五个以上，违法所得数额达到了 1 万元以上，符合"情节严重"的认定标准，应当以非法利用信息网络罪论处。

二、"同时构成其他犯罪"与罪数竞合

刑法第 287 条之一第 3 款规定："有前两款行为，同时构成其他犯罪的，依照处罚较重的规定定罪处罚。"非法利用信息网络罪的法定刑最高为三年有期徒刑，从立法目的来看，显然是因为预见到该罪可能与其他犯罪发生竞合，且竞合时从一重处罚，就能做到罪刑相适应，因此设置第 287 条之一第 3 款作为处理原则，但需要明确在何种情形下适用该条款。

罪名竞合的前提是行为人仅实施了一个行为而构成了数个罪名。如果数个行为中，一个行为触犯该条第 1 款，另一行为构成其他犯罪的，就应当实行数罪并罚。换言之，只要利用信息网络发布违法犯罪信息本身情节严重，就成立了非法利用信息网络罪，如果本人或者他人利用所发布的违法犯罪信息，进一步实行了相关的犯罪，则超出了非法利用信息网络罪的范畴，而可能数罪并罚。例如，行为人不仅在 QQ 群发布大量销售枪支的信息，还实际销售了枪支，则由于超出了"同时"的范畴，而能够以非法

---

① 《最高人民法院、最高人民检察院关于办理非法利用信息网络、帮助信息网络犯罪活动等刑事案件适用法律若干问题的解释》第 10 条规定："非法利用信息网络，具有下列情形之一的，应当认定为刑法第二百八十七条之一第一款规定的'情节严重'：（一）假冒国家机关、金融机构名义，设立用于实施违法犯罪活动的网站的；（二）设立用于实施违法犯罪活动的网站，数量达到三个以上或者注册账号数累计达到二千以上的；（三）设立用于实施违法犯罪活动的通讯群组，数量达到五个以上或者群组成员账号数累计达到一千以上的；（四）发布有关违法犯罪的信息或者为实施违法犯罪活动发布信息，具有下列情形之一的：1. 在网站上发布有关信息一百条以上的；2. 向二千个以上用户账号发送有关信息的；3. 向群组成员数累计达到三千以上的通讯群组发送有关信息的；4. 利用关注人员账号累计达到三万以上的社交网络传播有关信息的；（五）违法所得一万元以上的；（六）二年内曾因非法利用信息网络、帮助信息网络犯罪活动、危害计算机信息系统安全受过行政处罚，又非法利用信息网络的；（七）其他情节严重的情形。"

利用信息网络罪与非法买卖枪支罪数罪并罚。

如前所述，虽然大多数观点认为非法利用信息网络罪是所谓预备行为的实行行为化，但不能绝对排除发布犯罪信息本身就是具体犯罪的实行行为，或者说，能将发布犯罪信息的行为本身认定为相关犯罪的"着手实行"。例如，能将发布诈骗信息的行为认定为具有导致被害人财产损失的具体、现实、紧迫危险性的欺骗行为，所以利用信息网络发布犯罪信息，除可能成立相关犯罪的预备外，还可能成立相关犯罪的未遂或者既遂。

综上，所谓"同时构成其他犯罪"，应仅指一个行为，即发布违法犯罪信息的行为，同时构成其他相关犯罪的预备（也可能是未遂、既遂）。非法利用信息网络发布犯罪信息，既可能与相关犯罪预备发生竞合，还可能与相关犯罪的未遂甚至既遂发生竞合。如果行为人利用信息网络发布违法犯罪信息后，本人或者他人利用所发布的违法犯罪信息，超出了发布违法犯罪信息即犯罪预备的范畴，进一步着手实施了相关犯罪，则不再属于"同时"，应以非法利用信息网络罪与相关犯罪的未遂或者既遂数罪并罚。

三、非法利用信息网络罪与帮助信息网络犯罪活动罪的关系厘清

从现实角度来看，网络"黑灰产"已经表现出集技术化、专职化、游离化为一体的共同犯罪形式，"违法犯罪与网络技术应用，以利益为纽带相互绑定，催生出分工协作、利益共享的黑色产业链"。① 因此，有必要对非法利用信息网络罪与帮助信息网络犯罪活动罪的关系进行梳理。

根据刑法第287条之二的规定，帮助信息网络犯罪活动罪是指自然人或者单位明知他人利用信息网络实施犯罪，为其提供互联网接入、服务器托管、网络储存、通讯传输等技术支持，或者提供广告推广、支付结算等帮助，情节严重的行为。因为帮助信息网络犯罪活动罪的增设是帮助行为正犯化理念在立法上推动的结果，其被视为帮助行为正犯化的典型立法

---

① 黄京平：《新型网络犯罪认定中的规则判断》，载《中国刑事法杂志》2017年第6期。

例，也在理论界和实务界得到广泛认可。① 要厘清两者之间的区别，应该认识到非法利用信息网络罪的核心是传播信息，系相关犯罪的预备行为，只要实施了发布违法犯罪信息的行为，就成立非法利用信息网络罪，而帮助信息网络犯罪活动罪的核心是为他人利用信息网络实施犯罪提供技术支持与帮助，系相关犯罪的帮助行为，要求被帮助对象已经着手实行了犯罪，故两罪成立犯罪的条件存在一定差异。本案中，被告人苏某宁等人明知被告人杨某奎等人购买"百青藤"账号系用于网络违法犯罪活动，仍然向其出售，且出售账号的违法所得达到了 1 万元以上，符合"情节严重"的认定标准，应当以帮助信息网络犯罪活动罪论处，从而体现对网络"黑灰产"的"全链条"一体打击。

（一审法院独任审判员：张照鹏

二审法院合议庭成员：潘安民　朱文箭　张　斌

编写人：江苏省常州市中级人民法院　朱文箭

江苏省常州市金坛区人民法院　张照鹏　姚佳璐）

---

① 刘宪权、房慧颖：《帮助信息网络犯罪活动罪的认定疑难》，载《人民检察》2017 年第 19 期。

29. 为赌博 App 提供网络推广行为的定性

——隋某燕等非法利用信息网络案

关键词 刑事　开设赌场罪　非法利用信息网络罪　帮助信息网络犯罪活动罪　共犯

【裁判要旨】

为赌博 App 提供网络推广行为的定性，要结合行为人的主观故意、帮助推广对象犯罪事实的查证情况等综合考虑。帮助推广对象的犯罪事实并未查证属实，不能证明行为人具有共同犯罪故意，则不能认定该推广行为构成开设赌场罪或者帮助信息网络犯罪活动罪。应认定该行为属于发布有关制作或者销售毒品、枪支、淫秽物品等违禁物品、管制物品或者其他违法犯罪信息，以非法利用信息网络罪定罪处罚。

【相关法条】

《中华人民共和国刑法》

第二百八十七条之一【非法利用信息网络罪】　利用信息网络实施下列行为之一，情节严重的，处三年以下有期徒刑或者拘役，并处或者单处罚金：

（一）设立用于实施诈骗、传授犯罪方法、制作或者销售违禁物品、管制物品等违法犯罪活动的网站、通讯群组的；

（二）发布有关制作或者销售毒品、枪支、淫秽物品等违禁物品、管制物品或者其他违法犯罪信息的；

（三）为实施诈骗等违法犯罪活动发布信息的。

单位犯前款罪的，对单位判处罚金，并对其直接负责的主管人员和其他直接责任人员，依照第一款的规定处罚。

有前两款行为，同时构成其他犯罪的，依照处罚较重的规定定罪处罚。

《最高人民法院、最高人民检察院关于办理非法利用信息网络、帮助信息网络犯罪活动等刑事案件适用法律若干问题的解释》

第十条 非法利用信息网络，具有下列情形之一的，应当认定为刑法第二百八十七条之一第一款规定的"情节严重"：

（一）假冒国家机关、金融机构名义，设立用于实施违法犯罪活动的网站的；

（二）设立用于实施违法犯罪活动的网站，数量达到三个以上或者注册账号数累计达到二千以上的；

（三）设立用于实施违法犯罪活动的通讯群组，数量达到五个以上或者群组成员账号数累计达到一千以上的；

（四）发布有关违法犯罪的信息或者为实施违法犯罪活动发布信息，具有下列情形之一的：

1. 在网站上发布有关信息一百条以上的；

2. 向二千个以上用户账号发送有关信息的；

3. 向群组成员数累计达到三千以上的通讯群组发送有关信息的；

4. 利用关注人员账号数累计达到三万以上的社交网络传播有关信息的；

（五）违法所得一万元以上的；

（六）二年内曾因非法利用信息网络、帮助信息网络犯罪活动、危害计算机信息系统安全受过行政处罚，又非法利用信息网络的；

（七）其他情节严重的情形。

【案件索引】

一审：上海市崇明区人民法院（2020）沪 0151 刑初 200 号（2020 年

9 月 11 日）

二审：上海市第二中级人民法院（2020）沪 02 刑终 1277 号（2021 年 2 月 7 日）

【基本案情】

经审理查明：自 2017 年 1 月起，北京易彩互联科技有限公司（以下简称易彩公司）实际负责人被告人隋某燕与被告人詹某军、何某山商定后，先后与北京品众互动网络营销技术有限公司（以下简称品众公司）、优矩互动（北京）科技有限公司（以下简称优矩公司）、霍尔果斯宝盛广告有限公司（以下简称宝盛公司）合作，通过搜狗、神马等网络平台为他人推广赌博 App。被告人隋某燕注册、收购具有棋牌类游戏经营资质的上海淼掌网络科技有限公司（以下简称淼掌公司）、上海胜兮网络科技有限公司（以下简称胜兮公司）、金华市哈秀网络科技有限公司（以下简称哈秀公司）、杭州朗妙网络科技有限公司（以下简称朗妙公司）、重庆强鸟网络科技有限公司（以下简称强鸟公司），并让易彩公司员工李某、张某新等人担任法定代表人，由易彩公司以注册、收购的上述公司名义推广赌博 App，供参赌人员下载参赌。

易彩公司聘用被告人詹某军做销售并负责公司对内运营等事务管理，聘用被告人何某山做销售并负责公司对外与媒体对接等事务管理，聘用被告人佟某、张某新等人做客服或销售业务，聘用被告人高某玉负责技术解析工作。被告人隋某燕明知为客户推广的是赌博 App，为了获取非法利益，仍让公司员工积极寻找客户并制定了业务员提成比例，被告人詹某军、何某山、佟某、张某新、高某玉等明知易彩公司推广的系赌博 App，仍结伙为赌博软件提供互联网接入、投放广告等服务并收取服务费。

自 2017 年 1 月至 2019 年 10 月，易彩公司推广赌博 App 并从客户处共收取服务费 55979 余万元，支付合作公司约定钱款后，易彩公司获利 1707 余万元。其中，詹某军联系的客户支付服务费 19294 余万元，易彩公司从中获利 854 余万元；何某山联系的客户支付服务费 8601 余万元，易彩公司从中获利 227 余万元；佟某联系的客户支付服务费 13506 余万元，易彩公司从中获利 301 余万元；张某新联系的客户支付服务费 9564 余万元，易彩公司从中获利 201 余万元；高某联系的客户支付服务费 2224 余万元，易彩公司从中获利 49 余万元，高某在担任赌博 App 客服期间，客户支付易彩公司服务费 19654 余万元，易彩公司从中获利 495 余万元；胡某娜联系的客户支付服务费 1794 余万元，易彩公司从中获利 49 余万元；李某联系的客户支付服务费 473 余万元，易彩公司从中获利 12 余万元；方某联系的客户支付服务费 28 余万元，易彩公司从中获利 7000 余元，方某在担任赌博 App 客服期间，客户支付易彩公司服务费 6615 余万元，易彩公司从中获利 242 余万元；卜某雄在担任赌博 App 客服期间，客户支付易彩公司服务费 16390 余万元，易彩公司从中获利 557 余万元；张某军联系的客户支付服务费 213 余万元，易彩公司从中获利 5 余万元。被告人高某玉负责上述所有赌博 App 的解析工作。

2019 年 10 月 15 日，被告人隋某燕、詹某军、何某山、佟某、张某新、胡某娜、李某、方某、卜某雄、张某军被警方抓获到案；2019 年 10 月 21 日，被告人高某、高某玉向警方投案，后均如实供述了上述犯罪事实。

【裁判结果】

上海市崇明区人民法院于 2020 年 9 月 11 日作出（2020）沪 0151 刑初 200 号刑事判决：被告人隋某燕犯开设赌场罪，判处有期徒刑四年六个月，罚金人民币 10 万元；被告人詹某军犯开设赌场罪，判处有期徒刑三年六个月，罚金人民币 5 万元；被告人何某山犯开设赌场罪，判处有期徒刑三年三个月，罚金人民币 5 万元；被告人佟某犯开设赌场罪，判处有期徒刑二年六个月，罚金人民币 3 万元；被告人张某新犯开设赌场罪，判处有期徒刑二年三个月，罚金人民币 3 万元；被告人高某犯开设赌场罪，判处有期徒刑一年九个月，罚金人民币 2 万元；被告人高某玉犯开设赌场罪，判处有期徒刑一年三个月，罚金人民币 1 万元；被告人胡某娜犯开设赌场罪，判处有期徒刑一年三个月，罚金人民币 1 万元；被告人李某犯开设赌场罪，判处有期徒刑一年二个月，罚金人民币 8000 元；被告人方某犯开设赌场罪，判处有期徒刑一年一个月，罚金人民币 8000 元；被告人卜某雄犯开设赌场罪，判处有期徒刑一年一个月，罚金人民币 8000 元；被告人张某军犯开设赌场罪，判处有期徒刑一年，罚金人民币 5000 元。

一审宣判后，被告人隋某燕、张某新认为其行为应构成帮助信息网络犯罪活动罪，原判决量刑过重，被告人何某山、佟某、高某认为原判决量刑过重，提出上诉。

上海市第二中级人民法院于 2021 年 2 月 7 日作出（2020）沪 02 刑终 1277 号刑事判决：撤销上海市崇明区人民法院（2020）沪 0151 刑初 200 号刑事判决；上诉人（原审被告人）隋某燕犯非法利用信息网络罪，判处有期徒刑二年十个月，罚金人民币 10 万元；上诉人（原审被告人）何某山犯非法利用信息网络罪，判处有期徒刑二年二个月，罚金人民币 4 万元；上诉人（原审被告人）佟某犯非法利用信息网络罪，判处有期徒刑一年七个月，罚金人民币 2 万元；上诉人（原审被告人）张某新犯非法利用信息网络罪，判处有期徒刑一年五个月，罚金人民币 2 万元；上诉人（原审被告人）高某犯非法利用信息网络罪，判处有期徒刑一年四个月，罚金人民币 1 万元；原审被告人詹某军犯非法利用信息网络罪，判处有期徒刑二年三个月，罚金人民币 4 万元；原审被告人高某玉犯非法利用信息网络罪，判处有期徒刑一年三个月，罚金人民币 7000 元；原审被告人胡某娜犯非法利用信息网络罪，判处有期徒刑一年三个月，罚金人民币 7000 元；原审被告人李某犯非法利用信息网络罪，判处有期徒刑一年二个月，罚金人民币 5000 元；原审被告人方某犯非法利用信息网络罪，判处有期徒刑一年一个月，罚金人民币 5000 元；原审被告人卜某雄犯非法利用信息网络罪，判处有期徒刑一年一个月，罚金人民币 5000 元；原审被告人张某军犯非法利用信息网络罪，判处有期徒刑一年，罚金人民币 2000 元。

【裁判理由】

法院生效判决认为：首先，虽然本案的上诉人及原审被告人明知推广的是具有赌博功能的 App，但该 App 可能被用于开设赌场，也可能被用于聚众赌博、实施诈骗等其他违法犯罪活动，而目前证据尚不足以证实上述

App 系被用于开设赌场，故原判决认定上诉人及原审被告人构成开设赌场罪共同犯罪的证据并不充分。

其次，帮助信息网络犯罪活动罪要求明知被帮助对象利用信息网络实施犯罪，且被帮助对象所实施的犯罪应当被查证属实。而本案被帮助的对象实施的相关犯罪尚未查证属实，故亦不能认定为帮助信息网络犯罪活动罪。

上诉人隋某燕、何某山、张某新、佟某、高某以及原审被告人詹某军、胡某娜、李某、方某、高某玉、卜某雄、张某军利用信息网络发布赌博等违法犯罪信息，情节严重，其行为应被认定为非法利用信息网络罪。

【案例注解】

随着互联网及移动互联网的快速发展，信息网络犯罪活动频发，且种类多样，新型犯罪手法层出不穷，令人难以防范。针对这一新情况、新问题，当前出台了相关法律法规及司法解释等予以规制，但由于信息网络犯罪相较于传统犯罪较为特殊，取证比较困难，行为更加复杂，对这类犯罪准确定罪量刑仍存在一定困难。对于本案中被告人在互联网上为赌博 App 提供推广行为的定性，主要涉及开设赌场罪、帮助信息网络犯罪活动罪以及非法利用信息网络罪三种罪名，需要结合被告人的主观故意、帮助推广对象犯罪事实的查证情况综合考虑，准确定罪量刑。

一、立法背景：涉案罪名的相关法律法规

最高人民法院、最高人民检察院、公安部于 2010 年出台了《关于办理网络赌博犯罪案件适用法律若干问题的意见》（以下简称《意见》），《意见》中规定，明知是赌博网站，而为其提供互联网接入、服务器托管、网络存储空间、通讯传输通道、投放广告、发展会员、软件开发、技术支持等服务，收取服务费数额在 2 万元以上的，属于开设赌场罪的共同犯罪，以开设赌场罪处罚，数额 5 倍以上，应定为情节严重。

2015 年 8 月，刑法修正案（九）增设了两条规定，即刑法第 287 条之一、第 287 条之二，明确利用信息网络发布有关制作或者销售毒品、枪支、淫秽物品等违禁物品、管制物品或者其他违法犯罪信息的，构成非法利用

信息网络罪。明知他人利用信息网络实施犯罪，为其犯罪提供互联网接入、服务器托管、网络存储、通讯传输等技术支持，或者提供广告推广、支付结算等帮助，情节严重的，构成帮助信息网络犯罪活动罪。有上述行为，同时构成其他犯罪的，依照处罚较重的规定定罪处罚。

2019 年 10 月，最高人民法院、最高人民检察院出台了《关于办理非法利用信息网络、帮助信息网络犯罪活动罪等刑事案件适用法律若干问题的解释》（以下简称《若干问题的解释》），明确第 287 条之一规定的"违法犯罪"，包括犯罪行为和属于刑法分则规定的行为类型但尚未构成犯罪的违法行为，且规定了违法所得 1 万元以上等七项情形，属于"情节严重"。

2020 年 10 月，最高人民法院、最高人民检察院、公安部出台了《办理跨境赌博犯罪案件若干问题的意见》（以下简称《跨境意见》），该意见中又一次规定了明知是赌博网站、应用程序，而为其提供软件开发、技术支持、互联网接入、服务器托管、网络存储空间、通讯传输通道、广告投放、会员发展、资金支付结算等服务，以开设赌场罪的共犯论处。

通过梳理上述法律法规及司法解释，开设赌场、非法利用信息网络以及帮助信息网络犯罪活动行为的性质得以区分，且根据刑法相关规定，如被告人的行为同时触犯了上述罪名，应以处罚较重的开设赌场罪定罪处罚。

二、条分缕析：涉案罪名的适用条件

首先，根据《〈最高人民法院关于办理网络赌博犯罪案件适用法律若干问题的意见〉的理解与适用》，开设赌场犯罪的共犯之间并非必须事先通谋，在实行赌博犯罪的过程中形成共同犯罪故意的，同样构成共犯。但必须注意，必须有证据证明行为人明知他人在实施开设赌场犯罪，这是行为人主观上存在沟通故意的前提。而本案中，涉嫌开设赌场的 App 的所有者、开发者要么未能到案，要么未予处理，公安机关仅是通过侦查实验来认定这些 App 是赌博 App，但究竟是用于开设赌场、聚众赌博还是名为赌博、实则诈骗等均未查实。因此，行为人主观上仅是明知系具有赌博功能的 App，难以认定行为人明知他人在开设赌场，故不能以开设赌场的共犯认定。

其次，《〈最高人民法院关于办理网络赌博犯罪案件适用法律若干问题的意见〉的理解与适用》中提到，在帮助信息网络犯罪活动罪中，被帮助对象的犯罪事实必须查证属实。如前所述案件中，目前被帮助对象的犯罪事实并未能查证属实。因此，本案亦不能定帮助信息网络犯罪活动罪。

最后，根据刑法修正案（九）的规定，发布有关制作或者销售毒品、枪支、淫秽物品等违禁物品、管制物品或者其他违法犯罪信息的，构成非法利用信息网络罪。由于本案涉案 App 具有赌博功能，且已有被害人报案称因此钱财受损，可以认定上诉人及原审被告人发布的这些具有赌博功能的 App 至少属于违法行为，且违法所得已超过 1 万元，根据《若干问题的解释》的规定，属于情节严重，故本案应以非法利用信息网络罪定罪处罚。

三、梳理总结：涉案罪名的认定路径

本案被告人通过设立互联网广告公司，收购具有棋牌游戏资质的游戏公司，再与传媒公司合作为具有赌博等性质的 App 提供网络推广，从中赚取推广费差价牟利，该行为在当前的互联网业态下具有很强的代表性。结合上文关于各罪名认定的论述，对该行为的定性可以遵循以下路径（见图一）：

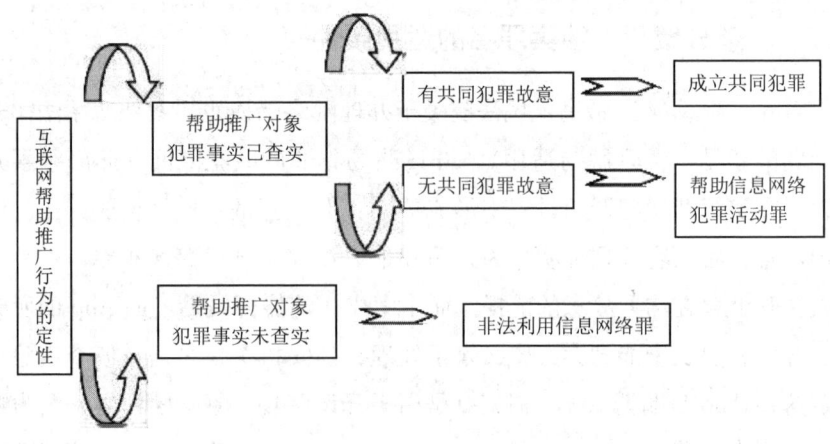

图一　互联网帮助推广行为的定性路径

需要注意的是，本案中即便涉案的 App 被证实用于开设赌场，由于被告人只是为 App 提供网络推广，仅赚取推广费用差价进行牟利，并未参与赌场分成，根据罪责刑相适应的原则，也不宜以开设赌场罪定罪处罚。

综上，当今社会已进入高度信息化、智能化的时代，对于信息网络社会中的违法犯罪行为，如何正确适用法律、准确定罪量刑，这既是司法工作对司法队伍的要求，也是让人民群众在每一个司法案件中感受到公平正义的要求。只有准确认定犯罪行为的性质，依据罪责刑相适应的原则对被告人定罪量刑，才能在打击违法犯罪的同时获得法律效果和社会效果的高度统一。

（一审法院合议庭成员：金立寅　陈　丰　施　钧

二审法院合议庭成员：董　玮　姜琳炜　孙　晔

编写人：上海市第二中级人民法院　董　玮　夏　菁）

30. 网络恶势力的刑法适用

——赵某恶势力信息网络寻衅滋事案

关键词 刑事 网络"软暴力" 恶势力犯罪集团 寻衅滋事

【裁判要旨】

"软暴力"的类型分为威胁恐吓与滋扰纠缠两类，后者是指通过长期滋扰、纠缠等行为对被害人造成的厌烦、疲倦等精神压制，从而形成心理强制，以迫使被害人作出违背自身意愿的行为以达到特定不法目的。通过信息网络长期实施滋扰、纠缠等"软暴力"手段的符合恶势力犯罪的具体行为特征。对以公司形式呈现的恶势力犯罪集团的认定，犯罪组织符合恶势力犯罪集团的认定标准，即使仅以"软暴力"为主要犯罪手段，也应当依法认定为恶势力犯罪集团。

【相关法条】

《中华人民共和国刑法》

第二百九十三条【寻衅滋事罪】 有下列寻衅滋事行为之一，破坏社会秩序的，处五年以下有期徒刑、拘役或者管制：

（一）随意殴打他人，情节恶劣的；

（二）追逐、拦截、辱骂、恐吓他人，情节恶劣的；

（三）强拿硬要或者任意损毁、占用公私财物，情节严重的；

（四）在公共场所起哄闹事，造成公共场所秩序严重混乱的。

纠集他人多次实施前款行为，严重破坏社会秩序的，处五年以上十年以下有期徒刑，可以并处罚金。

【案件索引】

一审：北京市昌平区人民法院（2020）京 0114 刑初 197 号、198 号（2020 年 7 月 29 日）

【基本案情】

经审理查明：自 2015 年 4 月以来，被告人赵某先后成立并控制元海慧诚公司及多家关联公司，为智融时代公司用钱宝、第三方网贷公司催收欠款。被告人郭某焕担任公司副总经理，被告人郑某波、许某睿、李某娥、胡某邦、孟某、魏某礼等人分别担任公司催收部、质培部、招聘部、数据部、市场部、运营支持部部门负责人。催收部根据债务人欠款时间成立 30 余个催收组，共计雇用 300 余名业务员。自 2015 年 4 月至 2019 年 4 月，元海慧诚公司业务员在催收过程中，采用反复拨打电话、P 图、群呼、使用轰炸软件发短信等"软暴力"手段，对欠款人及其紧急联系人、通讯录联系人进行言语辱骂、威胁、恐吓，严重影响他人正常工作、生活，破坏社会秩序，形成恶势力犯罪集团。被害人涉及全国大部分省份，侦查机关已取证的被害人达 700 余人。上述行为造成广州市公安局增城区分局及三江派出所、湖北省随州市中心医院及 120 急救中心等众多单位、个人无法正常工作，众多被骚扰人因此产生恐惧心理，导致工作、生活受到严重影响。

【裁判结果】

北京市昌平区人民法院于 2020 年 7 月 29 日作出（2020）京 0114 刑初 197 号、198 号刑事判决：被告人赵某犯寻衅滋事罪，判处有期徒刑七年，剥夺政治权利一年，并处罚金人民币 100 万元；被告人郭某焕犯寻衅滋事罪，判处有期徒刑六年，并处罚金人民币 80 万元。另外，分别判处其余

40 名被告人三年至一年五个月有期徒刑。

本案宣判后，检察机关没有提出抗诉，各被告人没有提出上诉，判决已经发生法律效力。

【裁判理由】

法院生效判决认为：被告人赵某、郭某焕纠集被告人郑某波、许某睿等人通过电信网络有组织地采用滋扰、纠缠等"软暴力"手段威胁、恐吓他人，足以使他人产生恐惧、恐慌进而形成心理强制，严重影响他人正常工作、生活，破坏社会秩序，情节恶劣，其行为均已构成寻衅滋事罪，依法应予惩处。被告人赵某成立元海慧诚公司实施"软暴力"催收，组织严密、层级清晰，长期使用群呼、群发短信、"呼死你"软件、P 图、揭发隐私等"软暴力"手段催收，严重扰乱社会生活秩序，造成恶劣社会影响，形成恶势力犯罪集团。其中，被告人赵某、郭某焕系犯罪集团的首要分子，纠集他人多次实施犯罪行为，应当按照集团所犯的全部罪行处罚。首要分子赵某、郭某焕，虽然签署认罪认罚具结书，但本案性质恶劣、社会危害严重，不足以从轻处罚。其他被告人应当根据其在共同犯罪中的作用、情节和社会危害程度予以处罚。结合本案犯罪情节及被告人归案后的认罪悔罪态度，最终作出上述判决。

【案例注解】

随着信息网络技术的发展以及互联网大数据时代的到来，传统的黑恶势力犯罪模式也随之演变，犯罪手段更加隐蔽，滋扰纠缠型的"软暴力"开始出现并逐渐成为主要犯罪手段。对此类恶势力的认定，应重点围绕恶势力犯罪的具体行为手段、成员人数规模以及对于社会的危害性进行综合判断。

网络黑恶势力犯罪基于其个体性的特征，多是通过滋扰、辱骂、侮辱等"软暴力"方式实施。关于网络犯罪中黑恶势力犯罪的认定，尤其是完全发生在网络空间的犯罪形态或者仅以"软暴力"方式实施的犯罪形态能否被认定为黑社会性质组织或者恶势力，在理论及实务界存在争议。结合实践案例来看，犯罪团伙通过网络手段实施犯罪，借助网络的"集聚效应"和"发散效应"，不论是从被害人遭受的实际损害还是犯罪行为造成影响的程度来看，大大超越了一般犯罪的社会危害。在当下此类犯罪呈现出愈演愈烈态势的司法背景下，如何对行为性质进行准确合理的评价，并针对性地实现刑法规制，遏制犯罪发展态势，是摆在司法机关面前的重要问题。

一是网络空间犯罪的"恶"定性问题。有观点认为，暴力或以暴力相威胁的手段是恶势力"为非作恶，欺压百姓"的现实表现，也是恶势力能够对社会公众形成心理强制的原因，恶势力需以其以往的暴力行为为基础或者是以随时可能实现的暴力为现实威胁。但结合实践案例可见，随着网络犯罪不断升级换代，部分犯罪逐渐扩大其破坏性和影响力，即便所有犯罪行为都在虚拟空间中完成，也有造成类似于现实暴力的威慑效果和危害可能性。网络恶势力犯罪组织相比于传统的犯罪组织，通常具有更迅猛的发展速度，信息网络技术能够突破地域限制，将犯罪后果和对于社会的危害性进行扩大。故对于人数庞大的网络聚合体，只要符合法律、司法解释关于恶势力的认定标准，即便滋扰、敲诈、侮辱、诽谤等行为完全发生于网络空间，亦应当认定为恶势力犯罪。

二是网络"软暴力"的危害性认识问题。"软暴力"概念的出现意味着刑法内在的逐步软化，与之相应，刑法的调整范围也在不断实现合理扩张以适应新时代背景下传统犯罪的异化。从行为的目的来看，"软暴力"与暴力、威胁行为相同，都是为了达到某种不法目的而对他人进行心理强制，迫使被害人作出违背自身意愿的行为。单纯采取"软暴力"方式，但造成被害人一方的严重心理创伤，形成心理强制，对正常生产、生活产生现实危害的，"软暴力"即与"硬暴力"在法益侵害方面具有同质性。[①]《最高人民法院、最高人民检察院、公安部、司法部关于办理实施"软暴力"的刑事案件若干问题的意见》及《最高人民法院、最高人民检察院、

[①] 郭莉：《如何规制源自网络空间的黑恶犯罪》，载《检察日报》2019 年 9 月 25 日。

公安部、司法部关于办理利用信息网络实施黑恶势力犯罪刑事案件若干问题的意见》等相关规范性文件未明确恶势力与暴力性手段之间的必然联系，故此，只要利用"软暴力"手段实施犯罪已经达到了恶势力犯罪的评价程度，即符合恶势力犯罪的构成特征，否则将之按照一般犯罪处理，难以全面评价其行为的性质和影响程度，不利于打击犯罪。

三是网络形态黑恶势力犯罪与传统刑法的冲突问题。法益保护前置化、帮助犯正犯化、预备犯实行化、过失危险行为犯罪化及行政犯、义务犯的出现等，表明刑事立法在应对网络犯罪的打击手段上不断向控制性、预防性扩张。面对不断代际升级的网络犯罪行为，需要更新刑法理论并实现适度扩张，充分运用刑罚手段，客观评价网络黑恶犯罪的属性，加大打击网络黑恶势力犯罪力度，以适应日益严峻的网络黑恶势力犯罪发展态势。

本案中，被告人赵某等人为进行催收，组织数百名催收员，在近四五年的时间中，不分时段、长期频繁采用拨打电话、群发短信、使用手机轰炸软件等手段对遍及全国各个省份的数万名被害人实施骚扰，并伴有口头言语、发送合成的图片等方式进行辱骂、恐吓、威胁，造成被害人名誉受损、亲友反目、精神紧张，生活或工作秩序被严重扰乱，并造成广州市公安局增城区分局及三江派出所、湖北省随州市中心医院及 120 急救中心等众多单位、个人无法正常工作，刑法对非法讨债或暴力讨债的一般性规定，不足以评价本案中被告人犯罪行为的社会危害性。从成员人数、具体行为手段、对被害人的心理压制程度以及社会危害性等方面综合判断，本案应当认定为恶势力犯罪集团。

（一审法院合议庭成员： 薛春江 张宝武 欧春光 王 莹
编写人：北京市昌平区人民法院 武宙鹏 朱莹莹 王 佳 连 洋）

31. 新型开设赌场行为的认定

——陈某滨等开设赌场案

关键词 刑事 一元云购 回购秒款 变相赌博 开设赌场

【裁判要旨】

以销售实体商品为幌子，实际上销售的是中奖机会，中奖结果由偶然性决定，在法律上属于射幸合同，具有赌博性质；且发展人员给用户提供直接变现的服务，是一种变相的赌博行为。行为人利用其实际控制的公司建立网站，为赌博行为提供平台，并接受公众投注，从中非法营利，应认定构成开设赌场罪。

【相关法条】

《中华人民共和国刑法》

第三百零三条第二款【开设赌场罪】 开设赌场的，处五年以下有期徒刑、拘役或者管制，并处罚金；情节严重的，处五年以上十年以下有期徒刑，并处罚金。

【案件索引】

一审：广东省潮州市枫溪人民法院（2019）粤 5191 刑初 142 号（2020 年 9 月 21 日）

【基本案情】

经审理查明：被告人陈某滨分别于 2015 年 10 月 14 日、2018 年 5 月 23 日成立潮州市滨惠网络科技有限公司（以下简称滨惠公司）和潮州市东元网络科技有限公司（以下简称东元公司），上述二家公司的实际控制人均为陈某滨。被告人陈某滨利用滨惠公司与东元公司建立"泰享购"网站，采用"将一件商品根据价格平分成若干 1 元金额的'等份'，通过互联网平台出售，购买者可以购买其中的一份或多份，当所有'等份'售出后以一定计算方式从购买者中抽出幸运者获得此商品，其他购买者的认购资金不予退还"的"一元云购"模式进行经营，并在"泰享购"网站中开发"自提商品管理"模块，以"向部分中奖的幸运者折价回购中奖商品，幸运者从中奖商品折价后的相应款项中提现或继续充值进行购买，经营者则直接从云购平台上提取该中奖商品"的"回购秒款"模式进行运营，从中获利。

在被告人陈某滨建立"泰享购"网站并进行经营期间，其他 21 名被告人接受陈某滨的雇用，在位于潮州市枫溪区的东元公司及滨惠公司参与该网站的运作经营，负责公司的技术总监、行政工作、日常事务、财务管理、技术支持、网站的推广、账户管理、回购秒款等相关工作，并从中获利。

经司法鉴定：被告人陈某滨等人利用"泰享购"网站运营过程中，作案数额为人民币 1470539568 元。

【裁判结果】

广东省潮州市枫溪人民法院于 2020 年 9 月 21 日作出（2019）粤 5191 刑初 142 号刑事判决：被告人陈某滨犯开设赌场罪，判处有期徒刑四年六个月，并处罚金人民币 460 万元；其他 21 名被告人分别被判处有期徒刑一年至二年六个月不等刑期，并处罚金。

本案宣判后，检察机关没有提出抗诉，各被告人没有提出上诉，判决已经发生法律效力。

【裁判理由】

法院生效裁判认为：被告人陈某滨等22人以营利为目的，建立赌博网站并接受赌博投注，赌资数额累计均达30万元以上，均已构成开设赌场罪，情节严重。被告人陈某滨系本案开设赌场的经营者，在共同犯罪中起主要作用，是主犯，依法应当按照其所参与的全部犯罪予以处罚，鉴于其归案后有立功表现，依法予以从轻处罚；其他21名被告人在共同犯罪中均起次要作用，是从犯，依法予以减轻处罚。

【案例注解】

在本案审理过程中，公诉机关指控22名被告人的行为均构成开设赌场罪，而被告人及辩护人均辩称被告人的经营行为系新型的销售模式，并不构成犯罪。

本案是网络技术快速发展过程中出现的新型问题，对于随着时代发展而碰到的新型违法行为，判断其是否构成犯罪，应当把握行为的本质特征，围绕犯罪构成要件来进行分析。

《互联网金融风险专项整治工作领导小组办公室关于网络"一元购"业务的定性和处置意见》指出："网络'一元购'表面上是销售实物商品，实际上销售的是中奖机会，中奖结果由偶然性决定，在法律上属于射幸合同，具有赌博性质，是一种变相的赌博行为。因此，对纯粹以1元价格销售获取大奖机会的网络'一元购'，可以认定为赌博。"上述文件虽然不是司法解释，但其对网络"一元购"业务的定性分析是中国人民银行会同领导小组相关成员单位研究作出，可以作为判断本案各被告人实施行为性质的重要参考。射幸合同是指一方向另一方支付对价，另一方则取得在合同成立时不能确定、也不必然发生的或然利益的合同。这种或然利益的出现条件在合同成立时由双方当事人自由约定。但这种约定条件在嗣后能否真正出现，并不取决于当事人一方的愿望，这就使合同的法律效果带有很强的偶然性。在这种合同中，一方当事人支付代价之后买到的只是一个机会或者概率。关于赌博的含义，刑法通说认为，赌博是指就偶然的输赢以财物进行赌事或者博戏的行为。偶然的输赢，是指结果取决于偶然因素，这种偶然因素对当事人而言具有不确定性，至于客观上是否已经确定则无关紧要。偶然因素既可以是将来的因素，也可能是现在或者过去的因素，即使当事人的能力对结果会产生一定影响，但只要结果有部分取决于偶然性，就是赌博。赌博还必须是胜者取得财物，败者交付财物。本案中，"泰享购"平台表面上是销售实物商品，实际上销售的是以少量认购（即投注）博取大额财物的中奖机会，而中奖结果依照设定的后台程序取决于认购过程的具体情况，也即取决于认购过程的偶然因素，而这种偶然因素对参与的认购者而言具有不确定性。因此，"泰享购"平台进行的交易，在法律上属于射幸合同，同时也符合赌博的特征，可以认定为赌博行为。

刑法第303条第1款之规定："以营利为目的，聚众赌博或者以赌博为业的"，构成赌博罪，而该条第2款对开设赌场罪的表述仅为"开设赌场的"。所谓聚众赌博，是指组织招引多人进行赌博，自己从中抽头渔利。所谓开设赌场是指开设和经营赌场，提供赌博的场所及用具供他人在其中进行赌博，本人从中营利的行为。最高人民法院对聚众赌博行为与开设赌场行为提出了区分的具体标准：一是聚众赌博的规模一般较小；而开设赌场的规模一般较大，其营业场所大，赌博工具齐全，赌博方式多样，有专门为赌场服务的人员。二是聚众赌博的场所具有不固定性，有时是临时租赁，有时是临时在宾馆里开房进行的；而开设赌场的赌博场所一般具有固定的营业地点和场所。三是聚众赌博的时间，一般具有临时性、短暂性的特点；而开设赌场的时间具有持续性和稳定性的特点。四是聚众赌博一般具有隐秘性；而开设赌场一般具有半公开性。五是聚众赌博的，赌头往往会利用其人际关系和人际资源来召集组织每一次的具体赌博活动；而开设赌场的经营者一般情况下不亲自参与召集组织人员赌博。六是聚众赌博的赌头，其本人有时会参与赌博；开设赌场的经营者本人一般不会参与赌博。

对于开设赌场的理解，除传统的营业性的为赌博者提供场所、设定赌博方式、提供赌具筹码、接受赌客投注以供他人赌博外，在计算机网络上建立赌博网站，或者为赌博网站担任代理，接受投注的，以及以接受电话投注的方式进行赌博而参与者并不集中在一起的，也属于开设赌场。《最高人民法院、最高人民检察院关于办理赌博刑事案件具体应用法律若干问题的解释》第2条规定："以营利为目的，在计算机网络上建立赌博网站，或者为赌博网站担任代理，接受投注的，属于刑法第三百零三条规定的'开设赌场'。"《最高人民法院、最高人民检察院、公安部关于办理网络赌博犯罪案件适用法律若干问题的意见》第1条进一步明确，利用互联网、移动通讯终端等传输赌博视频、数据，组织赌博活动，建立赌博网站并接受投注的，属于开设赌场的行为。本案中"泰享购"网站是被告人陈某滨开设的网络平台，提供后台程序供他人参与变相的赌博活动。该平台虽然是虚拟的，但同样是用来赌博的场所，应当认定为"用来赌博的场所"。本案中各被告人建立"泰享购"网站用以开展赌博活动，该网络平台建立的目的就是通过吸引他人参与变相的赌博活动而从中获利，其运作有严密的内部组织和明确分工：由被告人陈某滨雇用、组织同案其他多名被告人对该平台的运作进行管理，提供技术支持、资金结算等专门服务；该赌博平台依托网络，场所固定，并通过各种终端推广，招揽参与人员，具有半公开性质，且经营时间具有持续性和稳定性，参与人数众多，接受投注金额巨大，规模远超一般的聚众赌博；各被告人本身一般不参与赌博。根据上述的评判标准，本案各被告人经营、运作"泰享购"平台的行为符合开设赌场罪的行为特征。因此，结合上述刑法和司法解释的规定，以开设赌场罪判处陈某滨等22名被告人的行为于法有据，且对其他同类型案件有重要指导意义。

【编后补评】

本案属新型网络犯罪案件，涉案经营行为系经济发展过程中产生的新型"互联网+"销售模式，能否入罪、如何定罪均无直接明确的法律规定。针对此类案件的裁判要穿透性地审查涉案行为的实质构成是否具备刑事违法性、社会危害性和刑罚当罚性，在罪刑法定原则下，围绕客观构成、侵犯客体等要件适用恰当罪名，进而规范量刑，做到罚当其罪，既严厉打击违法犯罪，又切实保护民营企业的创新发展。

一、穿透性审查涉案行为实质

涉互联网犯罪隐秘性强，具有伪装性和欺骗性，交织新型经营模式，行为实质更难审查。实践中应当紧扣核心事实，进行证据、价值分析，把握关键要素穿透性地审查涉案行为。本案中陈某滨等人经营网站的行为表面上属于新型网络经营模式，具有类似有奖销售、众筹等性质，亦有类似运营模式曾在国内电商平台上运营，且陈某滨等人运营网站的公司经过合法工商和税务登记，各被告人及辩护人据此提出无罪辩护。但经审查，陈某滨等人的经营行为及营利模式实质上是销售中奖机会的组织赌博，区别于以促销、销售为目的，以实物销售为基础的合法经营行为，具有明显的社会危害性和刑罚当罚性。

1. 网站的运营模式实质是销售中奖机会，具备刑法意义上"赌博"的核心要素。我国刑法及司法解释未对"赌博"作明确的定义。结合"赌博"的词义①，"赌博是一种拿有价值的东西做注码来赌输赢的游戏"，以及有关法学专家论述②，"赌博是指就偶然的输赢以财物进行赌事或者博戏的行为"，其核心要素包括：结果的偶然性、财物做代价、赢者得财败者交财。本案中，网站运营模式实质上是销售中奖机会，即以少量认购（投注）博取大额财物的中奖机会；中奖结果依照设定的后台程序，具有随机性和不确定性；每一次开奖即抽中者赢、未抽中者输。该模式本身即具有"赌博"的三个核心要素。

2. 网站运营明显区别于普通的"娱乐活动""有奖销售"及"营销推广"行为。从刑法、司法解释以及有关法律法规关于赌博类犯罪的规定看，赌博行为主要和"正常娱乐活动""有奖销售""营销推广"几类行

---

① 百度百科、360 百科对赌博的定义："赌博，是一种拿有价值的东西做注码来赌输赢的游戏。目前在西方社会中，它有一个经济的定义，是指'对一个事件与不确定的结果，下注钱或具物质价值的东西，其主要目的为，赢取更多的金钱和/或物质价值'。"

② 张明楷：《刑法学》，法律出版社 2016 年版，第 1078 页。

为作区分。上述三类非刑法规范的行为，具有如下特点：一是体现为非营利性；二是用少量财物（根据反不正当竞争法的规定，有奖销售限定在50000元以下）；三是服务于正常商品交易行为。而本案中网站以营利为目的长期运营，参与抽奖的商品金额从几十元到几十万元不等、数额巨大，公司虽有部分发货行为，但引导中奖者将中奖权益折价变现，主要通过赚取回购中奖权益的折价与认购价间价差营利，网站的少量实物发货行为服务于推广业务，故与非刑法规制的行为具有明显区别。

3. 网站营利实质是在每次抽奖式销售中奖机会中直接获取销售价与回购价间价差，具有突出的组织赌博抽成营利特点，且网站参与人数众多、涉案金额巨大、众多用户亏损金额大，具有较严重、广泛的社会危害性。经营者利用所谓的网络创新模式实施实质上的违法犯罪活动，扰乱正常社会经济秩序，非法获利巨大。如果此类经营模式推广，还可能严重威胁互联网金融安全及市场经济秩序，类似经营行为具有刑罚当罚性，应定罪惩处。

二、准确理解把握罪刑法定原则

现行刑法条文及相关解释没有直接针对涉案经营行为构成犯罪的直接规定，但对随着网络技术快速发展出现的新型违法犯罪问题，不应机械地理解与适用罪刑法定原则，一概以"法无明文规定不为罪"为由不予处理，而应基于对行为实质的深入审查，在不违反罪刑法定原则的前提下，适度解释刑法条文。在本案中，涉案行为符合开设赌场罪的构成要件，定罪不违反罪刑法定原则。

1. 涉案网络经营行为具备开设赌场罪的主客观要件。首先，前文已分析了涉案经营行为及营利模式实质上是销售中奖机会的组织赌博，经营者以营利为目的运营网站，主要通过向中奖者回购权益，在每次回购行为中赚取较固定比例的认购价与回购价间价差营利，类似抽头渔利，符合开设赌场罪的客观行为要件；其次，陈某滨等人在明知平台运营可能涉嫌赌博类违法犯罪的情况下仍通过平台经营牟利，具有犯罪的主观故意。根据相关行政部门整治文件，网站运营前对类似经营模式已开展清理整顿，而在案证据证实，陈某滨等人明知网站运营违规被禁止仍以各种方式掩盖实际经营性质继续推广牟利，在案被告人对以组织赌博进行营利的行为具有主观故意。

2. 指导性案例对开设赌场罪的刑法条文理解作出具体化指引。最高人民法院 2018 年发布的指导性案例 105 号、106 号，将"以营利为目的，利用微信群控制管理，以竞猜开奖结果、抢红包等方式进行赌博，持续组织赌博活动的行为"定性为"开设赌场罪"。基于刑法未对"赌博"和"开设赌场"行为作明确、细化的表述，结合最高人民法院指导性案例，实践中将明显具备赌博性质，且以营利为目的组织赌博的行为定性为"开设赌场"，符合立法精神和司法惯例，不违反罪刑法定原则。

三、掌握开设赌场罪与非法经营罪等相关罪名的适用原则

对新型经营行为涉犯罪的情况，定性时易在是否适用非法经营罪的问题上出现分歧，对如何适用非法经营罪，可从犯罪客体、非法经营罪的立法原意和审判质效等方面综合考量。

1. 应重点审查行为侵犯的社会关系，即犯罪客体。非法经营罪主要侵犯的是正常市场经济秩序，对非明确规定构成非法经营罪或严重扰乱市场经济秩序的经营行为，不宜定性为非法经营。本案中亦有意见认为涉案经营行为构成非法经营罪。主要理由是涉案行为属于《最高人民法院、最高人民检察院关于办理赌博刑事案件具体应用法律若干问题的解释》（以下简称《解释》）第 6 条规定的"未经国家批准擅自发行、销售彩票，构成犯罪的，以非法经营罪定罪处罚"的情形。经审查，首先，本案涉案经营模式虽有博彩性质，但与彩票的特性及经营方式不相符。彩票的营利是设定发行金额的一定比例直接作为收益，中奖者奖金是在发行金额中的固定比例，与赌博庄家根据赌博结果逐次抽水营利的经营性质及整体运行模式有所差异。其次，《解释》中认定为属非法经营罪的行为，是较严格意义上的彩票发行销售行为，立法本意是保证彩票发行作为唯一准入博彩业的审慎性、权威性，维护博彩业市场秩序，而涉案行为不具备彩票的基本形式要件，经营行为不会让购买者认为购买的是网络彩票，对正常市场秩序

并未带来实体冲击及影响，主要危害在于对社会经济生活秩序的扰乱。因此，涉案经营行为侵犯的并非正常市场经济秩序，而是因其赌博特征突出地扰乱了社会经济秩序。

2. 非法经营罪的适用具有兜底性，一般对符合其他犯罪构成的行为，可不适用非法经营罪。非法经营罪从 1997 年自投机倒把罪修改而来，作为兜底性罪名，其扩张性一直受到学界、实务界关注，对入罪作相对限制性解释，是立法及司法趋势。[①] 在具体行为可以通过其他个罪予以规范的情况下，不必且不宜以非法经营罪处理。涉案经营行为符合开设赌场罪的构成要件，以开设赌场罪对各被告人进行处罚可以通过区分罪责做到罪刑相适应，故综合案件审判质效，以开设赌场罪定罪处刑即可实现刑罚目的，实现法律效果、政治效果、社会效果的统一。

（一审法院合议庭成员：蔡迎军　麦少鹏　李丽敏
编写人：广东省潮州市枫溪人民法院　蔡迎军　王秀婷
补评人：广东省高级人民法院　刘伟宏　熊灵芝）

[①] 　最高人民法院于 2011 年 4 月 8 日发布《关于准确理解和适用刑法中"国家规定"的有关问题的通知》第 3 条规定："各级人民法院审理非法经营犯罪案件，要依法严格把握刑法第二百二十五条第四项的适用范围。对被告人的行为是否属于刑法第二百二十五条第四项规定的'其他严重扰乱市场秩序的非法经营行为'，有关司法解释未作明确规定的，应当作为法律适用问题，逐级向最高人民法院请示。"

最高人民法院公布的第 97 号指导性案例的裁判要点指出："1. 对于刑法第二百二十五条第四项规定的'其他严重扰乱市场秩序的非法经营行为'的适用，应当根据相关行为是否具有与刑法第二百二十五条前三项规定的非法经营行为相当的社会危害性、刑事违法性和刑事处罚必要性进行判断。2. 判断违反行政管理有关规定的经营行为是否构成非法经营罪，应当考虑该经营行为是否属于严重扰乱市场秩序。对于虽然违反行政管理有关规定，但尚未严重扰乱市场秩序的经营行为，不应当认定为非法经营罪。"

四、案例研讨

32. 徐某某等人贷款诈骗、杜某某等人掩饰、隐瞒犯罪所得、洗钱案

——洗钱罪与掩饰、隐瞒犯罪所得罪的区分

关键词 刑事 洗钱罪 掩饰、隐瞒犯罪所得罪 法条竞合 主观方面 明知

【裁判要旨】

洗钱罪与掩饰、隐瞒犯罪所得罪系特殊罪名与一般罪名的关系，属于法条竞合，在出现竞合时应当优先适用刑法第 191 条关于洗钱罪的规定。两个罪名的主要区别在于上游犯罪的类型以及行为人主观明知内容的不同。其中，洗钱罪的上游犯罪为刑法第 191 条规定的七类特殊犯罪，且要求行为人对上游犯罪的类型存在概括性"明知"；掩饰、隐瞒犯罪所得罪对上游犯罪类型没有要求，主观要件仅要求行为人明知是犯罪所得即可。司法实践中在区分两罪时应坚持主客观相一致原则，重视洗钱罪的主观要件。

【相关法条】

《中华人民共和国刑法》

第一百九十一条第一款　为掩饰、隐瞒毒品犯罪、黑社会性质的组织犯罪、恐怖活动犯罪、走私犯罪、贪污贿赂犯罪、破坏金融管理秩序犯罪、金融诈骗犯罪的所得及其产生的收益的来源和性质，有下列行为之一的，没收实施以上犯罪的所得及其产生的收益，处五年以下有期徒刑或者拘役，并处或者单处罚金；情节严重的，处五年以上十年以下有期徒刑，并处罚金：

（一）提供资金帐户的；

（二）将财产转换为现金、金融票据、有价证券的；

（三）通过转帐或者其他支付结算方式转移资金的；

（四）跨境转移资产的；

（五）以其他方法掩饰、隐瞒犯罪所得及其收益的来源和性质的。

《中华人民共和国刑法》

第三百一十二条第一款　明知是犯罪所得及其产生的收益而予以窝藏、转移、收购、代为销售或者以其他方法掩饰、隐瞒的，处三年以下有期徒刑、拘役或者管制，并处或者单处罚金；情节严重的，处三年以上七年以下有期徒刑，并处罚金。

【案件索引】

一审：江苏省兴化市人民法院（2021）苏 1281 刑初 253 号（2021 年 9 月 24 日）

二审：江苏省泰州市中级人民法院（2021）苏 12 刑终 120 号（2021 年 12 月 3 日）

【基本案情】

江苏省兴化市人民检察院指控：

一、贷款诈骗

2018 年 11 月至 2019 年 4 月，被告人徐某某伙同或相互交叉伙同被告人章某某、朱某峰、靳某、邹某峰、王某和刘某等人以非法占有为目的，虚构他人购车的事实，以支付首付款贷款购车的方式，先后购买 43 辆汽车，骗取北京现代汽车金融有限公司、福特汽车金融（中国）有限公司、东风汽车财务有限公司、上海通用汽车金融有限公司、菲亚特克莱斯勒汽车金融有限责任公司、丰田汽车金融（中国）有限公司、平安银行、吉致汽车金融有限公司、悦达融资租赁有限公司、长安汽车金融有限公司汽车贷款共计人民币 2655110 元。

二、掩饰、隐瞒犯罪所得

被告人袁某某、龚某某、杜某某在明知是犯罪所得的情况下，先后对涉案车辆进行转移、收购、代为销售。其中，被告人袁某某涉及 5 辆轿车，涉案价值人民币 621600 元；被告人龚某某涉及 5 辆轿车，涉案价值人民币 671000 元；被告人杜某某涉及 5 辆轿车，涉案价值人民币 607300 元。

袁某某、龚某某、杜某某三人对起诉指控的犯罪事实和罪名无异议，且当庭自愿认罪认罚。龚某某辩护人提出：龚某某坦白、认罪认罚，建议从轻处罚。袁某某辩护人提出：袁某某属于自首，情节较轻，主观恶性不大，主动缴纳罚金，请求从轻或减轻处罚。杜某某辩护人提出：杜某某没有前科劣迹，自首并如实供述，认罪认罚，预交财产刑保证金，请求从轻或减轻处罚。

法院经审理查明：

一、贷款诈骗

2018 年 11 月至 2019 年 4 月，被告人徐某某伙同或相互交叉伙同被告人章某某、朱某峰、靳某、邹某峰、王某和刘某等人以非法占有为目的，虚构他人购车的事实，以支付首付款贷款购车的方式，先后购买 43 辆汽车，骗取北京现代汽车金融有限公司、福特汽车金融（中国）有限公司、东风汽车财务有限公司、上海通用汽车金融有限公司、菲亚特克莱斯勒汽车金融有限责任公司、丰田汽车金融（中国）有限公司、平安银行、吉致汽车金融有限公司、悦达融资租赁有限公司、长安汽车金融有限公司汽车贷款共计人民币 2485110 元。

二、掩饰、隐瞒犯罪所得

被告人袁某某、龚某某、杜某某在明知是犯罪所得的情况下，先后对涉案车辆进行转移、收购、代为销售。其中，被告人袁某某涉及 5 辆轿车，涉案价值人民币 621600 元；被告人龚某某涉及 5 辆轿车，涉案价值人民币 671000 元；被告人杜某某涉及 5 辆轿车，涉案价值人民币 607300 元。

二审法院另查明，原审被告人袁某某、龚某某明知涉案车辆系金融诈骗犯罪所得。

【裁判结果】

江苏省兴化市人民法院于 2021 年 9 月 24 日作出（2021）苏 1281 刑初 253 号刑事判决：被告人徐某某等人犯贷款诈骗罪，判处有期徒刑及罚金。被告人龚某某犯掩饰、隐瞒犯罪所得罪，判处有期徒刑三年，并处罚金人民币 3 万元。被告人袁某某犯掩饰、隐瞒犯罪所得罪，判处有期徒刑二年五个月，并处罚金人民币 2 万元。被告人杜某某犯掩饰、隐瞒犯罪所得罪，判处有期徒刑二年六个月，并处罚金人民币 3 万元。

一审宣判后，徐某某提出上诉。江苏省泰州市中级人民法院经依法审理后作出（2021）苏 12 刑终 120 号刑事判决：一、维持兴化市人民法院（2021）苏 1281 刑初 253 号刑事判决主文的第一至七项、第十、十一项。二、撤销兴化市人民法院（2021）苏 1281 刑初 253 号刑事判决主文的第八、九项。三、原审被告人龚某某犯洗钱罪，判处有期徒刑三年，并处罚金人民币 3 万元。四、原审被告人袁某某犯洗钱罪，判处有期徒刑二年五个月，并处罚金人民币 2 万元。

【裁判理由】

法院生效裁判认为：刑法第 191 条规定的洗钱罪与刑法第 312 条规定的掩饰、隐瞒犯罪所得、犯罪所得收益罪是刑法特别规定与一般规定的关系。主要区别在于，洗钱罪的上游犯罪为毒品犯罪、黑社会性质的组织犯罪、恐怖活动犯罪、走私犯罪、贪污贿赂犯罪、破坏金融管理秩序犯罪、金融诈骗犯罪，且要求行为人对上游犯罪类型存在主观明知。对上游犯罪的明知可以是概括性的认识，即认识到上游犯罪的类型，无须认识到具体的性质和罪名。而掩饰、隐瞒犯罪所得、犯罪所得收益犯罪对上游犯罪的类型没有限定，仅要求行为人对属于违法所得的情况存在概括性认识即可。本案中，龚某某、袁某某、杜某某的主观明知情况存在差异。龚某某、袁某某在收购、转移、销售案涉车辆时，清楚该车是徐某某等人贷款诈骗所得，对上游犯罪的行为、类型、性质均存在明知。而杜某某虽曾经怀疑过车辆是从非法途径获得，但对于上游犯罪的类型不存在明知。杜某某本人和上游犯罪被告人徐某某、章某某等人并不熟悉，对车子的具体来源也不清楚，在明知车辆可能来路不正的情况下，贪图车价便宜，觉得利益空间较大，决定收购涉案车辆，其不具有洗钱罪的主观故意，但符合掩饰、隐瞒犯罪所得罪的主观要求。以上事实，有经一审庭审质证的原审被告人供述、证人证言、书证等证据证明。综上，原审被告人龚某某、袁某某的行为同时符合 2020 年修正后的刑法第 191 条关于洗钱罪的犯罪构成和第 312 条关于掩饰、隐瞒犯罪所得罪的犯罪构成，应优先适用第 191 条特别规定，以洗钱罪对龚某某、袁某某定罪量刑。对原审被告人杜某某仍应以掩饰、隐瞒犯罪所得罪定罪量刑。原判认定事实清楚，证据确实充分，量刑适当，审判程序合法，唯对原审被告人袁某某、龚某某二人适用法律不准确，故依法改判部分定性。

【案例注解】

本案的争议焦点在于下游犯罪三名被告人龚某某、杜某某、袁某某的行为应当构成掩饰、隐瞒犯罪所得罪还是洗钱罪。对此，一审法院认定三人均为掩饰、隐瞒犯罪所得罪，二审公诉机关认为三人均应改判为洗钱罪。二审审理中，关于杜某某等三人的犯罪定性存在三种不同的观点：

第一种观点认为应维持原审判决，根据刑法第312条定掩饰、隐瞒犯罪所得罪。主要理由为：2009年《最高人民法院关于审理洗钱等刑事案件具体应用法律若干问题的解释》第3条规定："明知是犯罪所得及其产生的收益而予以掩饰、隐瞒，构成刑法第三百一十二条规定的犯罪，同时又构成刑法第一百九十一条或者第三百四十九条规定的犯罪的，依照处罚较重的规定定罪处罚。"据此，洗钱罪与掩饰、隐瞒犯罪所得罪在竞合时应当择一重罪处理。此外，《刑法修正案（十一）》将"明知""协助"等表述删除后，洗钱罪的打击对象并不当然地被包括在掩饰、隐瞒犯罪所得罪中。掩饰、隐瞒犯罪所得罪对上游犯罪的类型、罪名没有特殊要求，当某种行为同时符合洗钱罪和掩饰、隐瞒犯罪所得罪时，应当按照想象竞合择一重罪处理。本案洗钱罪的犯罪情节并未明显重于掩饰、隐瞒犯罪所得罪，一审认定掩饰、隐瞒犯罪所得罪系适用法律正确，应当维持。

第二种观点认为杜某某等三人都应依照刑法第191条定洗钱罪。理由如下：洗钱罪与掩饰、隐瞒犯罪所得、犯罪所得收益罪的关系为特殊犯罪与一般犯罪的关系。当犯罪行为同时触及两罪时，应当按照法条竞合时特殊罪名优于一般罪名的原则，适用洗钱罪。《刑法修正案（十一）》删除了洗钱罪中"明知"的规定，因此无须考虑被告人对上游犯罪的主观状态是否明知。本案中上游犯罪为贷款诈骗罪，故杜某某等三人均应认定为洗钱罪。

第三种观点认为对杜某某应当认定为掩饰、隐瞒犯罪所得罪，龚某某和袁某某应依法改判为洗钱罪。理由如下：洗钱罪与掩饰、隐瞒所得罪是特殊与一般的关系，应当适用洗钱罪这一特殊罪名。尽管《刑法修正案（十一）》删除了"明知"的要求，但洗钱罪为故意犯罪，被告人应当对上游犯罪存在一定的明知，只是此种明知的认识程度较低。杜某某对上游犯罪破坏金融管理秩序不具有概括性明知，主观上仅具有掩饰、隐瞒犯罪所得罪的故意，故不应认定为洗钱罪。

本文采纳第三种观点。具体理由如下：

一、洗钱罪与掩饰、隐瞒犯罪所得罪系法条竞合的关系

关于两罪的关系，存在一定的争议。有学者认为，掩饰、隐瞒犯罪所得罪与洗钱罪不是对立关系，一个行为完全可以同时触犯两罪，对此应按想象竞合犯处理。[①] 同时《刑法修正案（十一）》删除了洗钱罪中"明知""协助"等表述，进一步加剧了两罪关系存在的争议。

本文认为，从法条的构成要件分析来看，洗钱罪与掩饰、隐瞒犯罪所得罪具有一定的包含、从属、交叉关系，应当属于法条竞合，且洗钱罪的构成要件被包含于掩饰、隐瞒犯罪所得罪中。

第一，两罪的犯罪主体相同，均为个人或单位。

第二，在犯罪对象上，两罪都是"犯罪所得及其所产生的收益"。其中掩饰、隐瞒犯罪所得罪对上游犯罪并无明确要求，犯罪对象是任何上游犯罪的犯罪所得及其所得收益。洗钱罪的犯罪对象限定为七类上游犯罪的犯罪所得、犯罪所得收益，范围小于掩饰、隐瞒犯罪所得罪，且其被包含于掩饰、隐瞒犯罪所得罪的犯罪对象中。

第三，在行为方式上，掩饰、隐瞒犯罪所得罪规定的是"窝藏、转移、收购、代为销售或者以其他方式掩饰、隐瞒的"，洗钱罪要求"为掩饰、隐瞒……以其他方式掩饰、隐瞒的"；洗钱罪列举的四种行为以及兜底条款更侧重于利用金融机构或者金融手段进行掩饰、隐瞒犯罪所得；掩饰、隐瞒犯罪所得罪所列举的窝藏、转移、收购以及兜底条款，明显范围和外延更大，且不存在对方式、手段的侧重。因此在行为方式上，掩饰、隐瞒犯罪所得罪的内涵更广，将洗钱罪的行为方式也包括其中。

第四，在主观方面，尽管洗钱罪删除了"明知"，但是在"他洗钱"行为中，主观方面亦要求犯罪人对上游犯罪存在概括性的明知。而掩饰、隐瞒犯罪所得罪的主观方面仅要求明知其犯罪对象属于犯罪所得及所得收益即可，在主观方面的认定标准也较洗钱罪更加宽松。

需要注意的是，"自洗钱"行为入罪，并未改变"他洗钱"行为与掩

---

① 张明楷：《刑法学》，法律出版社 2016 年版，第 1103 页。

饰、隐瞒犯罪所得罪法条竞合的关系，即凡是构成"他洗钱"犯罪的，也必然构成掩饰、隐瞒犯罪所得罪。

二、"他洗钱"犯罪中的"明知"为犯罪构成要件要素

被告人的主观方面是本案讨论的另一个重点。《刑法修正案（十一）》删除了刑法第191条洗钱罪中"明知"的认定，法院在认定"他洗钱"犯罪时是否应当考虑被告人的主观明知？本文认为，从洗钱罪修改的立法意图、司法实践案例以及法理上讲，"他洗钱"犯罪的被告人主观上应当对上游犯罪存在明知。

第一，从洗钱罪修改的立法意图上讲，《刑法修正案（十一）》删除"明知""协助"等表述，将"自洗钱"行为纳入了规制范围，一方面是完善我国反洗钱体系的需要，另一方面也是为了与国际立法接轨，积极配合国际反洗钱工作，提高我国反洗钱工作的国际化水平。[①] 我国一直积极努力地将反洗钱工作融入国际合作框架，在2007年成为金融行动特别工作组（FATF）的正式成员国。同时FATF对我国的反洗钱工作经过评估后给出的整改建议为，我国反洗钱的司法效果存在一定缺陷，尤其是未将"自洗钱"行为入罪。我国作为FATF的正式成员国和负责任的大国，为履行整改义务，对洗钱罪的表述进行修改，排除"自洗钱"行为入罪的文本障碍。此项修改一方面履行了国际组织和公约要求的严厉打击洗钱罪的国际义务，另一方面也是对国务院在2017年关于完善反洗钱、反恐怖融资、反逃税监管体制机制等顶层设计的落实。由此可见，《刑法修正案（十一）》删除"明知"的表述主要目的是为"自洗钱"入罪扫清障碍，并非立法修改洗钱罪的主观要件。

第二，从法理上分析，若不考虑洗钱罪主观构成要件，则会使洗钱罪陷入客观归罪的泥潭。首先，"明知"在我国刑法中是横跨刑法总则与刑法分则的概念。刑法总则中的"明知"规定在刑法第14条第1款："明知自己的行为会发生危害社会的结果，并且希望或者放任这种结果发生，因

---

① 王新：《自洗钱入罪后的司法适用》，载《政治与法律》2021年第11期。

而构成犯罪的，是故意犯罪。"刑法总则中的"明知"是对于犯罪结果、犯罪性质采取"希望、放任"的态度，而刑法分则中的"明知"则是对特定事实的认识，[①] 如掩饰、隐瞒犯罪所得罪中的"明知"。其次，刑法中的构成要件要素有成文的构成要件要素和不成文的构成要件要素。在一些具体犯罪中，由于众所周知的理由或者其他原因，刑法没有将所有的构成要件规定在条文中，而是需要法官在适用过程中进行补充。[②]《刑法修正案（十一）》删除洗钱罪的"明知"要件，只是去掉"自洗钱"行为入罪的障碍，并未改变洗钱罪属于故意犯罪的性质，在"他洗钱"中，"明知"依然是不成文的构成要件因素，法官在办案实践中不应忽视。

三、"他洗钱"犯罪"明知"应为概括性明知

"他洗钱"犯罪中，"明知"的主观要件不应因《刑法修正案（十一）》而被忽视，但如何慎重认定"主观明知"的程度需要法官予以回应。司法实践表明，对"明知"标准的要求过高，会造成很多办案中取证困难、认定困难的问题。国际组织的评估建议也指出，我国洗钱罪入罪率较低，洗钱罪的司法适用效果存在一定缺陷。

本文认为，在"他洗钱"犯罪中，"明知"作为不成文的构成要件要素，认定标准不应过高，行为人对上游犯罪的主观"明知"可以是概括性的认识，即认识到上游犯罪的类型，无须认识到具体性质和罪名。事实上，若要求被告人明确认识到犯罪所得的来源属于何种罪名，何种性质，实际上是要求被告人有专业的法律知识，与现实情况也不符。同时，"明知"作为犯罪人内心的认识活动，一旦被告人拒不承认，刻意回避，公诉机关在证明"明知"时会存在较大的难度。因此只要被告人对上游犯罪存在概括性认知即可，且应当允许公诉机关结合主客观证据，通过推定的方式证明被告人存在"明知"。

具体来讲，在个别案件中，被告人会存在刻意回避"明知"的情况，例

---

① 刘艳红：《洗钱罪删除"明知"要件后的理解与适用》，载《当代法学》2021 年第 4 期。
② 张明楷：《刑法学》，法律出版社 2016 年版，第 123 页。

如对赃物、赃款不闻不问，仅进行转移资金等行为。此时根据客观的证据，结合社会一般人的认知和本案的其他证据要素可以推断出被告人存在主观明知的，也应当认定为存在洗钱罪的概括性"明知"。例如一些地下钱庄、职业洗钱团伙等，可结合作案手段、社会经验、职业经历、亲属关系、交往程度、了解程度、交易转移方式、收益来源、性质、数额等多方面证据要素，综合推定证实被告人存在概括性认知的，应当认定为洗钱罪。

需要注意的是，在个别性、偶发性的洗钱行为中，被告人即便存在"刻意回避"的情形，但无法证明其对上游犯罪存在概括性"明知"的，则不应认定为洗钱罪。例如本案中，杜某某在购买案涉车辆时，从车价来判断认为该车来路不正，可能是违法犯罪所得。但对于车辆究竟是从何种违法渠道所得，是否涉及金融犯罪等情况一概不知。杜某某在收购车辆时，仅仅是贪图车价较低，有较大的利益空间而无视车辆可能是赃物的事实。同时杜某某与上游犯罪被告人事前不认识，空间距离较远，交易次数较少，多方面证据均证明其对上游犯罪的情况不存在概括性认知。此种情况下，杜某某仅具有犯掩饰、隐瞒犯罪所得罪的故意，故不应认定其构成洗钱罪。

综上，本案作为区分洗钱罪与掩饰、隐瞒犯罪所得罪的案例，具有一定的典型性。在区分这两个罪名时，应坚持主客观相一致原则，准确把握洗钱罪与掩饰、隐瞒犯罪所得罪的关系和区别，当两罪出现竞合时，应优先适用洗钱罪。在区别此罪与彼罪时，客观上要准确认定洗钱罪上游犯罪要求的七种类型，主观上应把握好"他洗钱"行为中"明知"依然是不成文的构成要件要素，且对洗钱罪的"明知"标准要结合多方面证据予以准确认定，即要求被告人对上游犯罪认识达到概括性认知即可。被告人客观上实施了掩饰、隐瞒特定的七种犯罪类型之外的赃物的行为，主观上又不存在对上游犯罪的概括性认识时，不应认定为洗钱罪；符合掩饰、隐瞒犯罪所得罪构成要件的，应认定为掩饰、隐瞒犯罪所得罪并进行定罪处罚。

（**一审法院合议庭成员：**唐爱霖　陈建才　张建明

二审法院合议庭成员：吴晓蓉　徐　侅　祝年玺

编写人：江苏省泰州市中级人民法院　吴晓蓉　赵铖柯）

五、类案索引与裁判规则研究

网络犯罪类案裁判规则之三

明知他人利用信息网络实施犯罪而为其提供支付结算帮助，但未与他人通谋，未就他人犯罪所得、犯罪所得收益实施转账、套现、取现等掩饰、隐瞒行为，情节严重的，按照帮助信息网络犯罪活动罪定罪处罚。

〔规则描述〕行为人明知他人利用信息网络实施犯罪而为其提供信用卡、银行账户、非银行支付账户、具有支付结算功能的互联网账号密码、网络支付接口、网上银行数字证书等支付结算帮助，但未与他人事前或事中通谋，且未参与他人所实施的后续犯罪行为，未帮助他人转移犯罪所得及其收益，情节严重的，按照帮助信息网络犯罪活动罪定罪处罚；行为人明知他人利用信息网络实施犯罪，与之事先或者事中通谋，甚至是按照分工约定为犯罪活动提供支付结算或者实施转账、套现、取现，按照共同犯罪论处；行为人明知系他人利用信息网络实施犯罪的违法所得、违法所得收益，仍为其转账、套现或者提现的，按照掩饰、隐瞒犯罪所得、犯罪所得收益罪定罪处罚。实施上述行为，同时构成其他犯罪的，除法律另有规定外，依照处罚较重的规定定罪处罚。

一、类案检索大数据报告

数据采集时间：截至 2022 年 1 月 27 日；案例来源：Alpha 案例库。截至 2022 年 1 月 27 日，利用关键词"银行卡""信用卡""支付结算""帮助信息网络犯罪活动罪"进行检索，得到 19012 篇裁判文书。

　　如图一所示，自2019年开始，利用银行卡、信用卡实施的帮助信息网络犯罪活动罪开始快速增长，并于2021年达到高峰，共计16654件。

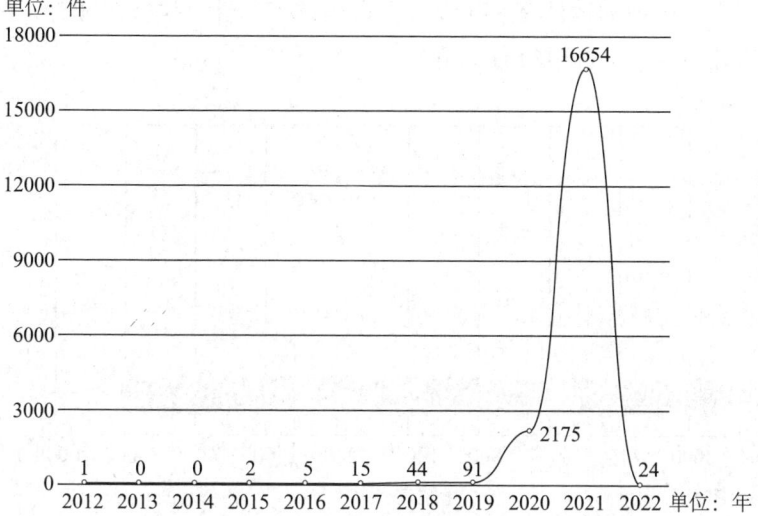

单位：件

图一　案件年度分布情况

　　如图二所示，从地域分布来看，帮助信息网络犯罪活动罪案例主要集中在河南省、湖南省、广东省，分别占比17.09%、13.23%、7.72%。其中，河南省的案件量最多，达到3250件。（注：此处显示该条件下案例数量排名前五的省份。）

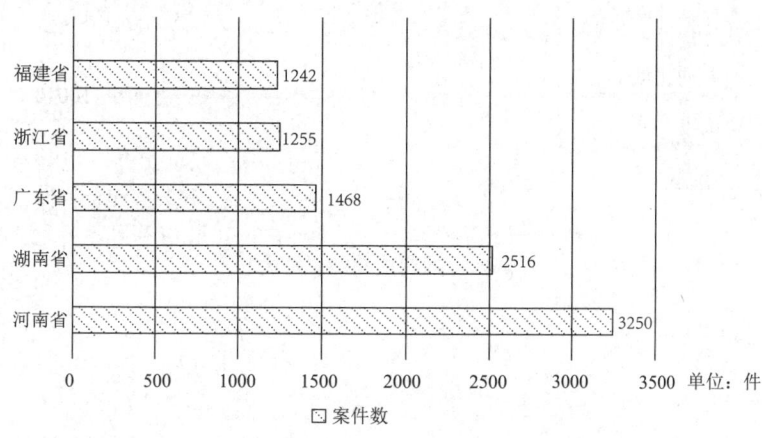

图二　案件地域分布情况

如图三所示，在人民法院审理的涉银行卡、信用卡帮助信息网络犯罪活动罪中，适用一审程序审理的案件有 18354 件，占全部案件的 97%；适用二审程序审理的案件有 645 件，再审案件有 6 件，执行案件有 3 件。并能够推算出一审上诉率约为 3.51%。

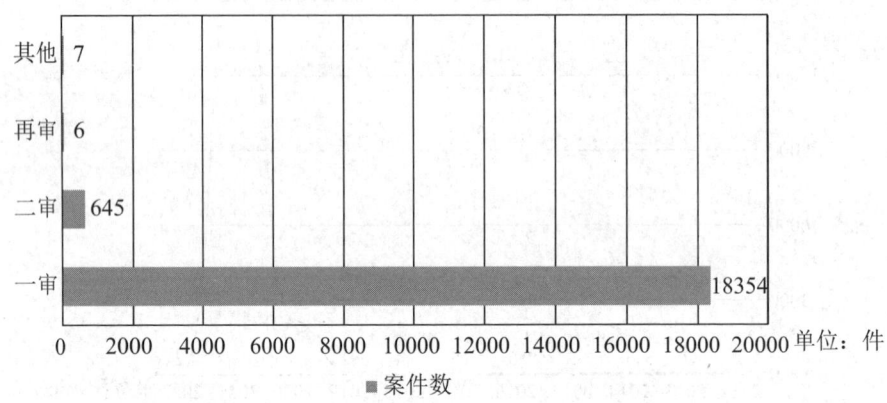

图三　案件审级分布情况

如图四所示，在人民法院审理的涉银行卡、信用卡帮助信息网络犯罪活动罪中，主刑的适用情况如下：适用有期徒刑的案件 16040 件，拘役的案件 2714 件，管制的案件 1 件。其中，包含缓刑的案件 3608 件，免予刑事处罚的案件 9 件。

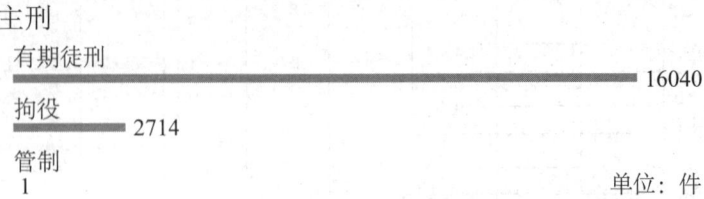

图四　刑罚适用情况分布

二、可供参考的例案

例案一　陈某帮助信息网络犯罪活动案

【法院】

山西省吕梁市中级人民法院。

【案号】

（2021）晋 11 刑终 13 号。

【控辩双方】

原公诉机关：山西省交城县人民检察院。

上诉人（原审被告人）：陈某。

【基本案情】

一审法院经审理查明，2019 年以来被告人陈某为谋取非法利益，多次雇用多人注册公司、开设对公账户，并绑定 U 盾、手机银行进行出卖，为电信网络诈骗犯罪分子收取资金提供工具，每个账户从中获利 100 元至 200 元，累计获利 1 万余元。同年 3 月，被告人陈某为谋取非法利益，雇用指使李某 9（已判刑）先后注册公司、开设公司账户 8 套。2019 年 3 月 30 日，李某 9 按照被告人陈某的指使在建设银行广州石井支行，办理了广州惊羽网络科技有限公司银行账户。经查，2019 年 5 月 10 日诈骗犯罪分子使用该银行账户对交城县居民任某被诈骗一案中的被骗资金 10 万元进行了转移。

一审法院认为，被告人陈某明知他人实施电信网络诈骗犯罪，而雇用、介绍李某 9 办理账户进行出卖，为他人实施诈骗提供资金支付结算账户，数额巨大，其行为已构成诈骗罪。被告人陈某没有直接参与实施电信网络诈骗犯罪实行行为，其对诈骗犯罪的实施和完成不起决定性作用，系从犯，应当从轻处罚。对被告人陈某的违法所得，依法予以追缴。原判决依照刑法第 266 条、第 64 条、第 27 条之规定，以被告人陈某犯诈骗罪，判处有期徒刑三年，并处罚金人民币 1 万元；被告人陈某违法所得 1 万元依法予以追缴，上缴国库。

判决宣告后，陈某提起上诉称：原审法院认定事实错误，李某 9 注册的公司及账户资料不为其持有、控制；无证据证明其明知上家利用注册的公司和账户用于电信诈骗；其不具有非法占有被害人任某钱财的主观故意。辩护人的主要辩护意见是：上诉人陈某无诈骗的故意和行为，不构成诈骗罪；即便构成犯罪，应当按照帮助信息网络犯罪活动罪定罪处罚。

【案件争点】

被告人出售银行卡供他人犯罪使用的行为，构成帮助信息网络犯罪活动罪还是诈骗罪。

【裁判要旨】

二审法院经审理认为，上诉人陈某明知他人利用信息网络实施犯罪，仍通过开办银行卡、电话卡等方式为犯罪分子提供帮助，情节严重，其行为构成帮助信息网络犯罪活动罪。原判决对上诉人陈某定性不当，应予纠正。关于上诉人陈某及其辩护人所提的上诉、辩护意见，经查，在案证据证明上诉人陈某指使下线李某9带领他人按照要求办理相关的电话卡、银行卡，并在此过程中获得金额不等的报酬。其以组织他人开办电话卡、银行卡为生，且在下线李某9因开办的账户涉嫌犯罪被采取强制措施后仍从事相关活动。虽现有证据不足以证明其和上线具有实施诈骗犯罪的通谋，但结合其犯罪行为、认知能力、既往经历、交易对象等情况，可以认定其明知他人利用信息网络实施犯罪仍提供帮助。故部分上诉、辩护意见成立，予以采纳。

例案二　谢某扇掩饰、隐瞒犯罪所得案

【法院】

广西壮族自治区南宁市中级人民法院。

【案号】

（2021）桂01刑终769号。

【控辩双方】

原公诉机关：广西壮族自治区南宁市兴宁区人民检察院。

上诉人（原审被告人）：谢某扇（曾用名：韦某扇）。

【基本案情】

2021 年 3 月以来，被告人谢某扇明知是在帮助他人实施网络违法犯罪活动接收、转移资金的情况下将其名下的五张银行卡（分别为：招商银行，账号：6214××××4532；中国邮政储蓄银行，账号：6217××××2752；广西农村信用社，账号：6231××××5033；中国建设银行，账号：6217××××5919；中国工商银行，账号：6215××××5571）提供给他人使用，并伙同他人在南宁市兴宁区操作银行卡接收、转移资金，在案证据证实谢某扇提供的五张银行卡收到包括被害人陈某1、王某1、赵某1、王某2、邱某、陈某2、赵某2、鄂某、乔某被诈骗的钱款共计人民币244980 元。

原审法院认为，被告人谢某扇的行为构成帮助信息网络犯罪活动罪，其具有自首的从轻情节。依照刑法第287 条之二、第67 条第1 款，《最高人民法院、最高人民检察院关于办理非法利用信息网络、帮助信息网络犯罪活动等刑事案件适用法律若干问题的解释》第12 条的规定，以被告人谢某扇犯帮助信息网络犯罪活动罪，判处有期徒刑一年二个月，并处罚金人民币6000 元。

判决宣告后，谢某扇提出上诉称：（1）其只是将本人的银行卡和银行卡绑定的手机号一并出卖给上家，并未参与上家的其他操作行为；（2）其是在出卖的银行卡被封卡且有银行工作人员电话通知后，才知道其银行卡从事了违法交易；（3）其因受到上家威胁，未将自己出卖银行卡还获利100 元的情况如实供述。综上，其不是在明知上家犯罪的情况下伙同他人操作银行卡接收、转移资金，请求二审法院查明事实，依法改判。

南宁市人民检察院认为：（1）一审判决认定的证据来源合法，取得程序正当，并经一审庭审质证，内容客观真实；（2）一审判决认定的证据足以证明本案的犯罪事实；（3）上诉人谢某扇接收、转移资金的行为应当构成掩饰、隐瞒犯罪所得罪，一审判决认定帮助信息网络犯罪活动罪的罪名不当，并导致量刑不当。

【案件争点】

被告人明知他人实施犯罪而为其提供银行卡接收并转移资金的行为是

构成帮助信息网络犯罪活动罪还是掩饰、隐瞒犯罪所得罪。

【裁判要旨】

二审法院经审理认为，在案证据能证明，谢某扇明知是他人实施网络违法犯罪活动的资金，仍帮助接收、转移，在所转移的资金中有电信网络诈骗被害人陈某 1、王某 1、赵某 1、王某 2、邱某、陈某 2、赵某 2、鄢某、乔某诈骗的资金共计 244980 元的事实。谢某扇明知是他人犯罪所得而予以转移的行为符合刑法第 312 条第 1 款的规定，构成掩饰、隐瞒犯罪所得罪；且根据《最高人民法院关于审理掩饰、隐瞒犯罪所得、犯罪所得收益刑事案件适用法律若干问题的解释》第 3 条第 1 项"掩饰、隐瞒犯罪所得及其产生的收益价值总额达到十万元以上的"的规定应当认定为"情节严重"，依法应处三年以上七年以下有期徒刑，并处罚金。谢某扇的行为同时触犯刑法第 287 条之二第 1 款和第 321 条第 1 款的规定分别构成帮助信息网络犯罪活动罪和掩饰、隐瞒犯罪所得罪，依照刑法第 287 条之二第 3 款的规定，应依照处罚较重的规定定罪处罚，而依照法律规定掩饰、隐瞒犯罪所得罪处罚较重，即应以掩饰、隐瞒犯罪所得罪对谢某扇定罪处罚。综上，二审法院认为，南宁市人民检察院提出"一审判决适用罪名错误，建议二审法院依法变更为掩饰、隐瞒犯罪所得罪"的检察意见，符合法律规定，予以采纳。对于谢某扇提出"其只是将本人的银行卡和银行卡绑定的手机号一并出卖给上家，并未参与上家的其他操作行为，以及其伙同他人操作银行卡接收、转移资金时并不明知上家犯罪的情况"的上诉意见，与查明的事实不符，不予采纳。

例案三　吴某明开设赌场、帮助信息网络犯罪活动案

【法院】

江西省赣州市中级人民法院。

【案号】

（2021）赣 07 刑终 752 号。

【控辩双方】

原公诉机关：江西省宁都县人民检察院。

上诉人（原审被告人）：吴某明。

【基本案情】

2020年11月，康某钦（同案被告人，未上诉）联系被告人吴某明，叫其提供银行卡账户帮助接收、转移网络赌博资金，允诺按接收、转移金额的0.15%～0.2%支付报酬，即：如果吴某明仅提供银行账户可获得0.15%的报酬，如果其自行操作银行卡内的资金可获得0.2%的报酬。吴某明应允后，提供和使用银行卡的事实如下：（1）为获取转移资金0.2%的报酬，被告人吴某明开通尾号0616的中国银行账户，并将账号告知康某钦，在接收到外来资金后，由被告人吴某明操作，将资金转入由康某钦提供的黄某、李某冬等人名下的银行账户内。2020年11月至2021年1月期间，该中国银行卡内共转出资金2021630元。（2）被告人吴某明将其本人名下的尾号7847的中国邮政储蓄银行卡、尾号9275的中国农业银行卡、尾号7902的中国建设银行卡、尾号1839的中国工商银行卡的账户、U盾及密码提供给康某钦。康某钦将上述银行账户又提供给他人接收、转移资金，其中尾号7902的中国建设银行账户接收了被害人林某的被诈骗款1万元、被害人魏某的被诈骗款5400元、被害人张某的被诈骗款500元、被害人谭某的被诈骗款1500元。2020年11月至2021年1月期间，被告人吴某明名下的上述四张银行卡账户帮助接收、转移资金共计11338432.12元。另查明，根据同案人康某钦的供述及"银梅"与被告人吴某明之间的支付宝转账记录，被告人吴某明共非法获利1万多元。2021年2月19日，被告人吴某明被公安机关电话传唤归案。其间，宁都县公安局依法扣押其粉色vivo手机一部、青色小米手机一部、社保卡一张、身份证两张（未随案移送）、驾驶证一本（未随案移送）、现金1340元（未随案移送）、中国银行U盾一个、银行卡15张、手机卡2张。

原审法院认为，被告人吴某明为获取非法利益，为赌博网站提供支付结算服务，并按指示转移赌资，情节严重；其明知他人需银行卡用于信息网络实施犯罪，仍自己提供银行卡，并联系他人提供银行卡，为实施网络犯罪活动的人提供支付结算帮助，情节严重。被告人吴某明的行为已构成开设赌场罪、帮助信息网络犯罪活动罪，应数罪并罚。在开设赌场的共同犯罪中，被告人吴某明起帮助作用，系从犯，依法应当从轻、减轻处罚或者免除处罚。对帮助信息网络犯罪活动罪，被告人吴某明具有坦白情节，可以从轻处罚。被告人吴某明自愿认罪认罚，可以从宽处罚，但其未积极退赃及主动缴纳罚金，从宽幅度应予酌减。综合本案犯罪事实、量刑情节及社会危害程度，依照刑法第 287 条之二、第 303 条第 2 款、第 25 条、第 26 条、第 27 条、第 47 条、第 52 条、第 53 条、第 64 条、第 67 条第 3 款、第 69 条、《最高人民法院、最高人民检察院关于办理非法利用信息网络、帮助信息网络犯罪活动等刑事案件适用法律若干问题的解释》第 12 条、刑事诉讼法第 15 条之规定，作出如下判决：被告人吴某明犯开设赌场罪，判处有期徒刑二年，并处罚金人民币 1.5 万元；犯帮助信息网络犯罪活动罪，判处有期徒刑二年六个月，并处罚金人民币 2 万元。数罪并罚，决定合并执行有期徒刑三年十个月，并处罚金人民币 3.5 万元。

判决宣告后，吴某明提起上诉称：其不构成开设赌场罪。辩护人提出，吴某明系开设赌场的从犯，犯罪情节轻，作用较小，请求二审对其减轻处罚。

【案件争点】

被告人的行为是按一罪还是数罪并罚处理。

【裁判要旨】

二审法院经审理认为，上诉人吴某明为获取非法利益，为赌博网站提供支付结算服务，帮助收取、转移赌资，情节严重；明知他人利用信息网络实施犯罪活动，仍提供自己和肖某腾的银行卡，为实施信息网络犯罪活动的人提供支付结算帮助，情节严重，其行为已构成开设赌场罪、帮助信息网络犯罪活动罪，依法应予惩处。上诉人吴某明犯二罪，依法应数罪并罚。在开设赌场的共同犯罪中，上诉人吴某明起辅助作用，系从犯，依法应当减轻处罚。关于上诉人吴某明提出，其不构成开设赌场罪的问题。经查，（1）上诉人吴某明在公安机关供述，康某钦表示转账的钱是赌博得来的，他提供了 5 张银行卡用于接收、转移赌博所得资金。二审讯问上诉人吴某明时，其表示在公安机关所作供述属实。（2）同案人肖某腾供述，吴某明表示提供银行卡转账的钱是网络赌博平台的赌资。康某钦也表示转账的都是赌博平台赚的钱。肖某腾依法辨认出了康某钦。（3）同案人康某钦供述，他跟吴某明表示提供银行卡帮赌博平台走账可以赚钱，吴某明提供了中国银行的银行卡给他，收到赌资后，吴某明还会将赌资转到"财哥"指定的账户。综上，上诉人吴某明明知康某钦让其提供银行卡是为了帮助收取赌博网站的赌资，仍予以提供银行卡，并按照安排将收取的赌资转入指定账户，其行为符合开设赌场罪的构成要件。上诉人吴某明的该点上诉意见与查明的事实及法律规定不符，不能成立。关于辩护人所提的量刑问题。经查，原审法院根据上诉人吴某明犯开设赌场罪的事实、情节、社会危害性等依法作出判决，罚当其罪。

三、裁判规则提要

因应信息网络发展带来的网络安全和犯罪治理需求，我国刑法修正案（九）中增设了帮助信息网络犯罪活动罪。该罪的设立丰富和完善了我国的罪名构成体系，弥补了传统共同犯罪理论在打击信息网络犯罪时的不足，为司法机关依法有效惩治网络犯罪提供了准绳。根据法律规定，成立帮助信息网络犯罪活动罪需要同时具备三个要件：一是在主观上，行为人需对他人利用信息网络实施犯罪存在"明知"，即明知他人正在或将要实施信息网络犯罪，明知自己的行为为他人实施犯罪提供帮助；二是在客观上，行为人为他人实施信息网络犯罪提供了帮助，帮助形式包括技术支持、广告推广、支付结算等；三是行为人对他人实施信息网络犯罪的帮助行为需达到"情节严重"程度。自刑法修正案（九）实施以来，尤其是随着 2019 年《最高人民法院、最高人民检察院关于办理非法利用信息网络、帮助信息网络犯罪活动等刑事案件适用法律若干问题的解释》（以下简称网络犯罪司法解释）实行以来，司法机关办理的帮助信息网络犯罪活动罪案件数量大幅度增长，其中"支付结算型"帮助信息网络犯罪活动罪案件的数量上升尤为明显。与此同时，司法机关在办理此类案件时，也常常会面临如何区分帮助信息网络犯罪活动罪与掩饰、隐瞒犯罪所得、犯罪所得收益罪，如何区分帮助信息网络犯罪活动罪与共同犯罪等困惑。

（一）帮助信息网络犯罪活动罪与掩饰、隐瞒犯罪所得、犯罪所得收益罪的区分

当行为人明知他人利用信息网络实施犯罪而为其提供支付结算帮助时，在行为人因与他人缺乏合意而不构成共同犯罪的情形下，判定行为人行为的性质时，司法实践中较容易发生争议的是该行为构成帮助信息网络犯罪活动罪还是掩饰、隐瞒犯罪所得、犯罪所得收益罪。对此，应从以下四方面进行把握。

1. 两者所侵害的主要法益不同

帮助信息网络犯罪活动罪是信息网络犯罪帮助行为的正犯化，其侵害的法益主要是信息网络安全管理秩序；而掩饰、隐瞒犯罪所得、犯罪所得收益罪主要妨害的是司法机关对上游犯罪的追究，其所侵害的法益是司法秩序。在例案一中，陈某明知他人利用信息网络实施犯罪，仍多次雇用多人办理公司账户供犯罪分子使用，并从中获利，情节严重，依法构成帮助信息网络犯罪活动罪。在例案二中，谢某扇明知是他人实施网络违法犯罪活动的资金，不仅提供银行卡给犯罪分子使用，而且伙同他人操作银行卡接收、转移资金，其行为严重妨碍了司法机关及时侦查犯罪、追缴赃款，构成掩饰、隐瞒犯罪所得罪。

2. 两者所"明知"的内容不同

帮助信息网络犯罪活动罪中行为人"明知"的内容是"他人利用信息网络实施犯罪"，至于他人具体是实施诈骗犯罪、盗窃犯罪还是赌博、走私犯罪并不影响犯罪的成立；掩饰、隐瞒犯罪所得、犯罪所得收益罪中行为人"明知"的内容则是"犯罪所得及其产生的收益"，即行为人明知其转账、套现、提现的资金系犯罪所得及其产生的收益。在例案一中，法院经审理查明，被告人陈某以组织他人开办电话卡、银行卡为生，且在下线李某9因开办的账户涉嫌犯罪被采取强制措施后仍继续提供银行卡，结合其犯罪行为、认知能力、既往经历、交易对象等情况，可以认定其"明知他人利用信息网络实施犯罪"仍提供帮助，但是案内证据不足以证明其明知是"犯罪所得及其产生的收益"而实施转移、隐瞒等行为，因此不能以

掩饰、隐瞒犯罪所得、犯罪所得收益罪定罪处罚。

3. 帮助行为与关联犯罪的时间关系不同

从这两个罪名的基本构成可以看出，在帮助信息网络犯罪活动罪中，帮助行为发生在被帮助的信息网络犯罪实施之前或者实施过程中，不可能发生在被帮助行为实施完毕后，而掩饰、隐瞒犯罪所得、犯罪所得收益罪则属于事后的帮助行为，只能发生在被帮助的犯罪行为既遂后。

4. 帮助行为的具体内容构成不同

在帮助信息网络犯罪活动罪中，行为人的帮助行为主要体现为购买、出售、出租信用卡、银行账户、非银行支付账户、具有支付结算功能的互联网账号密码（微信、QQ、支付宝等）、网络支付接口、网络银行数字证书等；而在掩饰、隐瞒犯罪所得、犯罪所得收益罪中，行为人的帮助行为除了包括提供上述支付结算账号外，更主要的体现为转账、套现或提现等转移财产行为。在例案一中，陈某的行为仅限于为他人犯罪提供信用卡，而在例案二中，谢某扇不仅将其名下的 5 张银行卡提供给他人使用，还伙同他人操作银行卡接收、转移资金，因而陈某的行为构成帮助信息网络犯罪活动罪，谢某扇的行为则构成掩饰、隐瞒犯罪所得、犯罪所得收益罪。当然，即使存在转移赃款的行为，如果该款项不属于犯罪所得及其收益，也不能按照掩饰、隐瞒犯罪所得、犯罪所得收益罪定罪，这种情形下，可以考虑按照帮助信息网络犯罪活动罪定罪处罚。如在例案三中，虽然吴某明实施了提供银行卡账户帮助接收、转移网络赌博资金的行为，但是由于"赌博资金"并不属于"犯罪所得"，因而即使该行为构成犯罪，也不构成掩饰、隐瞒犯罪所得、犯罪所得收益罪。

（二）帮助信息网络犯罪活动罪与共同犯罪的区分

关于帮助信息网络犯罪活动罪与共同犯罪的关系，从帮助信息网络犯罪活动罪的发展过程来看，其是作为共同犯罪的一个补充形态出现的，主要是针对传统共同犯罪理论无法解决的网络帮助行为。对于可以按照传统共同犯罪理论加以处理的网络帮助行为，应当按照共犯处理，而不应将所有网络帮助行为全部按帮助信息网络犯罪活动罪来予以打击。

在例案一中，陈某虽然有提供信用卡的行为，但是其既没有直接参与实施电信网络诈骗犯罪实行行为，案内证据也不足以证明其明知上家利用注册的公司和账户实施电信诈骗以及与被帮助对象具有实施诈骗犯罪的通谋，因而不能按照诈骗犯罪的共犯处理。在例案三第一起犯罪事实中，吴某明明知康某钦从事网络赌博活动，为获取非法利益，与康某钦达成如下合意：吴某明为赌博网站提供自己的银行卡帮助收取、转移赌资，康某钦则按照一定比例向其支付报酬，双方通过合作完成了网络开设赌场犯罪的行为，因此对吴某明的上述行为应当认定为开设赌场犯罪的共同犯罪。而在第二起犯罪事实中，吴某明仅仅是提供了银行卡给康某钦使用并获取一定报酬，其并不了解康某钦所要实施的犯罪类型，双方没有就此形成犯罪合意，吴某明也没有实质性地参与到后续犯罪行为中，因而对于该起犯罪事实应定性为帮助信息网络犯罪活动罪。

在判断某一行为构成帮助信息网络犯罪活动罪还是被帮助犯的共同犯罪时，应当注意到，立法之所以增设帮助信息网络犯罪活动罪，是基于以下需要：一方面，对于网络犯罪的帮助行为，如果按照共犯处理，需要查明帮助者的共同犯罪故意，但网络犯罪不同环节人员之间往往互不认识，没有明确的犯意联络，[1] 因而难以追责；另一方面，网络犯罪帮助行为的社会危害性与传统共同犯罪中的帮助行为有着显著区别，其对于完成犯罪起着越来越大的作用，且往往是网络犯罪中获利最大的环节，社会危害性凸显。综上，对于帮助信息网络犯罪行为，在无法查证行为人与他人具有共同犯罪故意，无法适用传统共同犯罪处理时，可以适用帮助信息网络犯罪活动罪定罪处罚；[2] 如果能够查明行为人事前或事中与被帮助对象形成通谋，甚至形成分工负责的，可以按照共同犯罪论处。

在特定情形下，行为人实施的多个帮助行为可能既构成被帮助犯罪的共同犯罪（帮助犯），又构成帮助信息网络犯罪活动罪，此时应当按照数罪并罚原则进行处罚。在例案三中，吴某明在第一起犯罪中的帮助行为构

---

[1]　雷建斌主编、全国人大常委会法制工作委员会刑法室编著：《〈中华人民共和国刑法修正案（九）〉释解与适用》，人民法院出版社 2015 年版，第 165 页。

[2]　喻海松：《网络犯罪二十讲》，法律出版社 2018 年版，第 105 页。

成开设赌场罪的共犯，在第二起犯罪中的帮助行为构成帮助信息网络犯罪活动罪，审判机关依法对其进行数罪并罚是适当的。

四、辅助信息

高频法条：

1. 《中华人民共和国刑法》

第二百六十六条【诈骗罪】 诈骗公私财物，数额较大的，处三年以下有期徒刑、拘役或者管制，并处或者单处罚金；数额巨大或者有其他严重情节的，处三年以上十年以下有期徒刑，并处罚金；数额特别巨大或者有其他特别严重情节的，处十年以上有期徒刑或者无期徒刑，并处罚金或者没收财产。本法另有规定的，依照规定。

第二百八十七条之二【帮助信息网络犯罪活动罪】 明知他人利用信息网络实施犯罪，为其犯罪提供互联网接入、服务器托管、网络存储、通讯传输等技术支持，或者提供广告推广、支付结算等帮助，情节严重的，处三年以下有期徒刑或者拘役，并处或者单处罚金。

单位犯前款罪的，对单位判处罚金，并对其直接负责的主管人员和其他直接责任人员，依照第一款的规定处罚。

有前两款行为，同时构成其他犯罪的，依照处罚较重的规定定罪处罚。

第三百零三条第二款【开设赌场罪】 开设赌场的，处五年以下有期徒刑、拘役或者管制，并处罚金；情节严重的，处五年以上十年以下有期徒刑，并处罚金。

第三百零三条第三款【组织参与国（境）外赌博罪】 组织中华人民共和国公民参与国（境）外赌博，数额巨大或者有其他严重情节的，依照前款的规定处罚。

第三百一十二条【掩饰、隐瞒犯罪所得、犯罪所得收益罪】 明知是犯罪所得及其产生的收益而予以窝藏、转移、收购、代为销售或者以其他方法掩饰、隐瞒的，处三年以下有期徒刑、拘役或者管制，并处或者单处罚金；情节严重的，处三年以上七年以下有期徒刑，并处罚金。

单位犯前款罪的，对单位判处罚金，并对其直接负责的主管人员和其他直接责任人员，依照前款的规定处罚。

2. 《最高人民法院、最高人民检察院关于办理非法利用信息网络、帮助信息网络犯罪活动等刑事案件适用法律若干问题的解释》

第十一条　为他人实施犯罪提供技术支持或者帮助，具有下列情形之一的，可以认定行为人明知他人利用信息网络实施犯罪，但是有相反证据的除外：

（一）经监管部门告知后仍然实施有关行为的；

（二）接到举报后不履行法定管理职责的；

（三）交易价格或者方式明显异常的；

（四）提供专门用于违法犯罪的程序、工具或者其他技术支持、帮助的；

（五）频繁采用隐蔽上网、加密通信、销毁数据等措施或者使用虚假身份，逃避监管或者规避调查的；

（六）为他人逃避监管或者规避调查提供技术支持、帮助的；

（七）其他足以认定行为人明知的情形。

3. 《最高人民法院、最高人民检察院、公安部关于办理电信网络诈骗等刑事案件适用法律若干问题的意见（二）》

七、为他人利用信息网络实施犯罪而实施下列行为，可以认定为刑法第二百八十七条之二规定的"帮助"行为：

（一）收购、出售、出租信用卡、银行账户、非银行支付账户、具有支付结算功能的互联网账号密码、网络支付接口、网上银行数字证书的；

（二）收购、出售、出租他人手机卡、流量卡、物联网卡的。

九、明知他人利用信息网络实施犯罪，为其犯罪提供下列帮助之一的，可以认定为《最高人民法院、最高人民检察院关于办理非法利用信息网络、帮助信息网络犯罪活动等刑事案件适用法律若干问题的解释》第十二条第一款第七项规定的"其他情节严重的情形"：

（一）收购、出售、出租信用卡、银行账户、非银行支付账户、具有支付结算功能的互联网账号密码、网络支付接口、网上银行数字证书 5 张（个）以上的；

（二）收购、出售、出租他人手机卡、流量卡、物联网卡 20 张以上的。

十、电商平台预付卡、虚拟货币、手机充值卡、游戏点卡、游戏装备等经销商，在公安机关调查案件过程中，被明确告知其交易对象涉嫌电信网络诈骗犯罪，仍与其继续交易，符合刑法第二百八十七条之二规定的，以帮助信息网络犯罪活动罪追究刑事责任。同时构成其他犯罪的，依照处罚较重的规定定罪处罚。

十一、明知是电信网络诈骗犯罪所得及其产生的收益，以下列方式之一予以转账、套现、取现，符合刑法第三百一十二条第一款规定的，以掩饰、隐瞒犯罪所得、犯罪所得收益罪追究刑事责任。但有证据证明确实不知道的除外。

（一）多次使用或者使用多个非本人身份证明开设的收款码、网络支付接口等，帮助他人转账、套现、取现的；

（二）以明显异于市场的价格，通过电商平台预付卡、虚拟货币、手机充值卡、游戏点卡、游戏装备等转换财物、套现的；

（三）协助转换或者转移财物，收取明显高于市场的"手续费"的。

实施上述行为，事前通谋的，以共同犯罪论处；同时构成其他犯罪的，依照处罚较重的规定定罪处罚。法律和司法解释另有规定的除外。

十二、为他人实施电信网络诈骗犯罪提供技术支持、广告推广、支付结算等帮助，或者窝藏、转移、收购、代为销售及以其他方法掩饰、隐瞒电信网络诈骗犯罪所得及其产生的收益，诈骗犯罪行为可以确认，但实施诈骗的行为人尚未到案，可以依法先行追究已到案的上述犯罪嫌疑人、被告人的刑事责任。

4.《最高人民法院关于审理掩饰、隐瞒犯罪所得、犯罪所得收益刑事案件适用法律若干问题的解释》

第五条　事前与盗窃、抢劫、诈骗、抢夺等犯罪分子通谋，掩饰、隐瞒犯罪所得及其产生的收益的，以盗窃、抢劫、诈骗、抢夺等犯罪的共犯论处。

第七条　明知是犯罪所得及其产生的收益而予以掩饰、隐瞒，构成刑法第三百一十二条规定的犯罪，同时构成其他犯罪的，依照处罚较重的规定定罪处罚。

第八条　认定掩饰、隐瞒犯罪所得、犯罪所得收益罪，以上游犯罪事实成立为前提。上游犯罪尚未依法裁判，但查证属实的，不影响掩饰、隐瞒犯罪所得、犯罪所得收益罪的认定。

上游犯罪事实经查证属实，但因行为人未达到刑事责任年龄等原因依法不予追究刑事责任的，不影响掩饰、隐瞒犯罪所得、犯罪所得收益罪的认定。

第十条　通过犯罪直接得到的赃款、赃物，应当认定为刑法第三百一十二条规定的"犯罪所得"。上游犯罪的行为人对犯罪所得进行处理后得到的孳息、租金等，应当认定为刑法第三百一十二条规定的"犯罪所得产生的收益"。

明知是犯罪所得及其产生的收益而采取窝藏、转移、收购、代为销售以外的方法，如居间介绍买卖，收受，持有，使用，加工，提供资金账户，协助将财物转换为现金、金融票据、有价证券，协助将资金转移、汇往境外等，应当认定为刑法第三百一十二条规定的"其他方法"。

网络犯罪裁判规则之四：

帮助信息网络犯罪活动罪中的"明知"包括确切知道和概括知道。有证据证明行为人明知他人利用信息网络实施特定犯罪仍为其提供帮助，与他人通谋或者成立片面共犯的，以共同犯罪论处。

【规则描述】 帮助信息网络犯罪活动罪中的"明知"包括确切知道和概括知道，但是行为人是否清楚、准确认知他人利用信息网络所实施犯罪的性质、种类不是构成帮助信息网络犯罪活动罪的必要条件。在判断行为人的主观明知时，应坚持主客观综合分析原则，避免主观归罪或客观归罪。有证据证明行为人"明知"他人利用信息网络实施犯罪的性质和种类，仍为其提供支持或者帮助，成立片面共犯或者与他人存在事前、事中通谋的，按照共同犯罪处理。实施上述行为，同时构成帮助信息网络犯罪活动罪的，除法律另有规定外，依照处罚较重的规定定罪处罚。

一、类案检索大数据报告

数据采集时间：截至2022年1月28日；案例来源：Alpha案例库。截至2022年1月28日，以"帮助信息网络犯罪活动罪""明知他人利用信息网络实施犯罪"为关键词进行检索，共得到18959篇裁判文书。

如图一所示，自2019年开始，在帮助信息网络犯罪活动案件中，裁判文书中明确列出"明知他人利用信息网络"的案件数量快速增长，至2021年达到高峰。

如图二所示，从地域分布来看，符合检索条件的案例主要集中在河南省、湖南省、福建省，分别占比16.44%、13.81%、7.37%。其中，河南省的案件量最多，达到3116件。（注：此处显示该条件下案例数量排名前五的省份。）

如图三所示，从办理案件的法院来看，符合检索条件的案例在基层法院排列占前五位的法院，由多至少分别为福建省安溪县人民法院、上海市青浦区人民法院、上海市浦东新区人民法院、上海市长宁区人民法院、上海市闵行区人民法院。

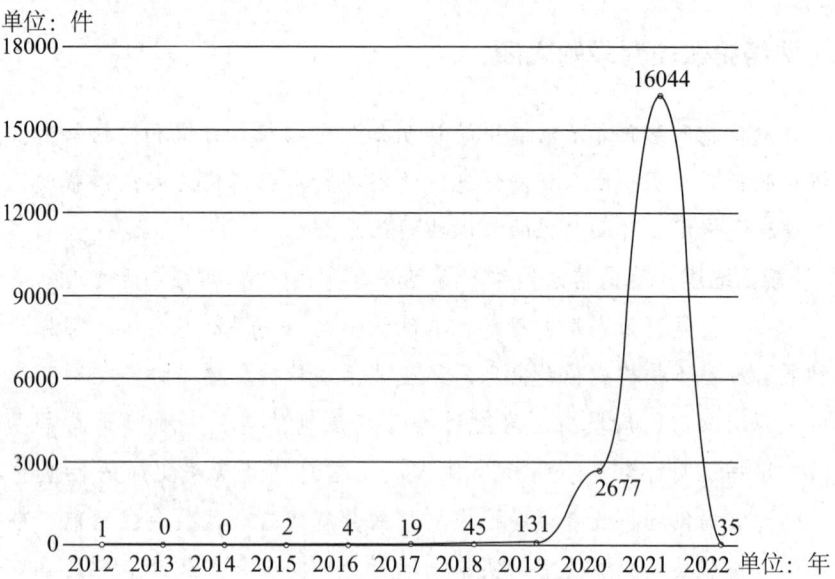

图一　案件年度分布情况

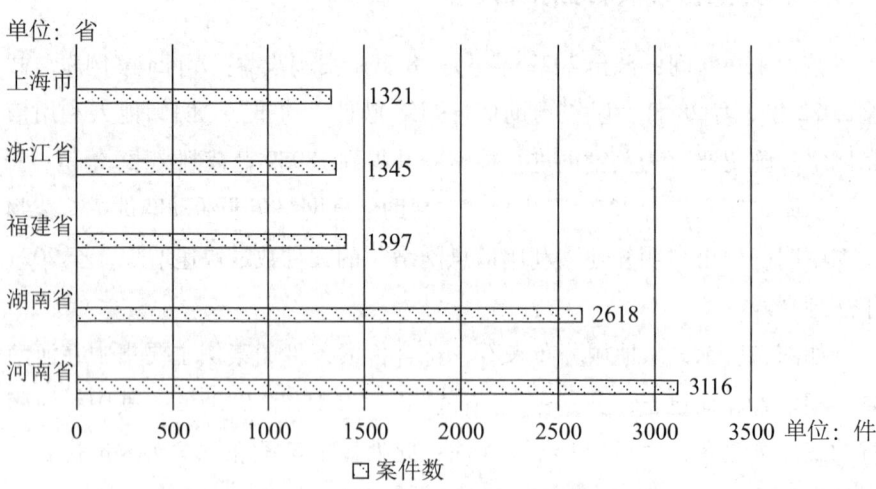

图二　案件地域分布情况

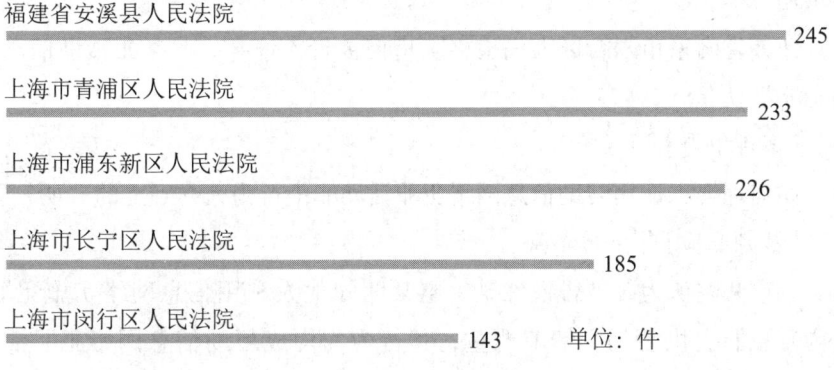

图三　基层法院办理此类案件的情况

二、可供参考的例案

例案一　许某、赵某帮助信息网络犯罪活动案

【法院】

江苏省南京市六合区人民法院。

【案号】

（2021）苏 0116 刑初 11 号。

【控辩双方】

公诉机关：江苏省南京市六合区人民检察院。

被告人：许某、赵某。

【基本案情】

2020 年 5 月至 7 月，被告人许某、赵某明知他人利用信息网络实施犯罪活动，仍以有偿办理电话卡的方式召集多人办理电话卡 500 余张并提供给他人，为他人实施电信网络诈骗活动提供帮助，被告人许某、赵某分别从中获利约 7000 元、5000 元。2020 年 7 月下旬，犯罪分子利用被告人许某、赵某提供的"181××××8147""177××××9835"手机号码，冒充海关工作人员和公安民警，骗取李某人民币 72 万元。2020 年 8 月 13 日，被告人赵某被抓获，次日，被告人许某被抓获，二被告人归案后作如实供述。

江苏省南京市六合区人民检察院指控被告人许某、赵某犯帮助信息网络犯罪活动罪。

【案件争点】

如何理解和适用帮助信息网络犯罪活动罪中行为人主观上的"明知"。

【裁判要旨】

一审法院认为，被告人许某、赵某明知他人利用信息网络实施犯罪，仍为其犯罪提供帮助，情节严重，其行为均构成帮助信息网络犯罪活动罪，应依法分别予以惩处。

例案二　廖某、李某、曾某等帮助信息网络犯罪活动案

【法院】

浙江省杭州市西湖区人民法院。

【案号】

（2020）浙 0106 刑初 575 号。

【控辩双方】

公诉机关：浙江省杭州市西湖区人民检察院。

被告人：廖某、李某、曾某、蒋某、冉某。

【基本案情】

2017 年 7 月，被告人廖某成立了重庆众推网络科技有限公司，先后招募了被告人曾某、冉某、蒋某等人。2018 年年底，重庆众推网络科技有限公司开始专门帮他人解封微信账号，由廖某不定期从被告人李某等人处获取待解封微信账号，并安排曾某、冉某、蒋某等人通过微信账号邀请等功能解封被封禁的微信账号，曾某作为廖某的助理，还负责解封微信账号的统计工作和与李某的对账、收款工作。廖某、李某、曾某、蒋某、冉某均明知他人利用信息网络实施犯罪，仍多次为上游犯罪分子实施犯罪提供微信账号解封帮助。截至起诉前，李某及重庆众推网络科技有限公司解封的微信账号中涉及诈骗案件 28 起，已立案的涉及被害人被骗总金额人民币 3048302.25 元。

浙江省杭州市西湖区人民检察院指控被告人廖某、李某、曾某、蒋某、冉某犯帮助信息网络犯罪活动罪，被告人冉某对起诉书指控的事实和罪名均有异议，认为其对被解封的微信账号涉嫌犯罪不明知。

【案件争点】

行为人明知自己帮助解封的微信账号中有被用于实施诈骗犯罪的情形，仍为其提供解封帮助的，该帮助行为应如何定性。

【裁判要旨】

一审法院认为，被告人廖某、李某、曾某、蒋某、冉某明知他人利用信息网络实施犯罪，为其提供帮助，情节严重，其行为均已构成帮助信息网络犯罪活动罪。公诉机关的指控成立。对被告人冉某所提其对解封的微信账号用于诈骗不明知的辩解。经查，根据被告人廖某、曾某及被告人冉某本人的供述，均可证实在解封的过程中腾讯公司会提示封号原因为涉嫌违法犯罪，故对被告人冉某所提的该辩解不予采纳。

例案三　吴某添、陈甲等开设赌场、帮助信息网络犯罪活动案

【法院】

福建省厦门市中级人民法院。

【案号】

（2019）闽 02 刑终 540 号。

【控辩双方】

原公诉机关：福建省厦门市湖里区人民检察院。

上诉人（原审被告人）：陈乙等人。

原审被告人：吴某林等人。

【基本案情】

2015 年 7 月，被告人吴某添出资成立厦门天侠集团有限公司，并陆续聘请被告人吴某林任公司法定代表人兼后勤主任、被告人罗某泓为财务、被告人陈甲为业务总监（负责管理业务 A、B、C 三组及渠道组）、被告人陈乙为技术总监及新业务总监。公司下设业务 A、B、C 组，渠道组及技术部等部门。其中，被告人叶某亮任技术部组长，被告人胡某玉、吴某、潘某丽等人任技术部组员；被告人吴某旗任业务××组负责人，被告人汤某园、林某锋、吴某煌、舒某彬、路某等任 A 组业务员；被告人江某珍任业务××组负责人，被告人童某龙、徐某、黄某晶、方某珠、李某、陈某康、林某辉等任 B 组业务员；被告人蔡某传任业务××组负责人，被告人丘某华、李某梅、林某明、吴某勇等任 C 组业务员；被告人黄某钦、付某清、赖某婷、叶某芳等任渠道组业务员。

上述人员在吴某添的决策部署下，通过在互联网上为赌博网站提供互联网接入、投放广告、技术支持及有偿删帖等服务非法获利。具体业务操作模式为：首先由业务 A、B、C 组业务员在互联网上通过 QQ 群等媒介渠道发布可帮赌博网站租赁二级目录及关键词跳转的业务广告信息对接赌博网站客户，业务员成功拉拢赌博网站客户后，由渠道组业务员负责联系外部网站站长租用二级目录及在本公司内站实现赌博网站的关键词跳转，再由技术部将赌博网站跳转链接插入软文中，以实现跳转赌博网站网页，进而推广赌博网站。技术部负责网站运营、电脑设备维护等，并解决赌博网站推广过程中出现的技术问题。前述推广赌博网站所收取的服务费转入吴某添控制的个人银行账户，再由吴某添根据事先制定的抽成规则发放报酬，即除底薪以外，业务组各业务员根据其个人推广赌博网站的业绩进行抽成，业务组的各负责人根据其个人业绩及该组总业绩进行抽成，业务总监根据其个人业绩及业务组总业绩进行抽成，渠道组业务员按固定比例抽成。被告人胡某玉、吴某、潘某丽作为技术部编辑，负责本公司网站的日常维护，明知前述人员利用信息网络实施违法犯罪活动，仍多次协助在网站文章中插入推广网页的跳转链接。

业务组业务员推广赌博网站收取服务费用金额具体如表一所示。

表一　业务组业务员推广赌博网站收取服务费用金额

序号	姓名	入职时间	经手业务收取服务费金额
1	吴某旗	2016 年 7 月	2420558 元
2	江某珍	2016 年 6 月	1503001 元
3	蔡某传	2017 年 4 月	1088236 元

续表

序号	姓名	入职时间	经手业务收取服务费金额
4	汤某园	2017 年 4 月	1318150 元
5	徐某	2017 年 4 月	626880 元
6	黄某晶	2017 年 7 月	530545 元
7	吴某煌	2017 年 7 月	438210 元
8	李某	2017 年 5 月	336860 元
9	林某锋	2017 年 8 月	305495 元
10	童某龙	2017 年 2 月	303080 元
11	陈某康	2017 年 12 月	272000 元
12	方某珠	2017 年 7 月	241300 元
13	路某	2017 年 10 月	212515 元
14	林某辉	2017 年 10 月	194300 元
15	舒某彬	2017 年 10 月	135000 元
16	丘某华	2015 年 11 月	114000 元
17	李某梅	2017 年 12 月	67300 元
18	林某明	2017 年 12 月	50000 元
19	吴某勇	2017 年 11 月	43740 元

渠道组业务员推广赌博网站收取服务费用金额具体如表二所示：

表二　渠道组业务员推广赌博网站收取服务费用金额

序号	姓名	入职时间	经手业务收取服务费金额
1	付某清	2016 年 5 月	5548326 元
2	赖某婷	2015 年 4 月	3380403.5 元
3	叶某芳	2017 年 12 月	258000 元
4	黄某钦	2016 年 2 月	48150 元

2018 年 3 月 21 日，公安机关根据掌握的线索，在厦门湖里区万佳酒店 1408 室抓获被告人吴某添并提取作案工具 iPhone6 手机 1 部；在湖里区

蔡塘社 456—3 号 411 室抓获被告人陈乙；在湖里区蔡塘社 358—1 号 3 楼之二厦门天侠集团有限公司抓获被告人吴某林、陈甲、罗志某、叶某亮、黄某钦、赖某婷、付某清、叶某芳、汤某园、舒某彬、路某、江某珍、童某龙、徐某、黄某晶、方某珠、李某、丘某华、陈某康、林某辉、林某锋、蔡某传、吴某煌、吴某旗、胡某玉、吴某、潘某丽、李某梅、林某明、吴某勇，并在现场提取作案工具笔记本电脑 2 台、电脑主机 34 台，向罗志某提取作案工具手机 16 部，另提取了天侠公司员工林某忠、陈丙、江某、游某、黄甲、董某、刘某、庄某、黄乙、林某、陈某福使用的电脑主机 11 台。

一审法院判决被告人吴某添犯开设赌场罪，判处有期徒刑三年八个月，并处罚金人民币 10 万元；被告人陈乙犯开设赌场罪，判处有期徒刑三年，并处罚金人民币 1 万元。判决宣告后，陈乙提起上诉称，其应当构成帮助信息网络犯罪活动罪而非开设赌场罪，且在共同犯罪中系从犯，具有自首情节，一审量刑过重，请求二审法院减轻处罚。

【案件争点】

行为人未直接实施开设赌场行为，能否认定其构成开设赌场罪。

【裁判要旨】

二审法院认为，上诉人陈乙为非法获利，明知是赌博网站仍结伙为赌博网站提供投放广告等服务并收取服务费，其行为已构成开设赌场罪。关于上诉人陈乙提出应认定为帮助信息网络犯罪活动罪及系从犯的上诉意见。经查，首先，上诉人陈乙虽未直接实施开设赌场行为，但在明知是赌博网站的情况下，仍组织他人在互联网上为赌博网站提供互联网接入、投放广告等服务，积极推广赌博网站，收取巨额服务费，根据《最高人民法院、最高人民检察院、公安部关于办理网络赌博犯罪案件适用法律若干问题的意见》的规定，应当以开设赌场罪论处。而原审被告人胡某玉、吴某、潘某丽系公司技术部编辑，工作职责为负责公司网站的日常维护，领取固定薪酬，仅在周末值班时协助他人在网页文章中加入广告推广的跳转链接，其行为符合刑法第 287 条之二的规定，应当以帮助信息网络犯罪活动罪论处。其次，上诉人陈乙为非法牟利，组织多人在互联网上为赌博网站提供互联网接入、投放广告等服务，长期推广多个赌博网站，收取服务费数额达千万元，在开设赌场的共同犯罪中起重要作用，不符合认定从犯的条件。上诉人的上诉意见于法无据，不予采纳。关于上诉人陈乙提出的应认定自首情节的上诉意见。经查，公安机关出具的到案经过证实，本案系在公安机关掌握犯罪线索并立案侦查后，再将各被告人抓获归案，并在犯罪现场当场缴获电脑等作案工具，在案各被告人均不具有主动投案情节，依法不能认定为自首。上诉人的上诉意见与查明事实不符，不予采纳。

三、裁判规则提要

帮助信息网络犯罪活动罪要求行为人"明知他人利用信息网络实施犯罪"，如何理解和适用"明知"以及其与有关司法解释、规范性文件中"以共同犯罪论处"中的"明知"的关系，在实践中存在较大争议。

（一）如何理解与认定帮助信息网络犯罪活动罪中的"明知"

第一，帮助信息网络犯罪活动罪中的"明知"包括确切明知和概括明知，行为人清楚知道被帮助对象实施的网络犯罪的性质、危害等当然属于"明知"，知道被帮助对象是利用其帮助行为实施网络犯罪，但不知道其具体性质的，不影响"明知"认定。值得注意的是，概括明知不同于可能明知，可能明知意味着行为人既有可能知道也有可能不知道，如在案证据只能证明行为人可能明知的，不能认定为"明知"，否则不符合故意犯罪理论，也不符合存疑有利于被告人的法理。

帮助信息网络犯罪活动罪中的明知虽然不要求达到确知的程度，但是不能将其泛化为可能性的认知，而应当限定为相对具体的认知。这是因为，在信息网络时代，正常的业务行为有可能会对他人利用信息网络实施犯罪提供帮助，而行为人在主观上对此种可能性也会有认知。例如，网络运营商当然知道诈骗犯可能利用自己提供的互联网接入服务实施诈骗犯罪，但不可能因此要求网络运营商停止所有的接入服务以防范诈骗犯罪，也不可以对此种行为以帮助信息网络犯罪活动罪论处。但是，如果该网络运营商对诈骗犯利用自己提供的互联网接入服务实施诈骗犯罪具有相对具体的认知，如对特定服务对象收取高于正常服务的费用或者被有关部门告知涉嫌犯罪的具体服务对象后仍为该对象提供服务的，则可以认为该网络运营商达到了帮助信息网络犯罪活动罪的主观明知要求。①

第二，在认定主观明知时，应坚持主客观综合分析认定原则，既要防止仅凭行为人的陈述主观归罪，也要避免仅凭行为人提供技术支持、广告推广或支付结算帮助等行为客观归罪。要结合行为人的认知能力、既往经历、交易对象、与实施信息网络犯罪的行为人的关系、提供技术支持或者帮助的时间和方式、获利情况以及行为人的供述等主客观因素，予以综合认定。在提供支付结算型帮助的案件中，认定行为人主观"明知"还要结合行为人收购、出售、出租信用卡、银行账户、非银行支付账户、具有支付结算功能的互联网账号密码、网络支付接口、网上银行数字证书，或者他人手机卡、流量卡、物联网卡等的次数、张数、个数等进行综合判断。此外，对于特定行为，根据相关司法解释和规范性文件的规定，可以直接推定为行为人主观"明知"。例如，行为人实施了收购、出售、出租单位银行结算账户、非银行支付机构单位支付账户，或者电信、银行、网络支付等行业从业人员利用履行职责或提供服务便利，非法开办并出售、出租他人手机卡、信用卡、银行账户、非银行支付账户等行为，② 以及为他人实施犯罪提供技术支持或者帮助，具有下列情形之一的：（1）经监管部门告知后仍然实施有关行为；（2）接到举报后不履行法定管理职责；（3）交易价格或者方式明显异常；（4）提供专门用于违法犯罪的程序、工具或者其他技术支持、帮助；（5）频繁采用隐蔽上网、加密通信、销毁数据等措施或者使用虚假身份，逃避监管或者规避调查；（6）为他人逃避监管或者规避调查提供技术支持、帮助。当然，对于上述推定，如果有证据证明行

---

① 喻海松：《新型信息网络犯罪司法适用探微》，载《中国应用法学》2019 年第 6 期。

② 之所以推定上述两种行为人"明知"，主要是考虑：一是单位银行结算卡被严格禁止交易，而且其相较于个人银行卡的开办门槛更高、交易额度更大，一旦被用于犯罪，对社会公众的迷惑性更强，因而非法交易单位银行结算卡的社会危害性更大。二是电信、银行、网络支付等行业的从业人员作为"内鬼"，极易突破、规避行业内部风险防控和监管制度，不但能够较为容易地开出"两卡"，而且还常常涉及侵犯公民个人信息等犯罪，社会危害性极大。参见陈攀：《帮助信息网络犯罪活动罪相关适用问题》，载《人民司法》2021 年第 35 期。

为人确实不知的，不能认定行为人"明知"。

在例案一中，被告人许某、赵某以有偿办理电话卡的方式召集多人办理电话卡 500 余张并提供给他人，从中分别获利约 7000 元、5000 元，其行为方式明显超出正常生产生活所需，其在案内的供述也表明其对下游犯罪分子利用其提供的电话卡实施犯罪存在主观上的认知，因而对其按照帮助信息网络犯罪活动罪定罪量刑是适当的。

（二）帮助信息网络犯罪活动罪与共同犯罪中的"明知"的关系

帮助信息网络犯罪活动罪作为一项独立的罪名，其中的"明知"与相关司法解释和规范性文件中关于片面共犯的"明知"应有区别。这也意味着，帮助信息网络犯罪活动罪中的"明知"不需要行为人对他人利用网络实施何种犯罪有明确的认知，也不需要行为人与他人存在意思联络。具体分析如下：

第一，如果行为人对他人利用信息网络实施何种犯罪没有明确的认知，即行为人知道他人利用信息网络实施犯罪，但是对他人犯罪的具体种类和性质、内容等不确切知道，仍为其犯罪提供帮助的，则该帮助行为可能构成帮助信息网络犯罪活动罪。换言之，在帮助信息网络犯罪活动罪中，行为人无须对他人从事何种犯罪有明确认知。例如，行为人以为他人在实施赌博犯罪而为其提供帮助，而司法机关查明他人所实施的是传播淫秽物品牟利犯罪，此时行为人对他人所实施犯罪种类的错误认识并不影响其对他人实施信息网络犯罪的"明知"。在例案二中，虽然廖某、李某、曾某等人以解封微信账号作为经营内容，明确知道其所帮助解封的微信账号中有部分被用于实施诈骗等违法犯罪活动的情况，但是对于哪一个微信账号会被犯罪分子用于实施犯罪以及犯罪分子何时、采用何种方式实施违法犯罪（如诈骗、赌博等）并没有明确的认知，同时，其既不积极追求犯罪的发生，也未参与犯罪所得的分成。在这种情形下，行为人的行为特征及其主观心态与共同犯罪理论并不契合，将行为人的帮助行为定性为"帮助信息网络犯罪活动罪"更符合立法原意。

第二，如果行为人对他人利用信息网络实施的具体犯罪有着明确的认知，在此种情形下应如何定罪，实践中分以下两种情形。

一是行为人与他人形成通谋。无论行为人是事前还是事中与他人通谋实施犯罪，行为人在犯罪活动中提供技术支持或者支付结算属于犯罪分子之间的分工协作，此时对行为人应按照其在共同犯罪中的具体作用定罪量刑，不一定适用从犯规定予以处罚。

二是以共同犯罪的帮助犯论处。在与正犯缺乏通谋的情形下，对帮助犯以共犯论处源于刑法理论中的片面共犯理论，并得到司法解释或规范性文件的认同。如《最高人民法院、最高人民检察院关于办理组织、利用邪教组织破坏法律实施等刑事案件适用法律若干问题的解释》第 13 条规定："明知他人组织、利用邪教组织实施犯罪，而为其提供经费、场地、技术、工具、食宿、接送等便利条件或者帮助的，以共同犯罪论处。"《最高人民法院、最高人民检察院关于办理诈骗刑事案件具体应用法律若干问题的解释》第 7 条也规定："明知他人实施诈骗犯罪，为其提供信用卡、手机卡、通讯工具、通讯传输通道、网络技术支持、费用结算等帮助的，以共同犯罪论处。"《最高人民法院、最高人民检察院、公安部关于办理电信网络诈骗等刑事案件适用法律若干问题的意见》中亦有类似规定。在例案三中，陈乙等人虽未直接实施开设赌场行为，但在明知是赌博网站的情况下，为非法牟利，组织多人在互联网上为赌博网站提供互联网接入、投放广告等服务，并长期推广多个赌博网站，收取服务费数额达千万元，其所从事的行为均指向帮助开设赌场，追求开设赌场的效果并从中牟利，其在开设赌场的共同犯罪中起重要作用。在此种情形下，对其行为按照开设赌场罪定罪处罚，既符合相关司法解释的规定，① 也能够准确评价其行为的社会危害性，有助于实现罪责刑相一致。

在帮助信息网络犯罪活动罪入刑后，前述司法解释中规定的片面共犯行为能否按照帮助信息网络犯罪活动罪定罪处罚？对此，笔者认为，无论是从立法的目的还是司法解释的效力来看，均不能将片面共犯一律按照帮

---

① 《最高人民法院、最高人民检察院关于办理赌博刑事案件具体应用法律若干问题的解释》第 4 条规定："明知他人实施赌博犯罪活动，而为其提供资金、计算机网络、通讯、费用计算等直接帮助的，以赌博罪的共犯论处。"

助信息网络犯罪活动罪处理。主要理由在于：一是两罪在主观方面存在差异，共同犯罪中关于明知程度的要求要高于帮助信息网络犯罪活动罪。二是司法解释本质是对法律的发现，与刑法规定具有同等效力。三是对于片面共犯一律按照帮助信息网络犯罪活动罪处理，可能有违罪责刑相适应原则。这主要是基于帮助信息网络犯罪活动罪作为轻罪，属于兜底型罪名，它可以适用于所有网络犯罪的帮助行为，具有一般法的性质。在个案中，行为人符合片面共犯规定时，应优先适用具体罪名。因此，如果根据法律、司法解释或规范性文件的要求，相关网络犯罪的帮助行为满足共同犯罪的要求时，应当优先按照共同犯罪处理。①

四、辅助信息

高频法条：

1.《中华人民共和国刑法》

第二百六十六条【诈骗罪】 诈骗公私财物，数额较大的，处三年以下有期徒刑、拘役或者管制，并处或者单处罚金；数额巨大或者有其他严重情节的，处三年以上十年以下有期徒刑，并处罚金；数额特别巨大或者有其他特别严重情节的，处十年以上有期徒刑或者无期徒刑，并处罚金或者没收财产。本法另有规定的，依照规定。

第二百八十七条之二【帮助信息网络犯罪活动罪】 明知他人利用信息网络实施犯罪，为其犯罪提供互联网接入、服务器托管、网络存储、通讯传输等技术支持，或者提供广告推广、支付结算等帮助，情节严重的，处三年以下有期徒刑或者拘役，并处或者单处罚金。

单位犯前款罪的，对单位判处罚金，并对其直接负责的主管人员和其他直接责任人员，依照第一款的规定处罚。

有前两款行为，同时构成其他犯罪的，依照处罚较重的规定定罪处罚。

---

① 参见上海市第一中级人民法院课题组：《网络支付结算型帮助行为的刑法规制》，载《中国应用法学》2022年第1期。

第三百零三条【开设赌场罪】 开设赌场的，处五年以下有期徒刑、拘役或者管制，并处罚金；情节严重的，处五年以上十年以下有期徒刑，并处罚金。

【组织参与国（境）外赌博罪】 组织中华人民共和国公民参与国（境）外赌博，数额巨大或者有其他严重情节的，依照前款的规定处罚。

2.《最高人民法院、最高人民检察院关于办理非法利用信息网络、帮助信息网络犯罪活动等刑事案件适用法律若干问题的解释》

第十一条 为他人实施犯罪提供技术支持或者帮助，具有下列情形之一的，可以认定行为人明知他人利用信息网络实施犯罪，但是有相反证据的除外：

（一）经监管部门告知后仍然实施有关行为的；

（二）接到举报后不履行法定管理职责的；

（三）交易价格或者方式明显异常的；

（四）提供专门用于违法犯罪的程序、工具或者其他技术支持、帮助的；

（五）频繁采用隐蔽上网、加密通信、销毁数据等措施或者使用虚假身份，逃避监管或者规避调查的；

（六）为他人逃避监管或者规避调查提供技术支持、帮助的；

（七）其他足以认定行为人明知的情形。

3.《最高人民法院、最高人民检察院、公安部关于办理电信网络诈骗等刑事案件适用法律若干问题的意见（二）》

八、认定刑法第二百八十七条之二规定的行为人明知他人利用信息网络实施犯罪，应当根据行为人收购、出售、出租前述第七条规定的信用卡、银行账户、非银行支付账户、具有支付结算功能的互联网账号密码、网络支付接口、网上银行数字证书，或者他人手机卡、流量卡、物联网卡等的次数、张数、个数，并结合行为人的认知能力、既往经历、交易对象、与实施信息网络犯罪的行为人的关系、提供技术支持或者帮助的时间和方式、获利情况以及行为人的供述等主客观因素，予以综合认定。

收购、出售、出租单位银行结算账户、非银行支付机构单位支付账户，或者电信、银行、网络支付等行业从业人员利用履行职责或提供服务便利，非法开办并出售、出租他人手机卡、信用卡、银行账户、非银行支付账户等的，可以认定为《最高人民法院、最高人民检察院关于办理非法利用信息网络、帮助信息网络犯罪活动等刑事案件适用法律若干问题的解释》第十一条第七项规定的"其他足以认定行为人明知的情形"。但有相反证据的除外。

4.《最高人民法院、最高人民检察院关于办理诈骗刑事案件具体应用法律若干问题的解释》

第七条　明知他人实施诈骗犯罪，为其提供信用卡、手机卡、通讯工具、通讯传输通道、网络技术支持、费用结算等帮助的，以共同犯罪论处。

5.《最高人民法院、最高人民检察院关于办理组织、利用邪教组织破坏法律实施等刑事案件适用法律若干问题的解释》

第十三条　明知他人组织、利用邪教组织实施犯罪，而为其提供经费、场地、技术、工具、食宿、接送等便利条件或者帮助的，以共同犯罪论处。

6.《最高人民法院、最高人民检察院、公安部关于办理电信网络诈骗等刑事案件适用法律若干问题的意见》

四、准确认定共同犯罪与主观故意

（三）明知他人实施电信网络诈骗犯罪，具有下列情形之一的，以共同犯罪论处，但法律和司法解释另有规定的除外：

1. 提供信用卡、资金支付结算账户、手机卡、通讯工具的；

2. 非法获取、出售、提供公民个人信息的；

3. 制作、销售、提供"木马"程序和"钓鱼软件"等恶意程序的；

4. 提供"伪基站"设备或相关服务的；

5. 提供互联网接入、服务器托管、网络存储、通讯传输等技术支持，或者提供支付结算等帮助的；

6. 在提供改号软件、通话线路等技术服务时，发现主叫号码被修改为国内党政机关、司法机关、公共服务部门号码，或者境外用户改为境内号码，仍提供服务的；

7. 提供资金、场所、交通、生活保障等帮助的；

8. 帮助转移诈骗犯罪所得及其产生的收益，套现、取现的。

上述规定的"明知他人实施电信网络诈骗犯罪"，应当结合被告人的认知能力，既往经历，行为次数和手段，与他人关系，获利情况，是否曾因电信网络诈骗受过处罚，是否故意规避调查等主客观因素进行综合分析认定。

7.《最高人民法院、最高人民检察院关于办理赌博刑事案件具体应用法律若干问题的解释》

第四条　明知他人实施赌博犯罪活动，而为其提供资金、计算机网络、通讯、费用计算等直接帮助的，以赌博罪的共犯论处。

8.《最高人民法院、最高人民检察院、公安部关于办理网络赌博犯罪案件适用法律若干问题的意见》

二、关于网上开设赌场共同犯罪的认定和处罚

明知是赌博网站，而为其提供下列服务或者帮助的，属于开设赌场罪的共同犯罪，依照刑法第三百零三条第二款的规定处罚：

（一）为赌博网站提供互联网接入、服务器托管、网络存储空间、通讯传输通道、投放广告、发展会员、软件开发、技术支持等服务，收取服务费数额在 2 万元以上的；

（二）为赌博网站提供资金支付结算服务，收取服务费数额在 1 万元以上或者帮助收取赌资 20 万元以上的；

（三）为 10 个以上赌博网站投放与网址、赔率等信息有关的广告或者为赌博网站投放广告累计 100 条以上的。

实施前款规定的行为，数量或者数额达到前款规定标准 5 倍以上的，应当认定为刑法第三百零三条第二款规定的"情节严重"。

【附录】

附一　最新规范性文件

最高人民法院　最高人民检察院　公安部
关于办理电信网络诈骗等刑事案件
适用法律若干问题的意见（二）

2021 年 6 月 17 日　　　　　　　　　　　法发〔2021〕22 号

为进一步依法严厉惩治电信网络诈骗犯罪，对其上下游关联犯罪实行全链条、全方位打击，根据《中华人民共和国刑法》《中华人民共和国刑事诉讼法》等法律和有关司法解释的规定，针对司法实践中出现的新的突出问题，结合工作实际，制定本意见。

一、电信网络诈骗犯罪地，除《最高人民法院、最高人民检察院、公安部关于办理电信网络诈骗等刑事案件适用法律若干问题的意见》规定的犯罪行为发生地和结果发生地外，还包括：

（一）用于犯罪活动的手机卡、流量卡、物联网卡的开立地、销售地、转移地、藏匿地；

（二）用于犯罪活动的信用卡的开立地、销售地、转移地、藏匿地、使用地以及资金交易对手资金交付和汇出地；

（三）用于犯罪活动的银行账户、非银行支付账户的开立地、销售地、使用地以及资金交易对手资金交付和汇出地；

（四）用于犯罪活动的即时通讯信息、广告推广信息的发送地、接受地、到达地；

（五）用于犯罪活动的"猫池"（Modem Pool）、GOIP 设备、多卡宝等硬件设备的销售地、入网地、藏匿地；

（六）用于犯罪活动的互联网账号的销售地、登录地。

二、为电信网络诈骗犯罪提供作案工具、技术支持等帮助以及掩饰、隐瞒犯罪所得及其产生的收益，由此形成多层级犯罪链条的，或者利用同一网站、通讯群组、资金账户、作案窝点实施电信网络诈骗犯罪的，应当认定为多个犯罪嫌疑人、被告人实施的犯罪存在关联，人民法院、人民检察院、公安机关可以在其职责范围内并案处理。

三、有证据证实行为人参加境外诈骗犯罪集团或犯罪团伙，在境外针对境内居民实施电信网络诈骗犯罪行为，诈骗数额难以查证，但一年内出境赴境外诈骗犯罪窝点累计时间 30 日以上或多次出境赴境外诈骗犯罪窝点的，应当认定为刑法第二百六十六条规定的"其他严重情节"，以诈骗罪依法追究刑事责任。有证据证明其出境从事正当活动的除外。

四、无正当理由持有他人的单位结算卡的，属于刑法第一百七十七条之一第一款第二项规定的"非法持有他人信用卡"。

五、非法获取、出售、提供具有信息发布、即时通讯、支付结算等功能的互联网账号密码、个人生物识别信息，符合刑法第二百五十三条之一规定的，以侵犯公民个人信息罪追究刑事责任。

对批量前述互联网账号密码、个人生物识别信息的条数，根据查获的数量直接认定，但有证据证明信息不真实或者重复的除外。

六、在网上注册办理手机卡、信用卡、银行账户、非银行支付账户时，为通过网上认证，使用他人身份证件信息并替换他人身份证件相片，属于伪造身份证件行为，符合刑法第二百八十条第三款规定的，以伪造身份证件罪追究刑事责任。

使用伪造、变造的身份证件或者盗用他人身份证件办理手机卡、信用卡、银行账户、非银行支付账户，符合刑法第二百八十条之一第一款规定的，以使用虚假身份证件、盗用身份证件罪追究刑事责任。

实施上述两款行为，同时构成其他犯罪的，依照处罚较重的规定定罪处罚。法律和司法解释另有规定的除外。

七、为他人利用信息网络实施犯罪而实施下列行为，可以认定为刑法第二百八十七条之二规定的"帮助"行为：

（一）收购、出售、出租信用卡、银行账户、非银行支付账户、具有支付结算功能的互联网账号密码、网络支付接口、网上银行数字证书的；

（二）收购、出售、出租他人手机卡、流量卡、物联网卡的。

八、认定刑法第二百八十七条之二规定的行为人明知他人利用信息网络实施犯罪，应当根据行为人收购、出售、出租前述第七条规定的信用卡、银行账户、非银行支付账户、具有支付结算功能的互联网账号密码、网络支付接口、网上银行数字证书，或者他人手机卡、流量卡、物联网卡等的次数、张数、个数，并结合行为人的认知能力、既往经历、交易对象、与实施信息网络犯罪的行为人的关系、提供技术支持或者帮助的时间和方式、获利情况以及行为人的供述等主客观因素，予以综合认定。

收购、出售、出租单位银行结算账户、非银行支付机构单位支付账户，或者电信、银行、网络支付等行业从业人员利用履行职责或提供服务便利，非法开办并出售、出租他人手机卡、信用卡、银行账户、非银行支付账户等的，可以认定为《最高人民法院、最高人民检察院关于办理非法利用信息网络、帮助信息网络犯罪活动等刑事案件适用法律若干问题的解释》第十一条第七项规定的"其他足以认定行为人明知的情形"。但有相反证据的除外。

九、明知他人利用信息网络实施犯罪，为其犯罪提供下列帮助之一的，可以认定为《最高人民法院、最高人民检察院关于办理非法利用信息网络、帮助信息网络犯罪活动等刑事案件适用法律若干问题的解释》第十二条第一款第七项规定的"其他情节严重的情形"：

（一）收购、出售、出租信用卡、银行账户、非银行支付账户、具有支付结算功能的互联网账号密码、网络支付接口、网上银行数字证书5张（个）以上的；

（二）收购、出售、出租他人手机卡、流量卡、物联网卡20张以上的。

十、电商平台预付卡、虚拟货币、手机充值卡、游戏点卡、游戏装备等经销商，在公安机关调查案件过程中，被明确告知其交易对象涉嫌电信网络诈骗犯罪，仍与其继续交易，符合刑法第二百八十七条之二规定的，以帮助信息网络犯罪活动罪追究刑事责任。同时构成其他犯罪的，依照处罚较重的规定定罪处罚。

十一、明知是电信网络诈骗犯罪所得及其产生的收益，以下列方式之一予以转账、套现、取现，符合刑法第三百一十二条第一款规定的，以掩饰、隐瞒犯罪所得、犯罪所得收益罪追究刑事责任。但有证据证明确实不知道的除外。

（一）多次使用或者使用多个非本人身份证明开设的收款码、网络支付接口等，帮助他人转账、套现、取现的；

（二）以明显异于市场的价格，通过电商平台预付卡、虚拟货币、手机充值卡、游戏点卡、游戏装备等转换财物、套现的；

（三）协助转换或者转移财物，收取明显高于市场的"手续费"的。

实施上述行为，事前通谋的，以共同犯罪论处；同时构成其他犯罪的，依照处罚较重的规定定罪处罚。法律和司法解释另有规定的除外。

十二、为他人实施电信网络诈骗犯罪提供技术支持、广告推广、支付结算等帮助，或者窝藏、转移、收购、代为销售及以其他方法掩饰、隐瞒电信网络诈骗犯罪所得及其产生的收益，诈骗犯罪行为可以确认，但实施诈骗的行为人尚未到案，可以依法先行追究已到案的上述犯罪嫌疑人、被告人的刑事责任。

十三、办案地公安机关可以通过公安机关信息化系统调取异地公安机关依法制作、收集的刑事案件受案登记表、立案决定书、被害人陈述等证据材料。调取时不得少于两名侦查人员，并应记载调取的时间、使用的信息化系统名称等相关信息，调取人签名并加盖办案地公安机关印章。经审核证明真实的，可以作为证据使用。

十四、通过国（区）际警务合作收集或者境外警方移交的境外证据材料，确因客观条件限制，境外警方未提供相关证据的发现、收集、保管、移交情况等材料的，公安机关应当对上述证据材料的来源、移交过程以及种类、数量、特征等作出书面说明，由两名以上侦查人员签名并加盖公安机关印章。经审核能够证明案件事实的，可以作为证据使用。

十五、对境外司法机关抓获并羁押的电信网络诈骗犯罪嫌疑人，在境内接受审判的，境外的羁押期限可以折抵刑期。

十六、办理电信网络诈骗犯罪案件，应当充分贯彻宽严相济刑事政策。在侦查、审查起诉、审判过程中，应当全面收集证据、准确甄别犯罪嫌疑人、被告人在共同犯罪中的层级地位及作用大小，结合其认罪态度和悔罪表现，区别对待，宽严并用，科学量刑，确保罚当其罪。

对于电信网络诈骗犯罪集团、犯罪团伙的组织者、策划者、指挥者和骨干分子，以及利用未成年人、在校学生、老年人、残疾人实施电信网络诈骗的，依法从严惩处。

对于电信网络诈骗犯罪集团、犯罪团伙中的从犯，特别是其中参与时间相对较短、诈骗数额相对较低或者从事辅助性工作并领取少量报酬，以及初犯、偶犯、未成年人、在校学生等，应当综合考虑其在共同犯罪中的地位作用、社会危害程度、主观恶性、人身危险性、认罪悔罪表现等情节，可以依法从轻、减轻处罚。犯罪情节轻微的，可以依法不起诉或者免予刑事处罚；情节显著轻微危害不大的，不以犯罪论处。

十七、查扣的涉案账户内资金，应当优先返还被害人，如不足以全额返还的，应当按照比例返还。

附二 指导性案例

检例第 100 号

陈力等八人侵犯著作权案

【关键词】

网络侵犯视听作品著作权 未经著作权人许可 引导侦查 电子数据

【要旨】

办理网络侵犯视听作品著作权犯罪案件，应注意及时提取、固定和保全相关电子数据，并围绕客观性、合法性、关联性要求对电子数据进行全面审查。对涉及众多作品的案件，在认定"未经著作权人许可"时，应围绕涉案复制品是否系非法出版、复制发行且被告人能否提供获得著作权人许可的相关证明材料进行审查。

【基本案情】

被告人陈力，男，1984 年生，2014 年 11 月 10 日因犯侵犯著作权罪被安徽省合肥市高新技术开发区人民法院判处有期徒刑七个月，罚金人民币

15 万元，2014 年 12 月 25 日刑满释放。

被告人林崟等其他 7 名被告人基本情况略。

2017 年 7 月至 2019 年 3 月，被告人陈力受境外人员委托，先后招募被告人林崟、赖冬、严杰、杨小明、黄亚胜、吴兵峰、伍健兴，组建 QQ 聊天群，更新维护 "www.131zy.net" "www.zuikzy.com" 等多个盗版影视资源网站。其中，陈力负责发布任务并给群内其他成员发放报酬；林崟负责招募部分人员、培训督促其他成员完成工作任务、统计工作量等；赖冬、严杰、杨小明等人通过从正版网站下载、云盘分享等方式获取片源，通过云转码服务器进行切片、转码、增加赌博网站广告及水印、生成链接，最后将该链接复制粘贴至上述盗版影视资源网站。其间，陈力收到境外人员汇入的盗版影视资源网站运营费用共计 1250 余万元，各被告人从中获利 1.8 余万元至 50 万元不等。

案发后，公安机关从上述盗版影视网站内固定、保全了被告人陈力等人复制、上传的大量侵权影视作品，包括《流浪地球》《廉政风云》《疯狂外星人》等 2019 年春节档电影。

【检察机关履职情况】

审查逮捕　2019 年春节，《流浪地球》等八部春节档电影在院线期间集体遭高清盗版，盗版电影通过各种途径流入网络。上海市人民检察院第三分院（以下简称上海三分院）应公安机关邀请介入侦查，引导公安机关开展取证固证工作。一是通过调取和恢复 QQ 群聊天记录并结合各被告人到案后的供述，查明陈力团伙系共同犯罪，确定各被告人对共同实施的运营盗版影视资源网站行为的主观认知。二是联系侵权作品较为集中的美日韩等国家的著作权集体管理组织，由其出具涉案作品的版权认证文书。2019 年 4 月 8 日，公安机关对陈力团伙中的 8 名被告人提请逮捕，上海三分院依法批准逮捕。

审查起诉　2019 年 8 月 29 日，上海市公安局以被告人陈力等人涉嫌侵犯著作权罪向上海三分院移送起诉。本案涉及的大量影视作品涵盖电影、电视剧、综艺、动漫等多种类型，相关著作权人分布国内外。收集、审查是否获得权利人许可的证据存在难度。为进一步夯实证据基础，检察机关要求公安机关及时向国家广播电视总局调取"信息网络传播视听节目许可证"持证机构名单，以证实被告人陈力操纵的涉案网站均系非法提供网络视听服务的网站。同时，要求公安机关对陈力设置的多个网站中相对固定的美日韩剧各个版块，按照从每个网站下载 300 部的均衡原则抽取了 2425 部作品，委托相关著作权认证机构出具权属证明，证实抽样作品均系未经著作权人许可的侵权作品，且陈力等网站经营者无任何著作权人许可的相关证明材料。在事实清楚、证据确实、充分的基础上，8 名被告人在辩护人或值班律师的见证下均自愿认罪认罚，接受检察机关提出的有期徒刑十个月至四年六个月不等、罚金 2 万元至 50 万元不等的确定刑量刑建议，并签署了认罪认罚具结书。

2019 年 9 月 27 日，上海三分院以被告人陈力等 8 人构成侵犯著作权罪向上海市第三中级人民法院（以下简称上海三中院）提起公诉。

指控与证明犯罪 2019 年 11 月 15 日，上海三中院召开庭前会议，检察机关及辩护人就举证方式、鉴定人出庭、非法证据排除等事项达成共识，明确案件事实、证据和法律适用存在的分歧。同年 11 月 20 日，本案依法公开开庭审理。8 名被告人及其辩护人对指控的罪名均无异议，但对本案非法经营数额的计算提出各自辩护意见。陈力的辩护人提出，陈力租借服务器的费用及为各被告人发放的工资应予扣除，其他辩护人提出应按照各被告人实得报酬计算非法经营数额。此外，本案辩护人均提出境外人员归案后会对各被告人产生影响，应当对各被告人适用缓刑。公诉人对此答辩：第一，通过经营盗版资源网站的方式侵犯著作权，其网站经营所得即为非法经营数额，租借服务器以及用于发放各被告人的报酬等支出系犯罪成本，不应予以扣除。公诉机关按照各被告人加入 QQ 群以及获取第一笔报酬的时间，认定各被告人参与犯罪的起始时间，并结合对应期间网站的整体运营情况，计算出各被告人应承担的非法经营数额，证据确实、充分。第二，本案在案证据已能充分证实各被告人实施了共同犯罪及其在犯罪中所起的作用，按照相关法律和司法解释规定，境外人员是否归案不影响各被告人的量刑。第三，本案量刑建议是根据各被告人的犯罪事实、证据、法定酌定情节、社会危害性等因素综合判定，并经各被告人具结认可，而且本案侵权作品数量多、传播范围广、经营时间长，具有特别严重情节，且被告人陈力在刑罚执行完毕后五年内又犯应当判处有期徒刑以上刑罚之罪，构成累犯，故不应适用缓刑。合议庭采纳了公诉意见和量刑建议。

处理结果 2019年11月20日，上海三中院作出一审判决，以侵犯著作权罪分别判处被告人陈力等8人有期徒刑十个月至四年六个月不等，各处罚金2万元至50万元不等。判决宣告后，各被告人均未提出上诉，判决已生效。

【指导意义】

（一）充分发挥检察职能，依法惩治网络侵犯视听作品著作权犯罪，切实维护权利人合法权益

依法保护著作权是国家知识产权战略的重要内容。检察机关坚决依法惩治侵犯著作权犯罪，尤其是注重惩治网络信息环境下的侵犯著作权犯罪。网络环境下侵犯视听作品著作权犯罪具有手段日益隐蔽、组织分工严密、地域跨度大、证据易毁损和隐匿等特点，且日益呈现高发多发态势，严重破坏网络安全与秩序，应予严惩。为准确指控和证明犯罪，检察机关在适时介入侦查、引导取证时，应注意以下方面：一是提取、固定和保全涉案网站视频链接、链接所指向的视频文件、涉案网站影视作品目录、涉案网站视频播放界面；二是固定、保全涉案网站对应的云转码服务器后台及该后台中的视频链接；三是比对确定云转码后台形成的链接与涉案网站播放的视频链接是否具有同一性；四是对犯罪过程中涉及的多个版本盗版影片，技术性地针对片头、片中、片尾分别进行作品的同一性对比。

（二）检察机关办理网络侵犯著作权犯罪案件，应围绕电子数据的客观性、合法性和关联性进行全面审查，依法适用认罪认罚从宽制度，提高办案质效

网络环境下侵犯著作权犯罪呈现出跨国境、跨区域以及智能化、产业化特征，证据多表现为电子数据且难以获取。在办理此类案件时，一方面，要着重围绕电子数据的客观性、合法性和关联性进行全面审查，区分不同类别的电子数据，采取有针对性的审查方法，特别要注意审查电子数据与案件事实之间的多元关联，综合运用电子数据与其他证据，准确认定案件事实；另一方面，面对网络犯罪的复杂性，检察机关要注意结合不同被告人的地位与作用，充分运用认罪认罚从宽制度，推动查明犯罪手段、共犯分工、人员关系、违法所得分配等案件事实，提高办案效率。

（三）准确把握"未经著作权人许可"的证明方法

对于涉案作品种类众多且权利人分散的案件，在认定"未经著作权人许可"时，应围绕涉案复制品是否系非法出版、复制发行，被告人能否提供获得著作权人许可的相关证明材料予以综合判断。为证明涉案网站系非法提供网络视听服务的网站，可以收集"信息网络传播视听节目许可证"持证机构名单等证据，补强对涉案复制品系非法出版、复制发行的证明。涉案侵权作品数量众多时，可进行抽样取证，但应注意审查所抽取的样本是否具有代表性、抽样范围与其他在案证据是否相符、抽样是否具备随机性等影响抽样客观性的因素。在达到追诉标准的侵权数量基础上，对抽样作品提交著作权人进行权属认证，以确认涉案作品是否均系侵权作品。

【相关规定】

《中华人民共和国刑法》第二百一十七条

《中华人民共和国著作权法》第十条

《中华人民共和国刑事诉讼法》第十五条

《音像制品管理条例》第三条

《计算机信息网络国际互联网安全保护管理办法》第五条

《最高人民法院、最高人民检察院关于办理侵犯知识产权刑事案件具体应用法律若干问题的解释》第五条、第十一条

《最高人民法院、最高人民检察院、公安部关于办理侵犯知识产权刑事案件适用法律若干问题的意见》第十一条、第十五条

《人民检察院刑事诉讼规则》第二百五十二条